U0746621

江畔古树别样红

中华人民共和国70周年献礼丛书之【乡村振兴】

吴云峰 ◎ 著

安徽师范大学出版社

·芜湖·

图书在版编目(CIP)数据

江畔古树别样红 / 吴云峰著 . — 芜湖：安徽师范大学出版社，2019.6
ISBN 978-7-5676-4159-4

Ⅰ.①江… Ⅱ.①吴… Ⅲ.①乡镇－文化史－芜湖县 Ⅳ.①K295.45

中国版本图书馆CIP数据核字(2019)第103565号

江畔古树别样红

吴云峰 ◎ 著

责任编辑：郭行洲　　责任校对：祝凤霞
版式设计：刘　佳　　封面设计：张　玲
出版发行：安徽师范大学出版社
　　　　　芜湖市九华南路189号安徽师范大学花津校区
网　　　址：http://www.ahnupress.com/
发 行 部：0553-3883578　5910327　5910310(传真)
印　　刷：浙江新华数码印务有限公司
版　　次：2019年6月第1版
印　　次：2019年6月第1次印刷
规　　格：700 mm×1000 mm　1/16
印　　张：20.25
字　　数：303千字
书　　号：ISBN 978-7-5676-4159-4
定　　价：58.00元

凤村罗汉灯

县级非遗红杨大鼓书传承人后宗槐

珩琅山玫瑰谷

新四军第三支队在西河纪念馆

珩琅塔影

和平生态公园

红杨走马灯

怡龙生态园

红杨老街

西河百家宴

西河古镇

红杨山汽车越野赛

定格在时间里，浸润在意义里

我在芜湖县工作过多年，认识云峰的时日却并不长。一年前，偶在圈子里看到几篇写春节灯会的文章，此类风土人情事，一向为我所关注，而且地点是我熟悉的西河、红杨一带……于是我除了跟帖，还打听到作者"红杨树"的真实姓名，并有了文字交往。

对于热爱文字的人来说，从写作中获得浸染，从表达中获得快感，是一种重要生存方式。云峰出手快捷，写得好文字，洒向朋友圈，享受交流的愉悦与醇美。

今年夏，县市作协联手采风陶辛，始得同云峰首次照面。他虽丰仪朗润，却也是惊落繁花一地的人到中年。中年的天空，云起云收，本身就是一种情感慬悟、意境体味，有许多文章可做。而对于我来说，一个能出入于人生表里、熟稔播弄一方风俗民情及悠长史脉艺绪的家伙，难得，也难碰。

云峰要立腕著述了，日前，用微信发来这部《江畔古树别样红》书稿，说是让我给写个序文。我没有推辞，因为他番弄铺排的都是我熟知的传闻与生活。好的文字，有人间味、烟火气，承载了回顾与追思，能带给我们一种民间化散漫轻松的阅读享受。一段流传，一件往事，一句乡音俚语和歌谣，只要曾经沉落过你心底，都会有一种悠然相遇的亲切感。

往事并不如烟，思想未必速朽，每一个人对过往风景自有不同的交集和体悟。云峰关注民间，为乡梓扬名，是心耿耿，细致深入地撷拾家乡旧闻，妥为调理，连缀成篇，蔚为一集，这是很需要有一点情怀的。

此书开篇即花了不少力气记述古镇西河与珩琅山。云峰的舅舅家就在附近的铁家滩，所以他对西河颇为了解。"家家开门即上街，户户推窗可望月"，古镇的小巷比弯曲的心思更绵长，茶馆、澡堂、客栈、当铺、粮行、酱坊、药房、布店，还有馄饨摊、货郎担，乃至七行八作的诸多能工巧匠，一事一物，一情一景，在他的笔下，都有着贴心的温暖。浣衣女子的笑声揉进粼粼细浪，鸟音如雨，风里带来新绿，清澈见底的河水中，鱼虾成群……这样一些场景和流光异趣的记述，不仅有着浓郁文学色彩，也是一部用细节和实物串起来的文化别史！

我在这个青弋江边古镇上教过十年书，而且我的乳娘也是西河人。这个安静如画的江南古镇，一直是萦绕在我心头的梦里水乡。流水东去，多少人间过往已经沉淀，曾经的繁华都化为了斑驳，消逝的年华，岁月无声，唯读着云峰的这些文字，如同轻触器物，仍能隐约感觉到时间湿润的肌肤。

《江畔古树别样红》内容丰富，共分四辑，除了涵蕴有味的"古风红杨"外，后面三辑分别为"文化红杨""生态红杨"和"红色红杨"。"文化红杨"这一辑也是我看重的，由"民俗纷呈"与"戏曲流芳"两部分组成，具有一定的文献价值。总的来说，全书前半部分属于情感叙事，后面则多为资料搜集的尺牍札记类，共同讲述了文化遗存，讲述了前人留下的有特征的生活经历和人文建树，将这片土地上的逝水年华与风物掌故"一网打尽"。

文化的发展和繁荣，首先应该是地域文化的传承和弘扬。一方水土养一方人，地域文化的核心，是长期历史积淀中形成的事物存在状态、本土人行为方式和特定群体意识，它的传承关键，就是要让其中的自然本质和主流价值能够闪射动人光彩。在这个日趋多元的社会总体文化环境中，总是有人会随时随地留下一些乡土生活的经历和标识，从社会视角与文化视角着眼，我们尤应给以关注并高看一眼！

　　青山逶迤、襟江带河的西河、红杨，是人文荟萃之地，有着太多的史话和名胜古迹以及地方美味供人品赏。西河古镇因水而生，紧傍着青弋江和资福河，圩街特色，世所少见。诚如我在《西河赋》中所述："挟青弋之波光，凭水运而崛起。屋舍环匝，列岸耸峙；粉墙黑瓦，意湉境澹。林树抹青，若素颜之描黛；廊坊似幻，殖翠堤而沉影。临流俊赏，四宇昭朗。噫，灵逸如斯，皆源于水矣……岸依水秀，水借岸以阔远；堤因街显，街驭堤而曲回。明初筑基，坚圩街之础石；负势迕迎，结千载之玄荫。堤为路面，逐年垫高，至与窗棂门楣齐；渔歌互答，乐以忘情，岂惟玉笛梅花意。飞檐重脊，斗拱棚壁，参差下落，嘉尔殊观。街尾汛期迎流顶冲，巨石砌拔，高若城堡，居之而凌烟波。若夫杰阁凭眺，望珩琅之塔影，依稀有紫气东来；沙滩信步，仰鸥鹭之逐云，仿佛是风举身轻。"

　　说到"九华佛觉出珩琅"，珩琅确是一座有来历的山。早年，杯渡和尚云游浪迹至此，但见幽壑深崖，弋水环绕，吼影缥缈，一时禅心大悟，遂依山建寺，研习佛经。闲暇时就去仙人石上躺躺，昼听松涛，夜观天象，时间长了，石面磨得光滑如鉴，后人呼之为"杯渡岩"。历史上，珩琅山顶曾有白云池，池下有代明湖，天光云影，水清如镜，放生之龟鲤悠然乐游其间。而山腰八洞，洞洞有寺宇，暮鼓晨钟，香火鼎盛。现存的宋塔下，原有十王殿古刹，直到 1937 年前还有僧人过百。1985 年，我在西河文化馆馆长方立中先生处见这一张清代遗留的《珩琅宝刹图》，描绘标识，果然传说不误。珩琅看似孤峰独秀，突兀峥嵘，站在山顶向东眺望，群山如浪，连绵而来，若是晴朗天气，宣州境域敬亭山、麻姑山隐约可见……始知并非孤峰，乃为山脉收势处一大绝妙手笔！

　　一镇一水加一山，张弛相参，内外兼修，共同承载西河悠久的文化历史内涵，这也是当今西河古镇的旅游发展思路。毕竟，"珩琅雪景"曾是载于《宁国府志》上的"宁国十景"之首胜呵！

燕子来时春社，梨花落后清明。通常说来，眼有所见不等于心有所得，心有所得不等于笔下有文，笔下有文，不等于字里行间就意兴遄飞津津有味。在所必载，备而不繁。云峰的过人处，是常能以小场景作视角，拣入诸多故实、传闻，融稽古探究和逸思为一体，娓娓道来，像是同旧雨新知闲话巴山夜雨，为推介西河、推介红杨做深度铺垫，以呼应文化产业大发展。

那些在风中飘拂的芦絮，就是河边的前尘往事，是在水之湄数百年间的逍遥风景……花草疯长的季节，随便走在哪条田埂上，都有无数的露珠。云峰懂得取舍，而且深知距离产生美感、距离让人醒悟，他只选取与自己心灵相契合的东西，同眼前的景观与心中的感触相交织，再散说开去。

相对于历史的延续性来说，我们更愿看重历史的真实性和丰富多彩性。物换星移，人事常新，文化散文的一个重要功能，就是帮人了解乡土，省识自身，所谓记住乡愁，就是别让自己在变革时代落下个形神俱散、片片剥落的苍凉！而在漫长的人生流程中，这样的文字，正如同青弋江水投影显现，清而不浅，拙而不俗！

许多东西可以远走，那些美丽的黄昏一去不回，田野里不再盛开大片的紫云英，散不尽的唯有儿时的月光……文字不仅仅有赖于抱负，更有赖于阅历与体悟。生命的两极是一种承袭的关系，涵泳于昨天，把握住今天，并寄情明天，行文的景致里，便有了诸多况味。

因为受托写序，有幸初睹文稿，算是好味先尝。一些感受，于此记下。是为序。

谈正衡

2018年10月24日凌晨收笔于苏州金鸡湖边兰博基尼书苑酒店

目录

古

风

红

杨

目录 /

古风 红杨

第一辑

JIANGPAN GUSHU BIEYANGHONG

老街寻梦／曲水流觞

一棵树的前世今生

源于黄山的青弋江，一路畅饮泾川溪水，巨龙般游过南陵后，挥手告别西河、红杨、芳山、湾沚等韵味悠长的古老集镇，直奔芜湖，最终投入长江的怀抱。

甘甜的青弋江水，滋润着两岸的田园村庄，滋养着这里的生灵万物。红杨更是这条母亲河的宠儿。江水滔滔，不舍昼夜。时光巨人挥毫泼墨，在这片古老的土地上书写着光怪陆离的传奇故事。

一花一世界，一树一菩提。

红杨镇旧称"红杨树"。关于红杨树的来历，有两种说法，至今仍无定论。一说红杨树学名"红叶杨"，是林业高级工程师程相军和当时在河南省林业科学研究院工作的朱延林于2000年培育出的杨树新品种，过去不可能有；二说著名作家魏巍早在1951年便以红杨树为笔名写下《谁是最可爱的人》，他见过这种树。

《芜湖县志》记载，红杨老街曾有一座观音庵，庵旁有一棵粗壮的红杨柳，叶和皮均呈红色，故而得名"红杨树"。在这条老街，很多上了年纪的老人都亲眼见过此树，并口口相传它的来历。

明末，一只神奇的大鸟徐徐飞过青弋江，在一处河滩的上空盘旋片刻后，将衔在嘴里的杨柳枝抛落。说来也巧，这根树枝竟笔直地插入淤泥之中，生根发芽后慢慢茁壮成长，直至成为一棵枝繁叶茂的参天大树，巨伞般撑起一片绿荫。小憩于此的人们发现，这棵从天而降的神奇之树无论是枝干还是树叶均与本地杨树不同，啧啧称奇之下，"红杨树"便声名远播。于是，附近一条建于清初的老街也更名为"红杨树"。

19世纪初期，青弋江在梅雨季节连年洪水不断，那块河滩地被慢慢冲刷成河床，"红杨树"失去了生存之所，逐渐消失于人们的视野，只有称谓和如诗如画的风光依然保留。

红杨镇现属安徽省芜湖市芜湖县，置芜湖县南部，由原红杨镇、和平乡、西河镇三个乡镇撤并而成，区域面积约144.6平方千米，总人口约5.82万，境内生态环境良好，山水相间，景色宜人，旅游资源十分丰富。

在红杨，时光是静谧的，如同清澈的弋江水缓缓流淌。岁月淘金，如今的红杨已发出金子般的光芒。

悠悠西河

　　"弯曲的青石板路写满了岁月蹉跎，古老的回廊窗棂仿佛神秘的笑涡……千万里的情怀迎风打开，只为了一份寂寞。"马忠的这首《月上西河》写出了西河古镇迷人的风光和街民的淳朴好客。

　　西河古镇为典型的"鸡鸣三县皆可闻"之地，位于宣城市、南陵县、芜湖县三地交界处，隶属芜湖县红杨镇。徒镇沿青弋江畔沈公圩堤埂而建，呈南北走向。以现旱桥为界，南端是青弋江上游，称上街头，旧时商贾富人多云集于此。北端是青弋江下游，称下街头，周边农民多在此处出售柴火及山芋等杂粮。古镇繁华时期，因街面及巷道狭窄，街道常呈拥堵状态，下街头因常有放鱼鹰者叫卖青弋江鲜活水产，远远即可闻到阵阵腥味。上下街头之间沿河堤内建了一条与主街道交叉的十字街，隔江相望，便是佛光塔影的珩琅山。

　　旱桥往东不到50米处，为古镇临河大门原址，曾系老十字街通往青弋江的"关隘"，高约10米，宽约3米，以宽大石条垒砌而成，气势宏伟，门头有西河书法名家黄涛先生所题"西河镇"三个正楷大字。旧时，为确保商客和街民安宁，古镇不仅有镇门，每条巷道也都有巷门。每至半夜三更，各巷都有专人负责关闭巷门，镇大门也于此时由专人闭合，杜绝闲杂、非法人员潜入镇内。旱桥作为20世纪70年代修建的"新镇门"，使通往青弋江的地势大大平缓，原镇大门失去作用，只留下当地老年人无尽的记忆。

位于上街头首端原大陡门处，曾有一座木质桥梁，名曰"资福桥"，如今也只剩下为数不多的桥墩。此桥当年横跨资福河，是通往宣城、南陵两地的重要桥梁。外地人若是通过此桥进入西河古镇，上岸便可见到如今西河著名的老宅——王家大屋。资福桥宽约1米，桥长（含引桥）约100米，桥身用10余根木料以铁链锁接而成，中间有10座固定桥墩，行人来往虽需擦身而过，却安全自如。每当日出日落之时，远望此桥，如同一道彩虹横架在资福河上，天光人影交会河心，好一幅秀丽的风景图。

景色好，油条更香。民国时期，资福桥的西岸，王家大屋的下方，曾有一家享誉四方的油条店，成为过桥人必经的桥头堡。店主外号"张天师"，擅制早点，尤其长于炸油条，引得众多食客慕名而来。

在资福河汇入青弋江处，位于古镇土地巷尽头，曾有一个木材税收点，西河人称其为"关门口"。关门口对岸属南陵地段的洪家滩，沿河滩建有一面积达1500余平方米的竹木柴炭集散地，作为木材运营之所，此处设立过纳税关口，上、下船只在此作短暂停泊，或装卸货物，或洽谈交易，或缴纳关税。后因水患造成收税不便，税收点遂迁移过河。木材运输旺季，每当夜晚，资福河两岸灯光通明，一派繁忙景象。新中国成立初关门口解体后，此处建过一颇有名气的"宣城县西河区联合诊所"。该诊所为私人经营，诊所主人医术高超，内外通治，就诊者甚多。

青弋江环绕西河古镇的这段，河面宽阔，早期在背对下街头处建有一个呈不规则梯形的"三益埠码头"，下宽16尺许，上宽10尺左右，铺有石级，渡客可以循之上下。20世纪50年代中期，靠此埠又建一航管站，主管水运、码头及往返船只，后期代售"东方红"小火轮船票。此外，为方便搭乘轮船的商客，在三益埠码头南侧，再用5～6米长、1尺多宽的块石垒砌一"洋船码头"，台阶共计60级，在当年青弋江的轮船码头中鼎鼎有名，颇有气魄。

洋船码头东侧便是当年号称"西河岳阳楼"的"金谷春酒店"，常聚各路商贾、文人墨客，人们称之为"老金谷春"。因古镇现建有一"新金谷春"酒店，为有所区分，故以"新""老"分别冠之。

为确保沈公圩险埂"八面佛"的安全，在三益埠码头北侧、下街头末端，另建有一汇聚了西河人智慧的"水牮"。此处是西河最早的渡口，也称"水牮古渡"。每当山洪暴发逼近古镇时，水牮便将那千万匹奔腾的野马一一驯服。由此向南望去，沿着青弋江一侧的旧宅，由麻石驳砌而成的屋墙拔地数丈，汛期任凭水冲浪打也安然无恙。

《芜湖县水利文史汇编》记载：沈公圩原是一片草湖滩，属丹阳郡宛陵县（今宣城）。元末明初（1367—1368年），有章姓外号富三公者，带领一批难民来此开荒定居，至今西河人对章姓后裔仍称"草湖章"。由于开荒时并未圈筑圩堤，湖滩常被青弋江洪水淹没，庄稼只能靠天收。至明宣德年间（1426—1435年），宣城县府沈知事力主圈圩并取得成功，绅民为不忘其大恩大德，特将这片草湖滩称作"沈公圩"。

与沈公圩建圩相应，西河古镇始建迄今已近600年，因当时境内曾建有一座名曰茶庵（又名子午庵）的庙宇，始称"茶庵""子午庵"。沈公圩建成后，百姓逐渐迁居于此，终成集镇，又因坐落于青弋江西岸，三面均被其支流资福河环绕，便有了"西河镇""资福镇"两名，后统称于前者。清乾隆年间（1736—1795年），西河定为建制镇；民国二十年（1931年），以标准镇属宣城县寒亭区；1937年改设西红乡。

新中国成立后，西河历经多次区划调整。初期乡沿旧制。1952年拆旧乡，分设西河镇及沈公、罗公2乡，改属西河区。1956年并乡，成立双圩乡。1958年成立寒亭人民公社，改西河镇和双圩乡为超美大队。1961年设西河公社。1964年改为西河镇。1969年再次撤镇改为西河大队。翌年，复置镇。1971年1月，经安徽省革命委员会批准，宣城县设"八社二镇"，即和平、红杨、西河、新丰、花桥、赵桥、黄池、三元八个公社以及湾沚、西河两个镇归芜湖县管辖。1974年，西河镇属红杨区。2003年，芜湖县行政区划再次调整，西河镇建制被撤销，整体划归红杨镇，设幸福社区（现更名为西河社区），共有居民2259户7470人。

西河自形成集镇以后，凭着丰富的物产、优势的地位吸引了诸多外地人来此经营并安家落户，早期居民分为两大类：一是本地"四大家族"，陶、袁、王、吴四个姓氏；二是外来移民，主要有"泾旌太帮""当涂帮""江北帮"三部分，即来自周边的泾县、旌德、太平、当涂以及江北的巢湖、无为等地。这三部分移民早年为团结自保，先后成立了"旌德会馆"（曾经的关帝庙隔壁，今西河中学附近）、"庐和会馆"（今西河旱桥通往十字街口处）。"泾旌太帮"多经营杂货及传统美食；"当涂帮"以药材加工经营为主；"江北帮"则主营竹木、金属器具、纺织等行业，其中纺织行业经营者九成以上均系原巢县烔炀河镇人，由此又分出一个小帮——"烔炀帮"。

在历史的长河中，两类居民早已通过婚嫁、交流融为一体，但在西河老一辈心目中，还是自觉不自觉地划分为二。而移民的后裔在谈到居民分类时也往往会露出一份自豪，因为他们的祖上多属手艺人或是经商者，他们认为，西河的繁荣更多得益于他们祖上的那些能人。

西河的底蕴不仅在于古建筑群和人文风情，还在于它是个文物聚集地。境内除了古宅成群的沈公圩外，还有一个圩口叫作高兴坝。顺着资福河堤埂，往南陵弋江镇方向，陆续有建在高兴坝的上王、中王、下王、高兴等村落，鸡犬相闻于阡陌纵横之上，古镇相望于波光叠错之间，使人不禁想到这是一个世外桃源。这样的地方，往往都有令人惊奇的发现。1986年，在高兴村菜队南（一条呈东西走向的内埂）约6000平方米的坟滩中，出土了乳钉四神镜、碾槽、青瓷碗、粉盒、药匙、陶罐、陶钵等器物，经考证为一明代墓葬群。

这个幽深的古镇，宛如一位隐者，曾一度淡出人们的视线，蛰伏于静谧的角落。经过岁月的酝酿，终于等来了精研邃思的人们，揭开了其神秘的面纱。如今的西河就像一坛尘封的老酒，散发出醉人的醇香。

老街寻梦

对一种事物的思念，是因为它美好。一个昔日的画面往往会带来一连串的记忆。若是能参与一项追昔抚今的活动，则更是思绪如潮。所以，我要感谢西河古镇所属的红杨镇政府，"月上西河"等开发古镇旅游的活动，才让我这个在古镇长大的人有了一个最佳的寻梦之旅。

"古宅木雕散幽香，马头墙下花格窗"，"家家开门即上街，户户推窗可望水"，是西河那一幢幢徽派老房的真实写照。斑驳陈旧的古宅门楣上多悬挂有店铺字号，或是"忠厚传家"等字样的扁牌，设计简单朴拙，彰显出这里过去的农商并举、重视人文教养的底蕴。

走进临江的一户老宅，推窗望去，浣女在河堤上穿梭、鱼鹰在水中出没、渡船在水面往来，江南水乡如诗的画面尽收眼底。漫步在狭长的古街道上，儿时的生活情景逐渐清晰起来。

舅舅家住老街附近一个名叫"铁家滩"的村子，用现在的话来说算是城乡接合部了。自记事起，祖父常在农闲时，带着我和哥哥花五毛钱的车票坐到珩琅山脚下凤家湾村下车，舅舅则带着几个老表早在车站等候。

儿时的西河古镇异常热闹。街道上车水马龙，熙熙攘攘，两旁店铺鳞次栉比，杂货琳琅满目。最多的货物要数竹器，那时经常听大人们说，"筲箕篮子丝篾打，出在西河青弋江"。外婆是个老篾匠，舅舅是她唯一的家传高徒，因而两家每在西河相逢之际，都要带上自制的黄鳝笼子、篾垫子、篾枕头、小靠椅等竹器顺便销售。我和哥哥则盼望着早早卖光，接下来就是舅舅请我们到一家老字号的馄饨摊，享用那至今仍忘不掉的鲜肉馅馄饨和比小孩胳膊还粗的大油条。

西河方言称馄饨为"饺子"，称吃为"七"，常说："我请你到该上（街上）哈（下）馆子，七面还是七饺子，随你挑。"以至西河人在外地吃馄饨时闹过一个笑话：老板，我要七碗饺子。老板没好气地回说，我这里没有饺子，再说你一个人要吃七碗，这不是拿人开涮吗？最后解释了半天，老板才知道他要吃一碗馄饨。

记忆中，西河馄饨总是比别处的香，原因在于老板将磨碎的猪油渣放入汤水中，星星点点的油渣伴着绿油油的葱花飘在碗中，映着那馄饨皮里若隐若现的鲜肉，看着就忍不住流口水。油条摊给我印象最深的是炸油条老汉麻利的身手，只见他把那揉熟的两根粉条在手中稍一抖动，瞬间形成白色的油条雏形，然后快速地放进沸油里，很快，随着滋滋声响，油条变得丰腴饱满飘然而出，颜色从白到嫩黄，到金黄，让人看着既赏心悦目又垂涎欲滴。

馄饨摊边是一家理发铺，一位老师傅正在用心给一位躺在竹椅上的客人掏耳朵，铺子里的收音机播放着刘兰芳的《岳飞传》："哒！来将报上名来，某家枪下不死无名之鬼……"

挨着理发铺的是一家铁匠店，打铁声叮叮当当，风箱声呼呼作响，祖父和舅舅挑选着钉耙、挖锹等农具，我和哥哥则捧着碗好奇地四处张望。狭长的街道上，不时有庄稼汉们推着汉车（木质独轮车）赶集，经过石板路时，发出吱吱呀呀的声响。货郎摇着拨浪鼓走街串巷兜售针头线脑。最响亮的就是那麦芽糖的叫卖声："鸡毛、鸭毛、鹅毛……塑料布、牙膏皮、乌龟板子、鳖壳拿来换糖啰！"还有不时从江面传来放木排（木材水运的古老方式）的高歌："哟呵……哟呵……阳春三月好放排哟，头排去哒二排来啰……"

夏日的西河古镇更是令人无法忘怀。傍晚，舅舅领着我们带上捕捉小鱼的丝网赶到青弋江畔，岸边早已聚集三三两两边唠家常边搓洗衣裳的女人，此起彼伏的棒槌声回荡在水面的上空。江内则是成群结队嬉戏、畅游的男人们，擦身的擦身，扎猛子的扎猛子。表演游姿的小伙子们仿佛在参加奥运会比赛，狗刨式、仰泳、蛙泳、蝶泳、踹水、花样百出，引来姑娘们一阵阵喝彩。舅舅在我们下水前一再告诫，不要往深水里游，怕大船经过时有旋流。哥哥和老表们便不敢造次，乖乖在浅水区扑腾几下，再拎出丝网收那被缠住的小鱼，最多的就是"鲹（cān）条子"，也叫"翘嘴鲹"，味道极其鲜美。记得舅妈烧出的鲹条咸菜能让我一顿吃好几碗饭。那种鲜美的味道多年未曾吃过，直至近日在古镇一个叫"老仙酒家"的餐馆里，不经意间发现后厨正在烧制这道菜，尝后赞不绝口。厨师谦虚地说是西河的水质好、鱼好才有这样的味道。尽管这家餐馆的招牌菜是红烧猪蹄膀，但我认为西河的鲹条咸菜才是人间至味。

从小在水边长大的人，没有一个不是游泳高手，我自信也不例外。也许天生叛逆，我把舅舅的话当成了耳旁风。有一次，游到了河中央突然腿抽筋，要不是被一位不知名的大哥救上岸，真的有可能溺水而亡。舅舅当时很感激地问他叫什么名字，他却笑笑走了，至今我还不知这位救命恩人的姓名！这就是淳朴善良的西河人，施人恩惠却不图回报。

舅舅不仅教会了我们捕鱼，还教会了我们捉虾。那种方法叫"搬虾"。很简单，在一俗称"捞兜"的小渔网内放置面粉和粗糠的混合物，再把捞兜放进有水草的地方，河虾很快就会钻进来，只要提起捞兜就可以了，每次都能捉到十几只，又可美味一餐。

20世纪70年代出生的人们，大概都能记得，曾有部黄元申主演的电视剧《霍元甲》火热播出。那时农村人家别说电视机，就连电风扇都很少有。我为了能看《霍元甲》，有一次在临近于学之际赖在舅舅家装病，晚上和几个老表偷偷跑到镇上有电视机的人家一饱眼福，被大人逮回学校还和同学们吹嘘：我在西河把《霍元甲》看完了！一边哼着似是而非的"万里长城永不倒"，一边摆出"霍家四路"的架势，仿佛自己就是武林高手。同学们则露出羡慕的眼神，有的还巴结我要带他去西河古镇玩。

冬天的西河古镇，印象最深的莫过于澡堂子。过去，老家的人们冬天洗澡主要靠浴锅，在一只大铁锅里放满水，洗澡时须有人在灶膛添柴加热。我第一次进澡堂子洗澡就是在西河古镇，很兴奋，也很好奇。当时有一家已经忘记名字的澡堂远近闻名，生意火爆。池座、池底都是水泥砌成，客位是能睡能靠的躺椅，中间有存放衣物的柜子，旁边置一小桌，放有香烟、火柴、瓦壳泊（即蛤蜊油）等物，这些在当时都是时髦的消费品。手艺高超的擦背老师傅值得一提，不同于现在的浴室，擦背的都是用化纤手套，擦得你皮肤生疼，他们是用热毛巾慢慢擦，让你在舒适中去掉污垢。那娴熟的敲背手法更是一绝，让你在清脆悦耳的啪啪声中很快进入梦乡。还有那修脚老师傅也是一门绝活在手：铲老皮、刮脚丫、挖鸡眼、挑刺窝、捏脚掌，让人舒坦不已，正宗的"百脚大夫"，可惜现在拥有这样手艺的人很少见到了。对于小孩子来说，进澡堂泡澡除了舒服外，主要还因为有冰糖葫芦、花生米、臭干子、蒲包干子、麻酥糖等零食出售。很多都是当时西河有名的点心，对我们来说更是无上的美味，大人要是不肯花钱，也只能吞吞口水了，不过还是有了向小伙伴们吹嘘的资本："我在西河澡堂子洗过澡……"

岁月如歌，西河古镇是我儿时最魂牵梦绕的地方。青青弋江水，缓缓向东流，流不尽的江水，说不完的故事。

随着区划调整，西河镇建制被撤销，老街一下子远离了尘世的喧嚣，犹如躲进深山的隐者，花开花落十数载。

如今，红杨政府已经着手开发古镇，随着基础设施的不断完善，随着诸多宣传活动的不断开展，"月上西河"已经成为家喻户晓的名片，不久的将来，古镇将焕发出更加夺目的光彩。

寻梦西河，梦想成真！羌笛何须怨杨柳，春风已绿西河湾……

曲水流觞

落雁知秋的《水墨江南》本是一曲古风，却被"九零后"的少司命唱成了跳跃的小清新，但其间的小桥流水、烟雨乌篷、粉墙黛瓦还是一步一生莲的展现。

西河，这座积淀了近600年历史文化的古镇，从复兴开始便和音乐

古风红杨

结下不解之缘。柏文一首《月上西河》将那斑驳的徽派老房，写满沧桑的青石路唱得委婉动听、家喻户晓。

翻开泛黄的典籍，先人们在夏历三月初三祭祀黄帝之后，坐在河渠两旁，在上游放置一杯美酒顺流而下，停在谁的面前，谁就取而饮之，得到这杯酒的人即可消去灾祸不吉。文人墨客们总喜欢把祈福免灾的仪式演化为诗酒唱酬的雅事，曲水流觞从此多了一个用途——欢庆和娱乐。

曲，最初的含义很简单，就是不直的意思。一旦融入凡尘俗事，就耐人寻味了很多。没有人会一帆风顺，都要经过弯路。大曲大折的磨砺也许更能修成正果、抵达圣境，西河也是如此。曾几何时，一度繁华的古镇不见往日生机，景物不再依旧，人事也是全非，显得落寞甚至凄凉。令人欣慰的是，红杨镇政府没有忘记它的价值，在这片土地上广种梧桐树，终引来凤凰栖身。这个《米市春秋》里记载的古老码头又渐渐恢复昔日风采。

曲的另一层意思就是音乐、乐曲。在西河，在春天，最能配合春暖花开的画面莫过于《高山流水》这首古琴曲。当悠扬婉转的琴声奏响时，极目四野，碧波荡漾的青弋江犹如一条白练，漂浮在桃红柳绿之中；佛光塔影的珩琅山孤峰独秀，隐约于阡陌纵横之上。在这样的环境中品香茗、食小点，怎能不生出一种惬意。而闲趁怡情于西河九曲十八弯的乡村陌上，山花吐馨，草色争青，此"曲"虽非彼曲，一样令人轻松愉悦。

俞伯牙因知音难觅，为钟子期破琴绝弦成就了一段千古佳话，但没有人关注琴是怎么来的。古镇有个斫琴师翟光宝先生，尽管一把古琴从选材到上弦至少需要两年时间，但翟先生几十年如一日，始终坚持不懈地传承这门古老的工艺，我们没有不为之感动的理由。

"曲径通幽处，禅房花木深"。王维有没有顿悟人们不得而知，但西河的曲幽之处还是给人诸多感应。漫步蜿蜒绵长的狭窄街道时，忽然就有一个大转弯，透过古宅之间的缝隙，江面上又是一笺清墨，一水淡雅。幸而前人留下的墨宝不多，否则真有"眼前有景道不得，崔颢题诗在上头"的感觉。再望望远处的琅琊山，薄薄烟雾中，"空山不见人"的华严寺若隐若现，就像是沙漠中的海市蜃楼，如梦如幻，令人神往。

走马灯、板龙灯、滚龙灯、旱船灯、罗汉灯、高脚灯、狮子灯、年货节、百家宴、河灯会，这些引得万人空巷的西河民俗，哪一次不在青弋江畔，哪一次没有锣鼓唢呐的渲染，而至草长莺飞之时，鸟语花香、泉水叮咚又何尝不是西河这块土地上的缭绕余音。由此看来，在西河，自然的曲折、音乐的曲章、人事的波折可以相得益彰。

水，万物之源。西河的水，无穷的情、无尽的意，一直在告诉我们人生至理。

逐水而居，西河人才能繁衍至今。青弋江缓缓从此流过，也告知了西河人一个天地大道：缺水是干旱，多水是洪涝，都能带来民不聊生、万物尽毁。沿着江畔筑起的古宅墙脚高达数米，江水浸泡的印记便是一个临界点。超过这个点，古镇就会一片汪洋；远远低于这个点，田里的庄稼就会绝收。西河人自然明白这个过犹不及的道理，该加固时加固，该疏导时疏导，水流也很配合，朝着人们需要的方向流淌。人与自然的和谐还是要靠人类辛勤的双手和智慧去赢得。

一江春水向东流是自然现象。西河的水在流淌过程中总是很慷慨地丢下一堆美味。俗称"毫末筒子""痴鼓呆子""鳌条子""昂金老"等各种肉滚滚的小杂鱼极其鲜美。河道里、沟渠中都有，放下一张丝网，很快便能缠上十几条，放点水磨红辣椒清蒸，加几根咸菜红烧，都可以让人吃得欲罢不能。

读书人喜欢把水融进文字的意境里。绵绵春雨中，撑起一把雨伞站在西河渡口，翘首凝望对岸，烟云升腾中"桃红复含宿雨，柳绿更带春烟"的景致伴随鹭鸟的屡屡滑翔，就算不是君子，"在河之洲"时也还会生出"好逑"的念头，还是盼望出现"有位佳人，在水一方"，毕竟，春水之湄是一个脉脉情波的世界。

青弋江在西河转了一个弯，"曲"和"水"一经结合，便和西河人的风水攀上了关系。找来几个上年纪的老人聊一聊，每幢古宅都有自己的故事，每一块屋基都是精心选择的风水宝地。街道两旁的房子门对着门，肯定是一方对河、一方背水。结构、大小、层高都要请阴阳先生指点，否则就容易弄成"阴宅"。虽然这是我们凡夫俗子无法窥探的"奥秘"，但也给古镇带来一份神秘，神源还是那一弯曲水。

动感十足的"流"字是西河水的生命。因为流动不止，青弋江水流明澈，即使一队驳船突突驶过，也只留下几层荡漾的水纹，很快又是碧波滟滟。最妙的是夜幕降临时，一排货船泊在岸边，时不时飘过一两叶打鱼归来的小船。灯火阑珊，水光涟涟之际，偶尔一阵丝竹传来，会让人怀疑身处秦淮河之中。

觞是古人的酒具，既叫"羽觞杯"又称"双耳杯"，总是比我们用的玻璃杯要有情趣得多。可以想象，你穿上古装，静静地站在江畔，看着一只承载着良好祝愿、装满美酒的觞，犹如一条小小的纸船随波逐流地飘到你的面前，你将之轻轻捧起，像古代雅士一样用长长的衣袖遮挡住，然后仰起脖子一饮而尽，浪漫，莫过于这种古风神韵！

说起觞，不得不提起《三国演义》。好像除了张飞这种莽汉外，稍微文雅点的人都用觞。关羽温酒斩华雄时用的是觞；曹操"横槊赋诗"写出《短歌行》时手里端的也是觞，和刘备"煮酒论英雄"则更是觞来觞往。不过老张也用过几回觞，其中一回便是在刘关张桃园三结义举杯之时。提到桃园，又不得不说一说桃花。早春西河，珩琅山下、青弋江岸，桃之夭夭，灼灼其华。贪恋杯中物的人们使用桃花来泡酒，酒香之中有桃香，另有一番风味。西河有几户老宅至今仍有过去的觞，若是取来站在江边饮下一杯桃花美酒，心情又该是何等的畅快！

婉丽春光中，当曲、水、流、觞融合在一起，西河的春天就多了几分浪漫的色彩和幽深的底蕴。孤峰独秀的珩琅山，滔滔不绝的弋江水，也因此年年竞秀，岁岁不竭。

西河，水因曲而流动，曲顺水而循环，水因此而活，曲因此而美。曲水养活了鲜美的鱼虾，养活了无数西河人，如今又激活了古镇新生的步履。

曲水流觞，还有比这更好的西河春景代名词吗？

一街七巷

西河古镇绝大多数老宅建于沈公圩圩堤两侧，门庭相对夹成了一条蜿蜒约1.2千米、平均宽2~3米的狭长街道，路面均为青石板铺就。因逐年防汛加高堤埂，街面平均高出屋基1~2米，多户门槛甚至窗户都在街面之下。飞檐翘角、互相对峙的古宅店铺多为数进，沿街心踏石阶而下，步入室内后可往里10余米。

古镇主街道在建造期间，设计者先后留下一条与之交错的十字街和七条小巷，既方便了人们的生活，也镌刻了西河的历史印记。悠悠古镇，由外入内，"一街七巷"，曲径通幽，游人可移步换景，细细品赏。

十字街

老十字街曾为古镇繁华热闹场所，平日里车水马龙，人行如梭，尤其是平行于芮家巷巷尾到现在的旱桥这段，被誉为西河的"南京路"。届至秋粮上市，卖粮的农民、粮贩更是川流不息。特别是年关将近之时，办年货的人潮如涌，叫卖声、乐曲声、广告声，人声鼎沸，好一幅西河版《清明上河图》。如今享誉周边的"月上西河年货节"便是由此派生。

笔者曾诗赞年货节云："月上西河春意盎，古镇岁末添红妆。满目琳琅皆年货，商贩高呼客熙攘。张家肥猪李家羊，乡野腊味齐登场。走马灯伴锣鼓响，剪纸窗花艺人忙。南来北往看不够，人间福田在红杨！"

旱桥处十字街原址，是如今上、下街头的分界点，由此穿过，可直达青弋江畔。此处曾有个"彬甫私学堂"，最初为明代以来即存在的搬运箩班原址，系新中国成立后西河古镇最后一间私塾。西河第二澡堂

"大乐园"（女子浴室）就在私学堂上宅。

以十字街为中心，上街头有永隆、章家、土地三巷。

永隆巷

永隆巷巷长约百米，巷尾有一横行宽道，直通老菜市场、老戏院，对面即如今知名画家朱明德先生的工作室——'朱明德画画的地方"，旁近有"新四军纪念馆"。巷口附近"敏求阁"便是民国时期西河大名鼎鼎的瓦工头"戴老五"的住宅。此巷尽头，曾为西河古镇著名的"七家门面"集中区。因昔日店铺较多，人气旺盛，南来北往者络绎不绝，被称为"永远兴隆之巷"。民国时期，先后有七家商铺落户此处，初以章姓居多，为此，附近曾建有一座章氏宗祠。七家门面早期销售各种日常生活用品，当时尚未形成气候。

民国初期，白铁器具逐渐在西河流行。因西河白铁匠手艺精湛者颇多，所打造的白铁制品质好形美，享誉周边，前来购买或批发者络绎不绝，七家门面遂转而以销售白铁器具为主，生意由此火爆，并引其他行业纷纷迁移至此。这其中便有"周文炳机纺""李国定机纺"等。这两家机纺均以纺织和印染为主。"周文炳机纺"织物面料无论手感还是质量均属上乘，主要来自一名叫吴亚东的技术人员之手。吴亚东，江北无为人氏，系当年西河有名的织布师。新中国成立后，由吴亚东主管生产的"周文炳机纺"依然生意兴隆。然1951年底到1952年10月开展的"三反""五反"运动中，吴亚东的儿子举报其父顶风而上，在生产中偷工减料，吴亚东因此负气出走，"周文炳机纺"由此慢慢衰落。"李国定机纺"对面为西河著名的"陈家大酱坊"。新中国成立后，这里还曾有一家公营酱坊——"供销社老酱坊"，其旧址即现在的"新金谷春"酒店。

"新金谷春"酒店与处在下街头的"老金谷春"酒店不同，"老金谷春"当年有"西河岳阳楼"之称，如今只剩斑驳的老墙和木楼青瓦，与此同样的还有下街头与"老金谷春"旗鼓相当的"王复兴"。"陈家大酱坊"现在也成了私人住宅。

永隆巷当初之所以兴隆，在尊佛重道的西河人看来，还在于附近曾有一座香火旺盛的观音庵。要想家道中兴，不仅要勤劳创业，还需菩萨恩泽。观音庵建于明末清初时期，占地面积300余平方米，分为前后两殿，前殿供奉观音菩萨，后殿供奉另外三尊大佛，大佛的两旁有十八罗汉，神态逼真，栩栩如生。相传农历二月十九、六月十九、九月十九分别为观音菩萨的生日、跳出火坑日、成佛日，为此，每逢这三个日子，善男信女们必从四面八方赶至观音庵烧香拜佛，整个大殿香烟缭绕。

观音庵的修建源自一段神奇的传说。相传明朝末年，西河流行过一种怪病，患者以幼童为主。病人先是高烧不止，几天后浑身上下长满黄豆大的脓疱，而脓疱一旦破裂就性命难保，此病又极具传染性，致使很多人都不敢出门。当时下街头有一王姓人家三个儿女都得了这种怪病。王家四处求医问药，但孩子们的病情始终不见好转，无奈之下，户主只得准备外出寻访名医，却见一位尼姑上门化缘。尼姑见他们一家人愁眉苦脸，细问之下了解到有病魔作怪，遂赐药施救，三个孩子很快就明显好转。尼姑临走时又丢下一把药丸，告知可以解救所有病人，说完便随风消失。后来，全西河镇人都说尼姑是观音菩萨下凡，便集资修建了这座观音庵。

20世纪60年代，观音庵因"破四旧"被改成一家爆竹厂，1976年该厂发生大爆炸，被夷为平地，其中一位名叫程桂芳的工人被炸成重伤，后不治身亡。观音庵，只留下人们无尽的回忆，所幸永隆巷未受爆炸波及。

章家巷

由永隆巷往北约70米，在街道呈"S"形拐弯处即可看到章家巷。此巷可通往"西河洗浴中心"、万年自然村、老后街居民点，实为上街头一条交通要道。章家巷长度和永隆巷接近，路面为石级台阶。西河洗浴中心前身为"新新园澡堂"，系民国时期西河古镇三大澡堂之首，澡客众多，尤其是夜间，泡澡者纷至沓来。为此，巷首曾挂有"新新园"三个红色字样的大灯笼，既为醒目广告，也作照明之用。章家巷建于民国初期，巷名源于建巷时新新园澡堂章姓老板投资最多。

澡堂是个缓解疲劳、放松身心的地方，然旧时的澡堂往往和吸毒场所连在一起。民国时期，国民党政府既提出禁烟，又让鸦片膏经营者领执照、纳税赋，这一自相矛盾的禁烟政策形同废纸。当时，西河有两家大烟馆，其一便在新新园澡堂附近。出浴者中若有瘾君子，就近来此过瘾，烟榻常无虚位。据西河老一辈回忆，瘾大的一次就要花费银圆近两块，折合当时大米一担。当地以及周边因长期吸烟弄得家业败尽甚至家破人亡者就有十余人，有的最后还央求别人买走自己的妻子儿女，真可谓"烟枪杀尽千家汉，灯火烧光万户财"。所以，章家巷曾经是个让西河人既爱又恨的地方。

土地巷

土地巷介于直通十字街的旱桥和章家巷之间，巷名源于巷首对面有一土地庙，巷末直通"关门口"。巷长约120米，宽约8米，路面由大石条铺砌而成，共计30余级，是古镇中最长最宽的一条大巷子，也是主街道进入青弋江河沿的重要巷道，向下走到巷尾，就是西河古镇的"海关"——关门口原址所在处。

土地庙香火旺盛，敬香者常年络绎不绝，庙内香烟缭绕，却难盖庙外糍粑喷香。民国年间，巷首有一糍粑店，店主姓颜名玉昌。西河方言念"颜"为"安"，由此赠送颜玉昌的糍粑店一个外号，叫"老安昌"。颜玉昌擅做糍粑，每至清晨，随着"哧拉哧拉"声和四溢的油香飘来，老安昌外酥里糯的糍粑便一个个摆上案板，引得食客纷纷前来购买。

从旱桥往北到下街头，有芮家、江东、五显殿、许蔚南四巷。

芮家巷

经过旱桥往北约 80 米，在街道几成直角拐弯处便是芮家巷，传闻为一芮姓富户所建。此巷与街衔接处有新老恒生堂各一（现西河大药房为"新恒生堂"原址），如今"西河古镇管委会""东美茶楼""西美咖啡"均集中于此。翟光宝先生开设古琴行也在此处，琴行在新中国成立初期为"文白商店"，其隔壁为一规模很大的"成衣缝纫店"。再往前走，便可看到一家竹器店，该店为街民吴兴才住宅，租给一位从事竹篾器具编制的老竹匠。

管委会所在地原为民国时期西河有名的糕点作坊——"潘怡成糕饼"，后于 20 世纪 50 年代改为"联营食堂"。管委会对面的"城市记忆馆"原为"山窑商店"，专售碗、碟、缸、瓮等陶瓷器皿。东美茶楼原为早期的"西河供销社收购站"，以收购动物骨头、毛皮等为主，货郎及周边百姓常来此销售，后期改作"西河文化站"。西美咖啡即"老恒生堂"原址，店面宽阔。"老恒生堂"为民国以来西河最早的药店，店主陈生辉系当涂人，精通药理，善于经营。药柜整齐洁净，药料原生态，据说曾与芜湖张恒春药店连锁经营，珍贵药品均来自张恒春药店，普通中药则自制。该店声名在外，西河百姓言其药品类别齐全，且真材实料，价廉质高，其中拔毒膏最为出名。身患皮肤肿毒者，只需将此膏贴在患处，两日内脓液便被拔出，十日后即可痊愈。为此，街民有一传唱歌谣："买药要到恒生堂，中药服下保健康，膏药拔毒化脓肿，十天之内皮肤光。"

说到药材，自清朝以来，西河曾先后开有 13 家药店。民国时期，中医药店名气较大的共 7 家，多以店主人名为字号，除上街头有一两家外，大多集中于芮家巷以北的下街头。除了老恒生堂，还有"陈永康"、"陈元谅"（即新恒生堂）、"泰和春"、"陈泰兴"、"胡广生"等。这些药铺旧址有的尚存，有的已经灭迹，但都在当年起到过济世作用。

悠悠街巷，四季洋溢着药材的芳香，可谓药品一条街。

江东巷

江东巷位于芮家巷偏东方向，通过此巷可直达青弋江边。因巷首曾有一居民叫"江东"，人们称其母为"江东妈"，久而久之，这条巷子便被命名为"江东巷"。

每至晴日早晨，走到江东巷尾便可以看见一轮红日自东方冉冉升起。而太阳初升之地，从江东巷望去，正是对岸的珩琅山，"未收夜色琅山黑，渐发晨光弋江红"的画面给人以朝气蓬勃之感。因此，该处为众多画家写生之地。巷侧有一上下两层的木楼，为老字号理发店，整洁明亮。

关于日出的名言有出自《诗经伯兮》的"杲（gǎo）杲日出"，形容太阳的明亮。此句本意是明亮的太阳出来了，但既可用以描写日出，也可用来比喻刚刚诞生的充满了生命力的事物，还可用来比喻朝气蓬勃的人生。传闻民国时期西河名人汪成清便经常来此看日出，吸灵气，沐朝阳，后来果然事业有成。她开办翻砂厂，以锅、犁头等器具为主要产品，业务繁忙之时，光临时工就需要请二十人左右。她还在古镇临河大门处开办了当时宣城县乡镇第一家女子浴室——"大乐园"，成为家喻户晓的女老板。

也许女子更容易看到江东巷的曙光，无巧不成书，江东巷首有一幢老式木楼，过去为名曰"巴姑娘"的酒楼，系当年一川军女性后人所开，其蜀地口味的菜肴曾引来无数食客，"巴姑娘"也因此赚得盆满钵满。

五显殿巷

五显殿巷巷名源于其右侧有一座供奉五显神的五显殿庙宇。此巷位于江东巷往北百米处，巷道狭窄、陡峭，巷底临着街道西侧的陶家塘，又称"陶家新塘"。此处周边百姓均姓陶，陶家塘并非陶氏所有，乃"天成"。1935年的洪水造成西河溃堤，此处很多房舍倒塌，渐而冲击成塘。至今，人们还能在此挖出一些铜钱。如今，陶家塘水平如镜，四周房屋、绿树倒影其中，令人心旷神怡。与此塘对应，正北方不远处还有一个"陶家老塘"，老塘、新塘都系水灾形成，老塘水面更大，风景同样怡人。

五显神是原徽州府婺源一带（今归江西）民间崇奉的财神。据《三教源流搜神大全》载，五显公之神原为兄弟五人，宋代封为王，因其封号第一字皆为"显"，故称五显神。

在西河，五显神与八面佛石像异曲同工，均为"克制"水患而建，都寄托着西河人的愿望。前者面慈心善，可保平安，后者狰狞如罗汉，可退洪水。据西河老人回忆，西河五显殿最初建于清朝中期。该殿建成之后，香火旺盛多年，显灵之事，屡闻于民间，后毁于"破四旧"时期。至今，殿堂遗址地下还埋有菩萨雕像。现红杨镇政府根据西河老人的回忆正在原址上复建此殿。

许蔚南巷

许蔚南巷也叫"喇叭巷"，是下街头最后一条通往青弋江的巷子，巷口北侧有豆腐店，老板姓许名蔚南，因该豆腐店名声在外，人们便称此巷为许蔚南巷。该巷巷口宽仅1米多点，巷尾却宽达4米，呈一条长长的喇叭状。全巷长度只有25米，但地势陡峭，共有56级青石台阶，是所有巷道中台阶最多的一条。因穿过此巷即可到青弋江，女人淘米洗衣，男人担水常年有之，石面被踩得油光水滑，使得这条小巷深幽清雅，韵味十足。经过许蔚南巷再往北，便是三益埠码头、水垱古渡所在的沈公圩要段"八面佛"，此处矗立一座石亭，内供刻有八面佛像的石塔，塔系红绸，佛涂金漆，在香火缭绕中静静地守卫着古镇。

｜ 旱桥通行　箩帮打雁

箩帮是西河早期搬运工的组织，有数百年历史，自西河古镇繁荣开始即有之。西河临水而建，大部分货物在旧时都靠水运。旱桥建立之前，从货船上卸下来的物资先堆放在青弋江码头，由于码头地势低矮，圩埂陡峭，独轮车也难以通行，只能以箩筐挑送攀越过圩埂送至目的地。这些靠肩挑货物赚些辛苦钱的脚力们为便于统一管理，成立了相应的组织——"箩帮"。

每人一根扁担、一副箩筐，平时都在码头边候着，实在无聊就打打纸牌消遣消遣，一旦有货船靠岸，一个个马上精神抖擞起来，大声呼喊着找送货的活。货物多、特别忙的季节，来不及上街吃饭也没关系，自有卖菜饭的临水摆起摊位。相对于其他食客，摊主对箩帮人要略微多加一点价，因为他们干的都是重体力活，饭量实在惊人。这就是箩帮人日复一日的简单生活。

届至20世纪70年代初期，西河箩帮分为两派——上街头箩帮和下街头箩帮。前者首领为朱世昌，外号"朱老窝子"；后者以两人为首，一是宋业金，二是李叶荣。届至下街头箩帮继任者牛忠义统一两帮后，箩帮更名为"西河搬运队"。

枯水季节，随着河滩路面的修整，从货船的靠岸点到圩埂外侧的一段距离可以用板车拉送了，但只能通行这一小段。货物拉到圩埂底部，还得先卸下来，把板车拆开，将空车架子和轱辘扛到圩埂另一侧的下方，再由人工扛起货物越过几十级的台阶，重新装车后才能拉到目的地，非常麻烦！吃尽了苦头的搬运队下定决心，强烈要求政府修建旱桥，并表示如果政府不建，他们就自己集资建。最后，政府同意修建旱桥，将位置定在十字街尽头，靠近古镇临河大门原址处。不过那个年代财政困难，下拨的资金只能买几吨水泥。镇上刚组建的建筑队本着造福一方的宗旨，免费将十字街尽头处的圩埂截断数米宽，开出一条贯通堤内堤外的道路，使板车等小型运输车辆能够自由通行，上面架一座石桥，保持原有上、下街头的交通。同时，在两面桥墩的内侧留出双道凹槽，一旦洪水来临，用两块厚木板闸在凹槽内，中间填土压实。若洪水继续涨，则继续加闸板、填土。一座具有防汛抗洪功能的简易立交桥就这么诞生了，大大方便了西河人的出行。搬运队从此告别了背驮肩挑的辛苦，用板车可以大量而快速地运送货物，搬运队也就不再需要太多的人手了，一部分老脚力遂转行做起了被西河人戏称为"打雁"的生意。

所谓"打雁"，实为一种居间契约的雏形。比如，稻子上市了，"打雁"者事先询问粮行老板收购价格，如果粮行出价为20元一担，"打雁"者就告知曰，我若以19.5元一担的价格与人谈妥并能保证你收足粮食，交粮的时候你必须和我统一口径，那每担少付的0.5元就归我。粮行当然同意，不仅没有损失，还省了不少事。

粮贩将装了水稻的船靠岸后，"打雁"者以粮行名义上前与之谈判，最后以19.5元一担的价格成交，0.5元一担的"利润"就此产生，有时一船粮食多达十万斤，"打雁"者所获即数百元。实际上，粮贩对"打雁"行为也是心照不宣，虽然少了一些利润，却在船靠岸后即乐享清闲，搬运、过秤、结账都不用烦神，一切交给"打雁"者代劳。

说起箩帮人的"打雁"，最初来源于他们自发组织的整治盐贩行为，可以称之为食盐"打雁"，这种"打雁"属买空卖空的行为，有些空手套白狼的味道。这倒并非箩帮人生性狡猾，而是他们出身穷苦，天生有一副侠义心肠。

新中国成立前，西河食盐供应紧张，但盐贩子却很有门路，甚至哄抬盐价，西河百姓叫苦不迭。箩帮人看在眼里，急在心里，终于想出一个好办法：夫唱妇随，在码头摆一副稻箩担子，稻箩上置一筛子，筛子上铺满荷叶，荷叶上撒些盐粒，再摆一只装有少量食盐的碗，男人抓着小秤和算盘，女人摇着铃铛，看起来就像一对盐贩子夫妻。

真正的盐贩挑着担子下船了，男人赶紧迎上云，一边陪着聊天一边询问盐价，觉着价格适中，便冲女人使使眼色，女人心领神会地离去。男人继续讨价还价，最后定价、过秤，但先不付钱（也无钱可付），东拉西扯一番，见到女人领着购盐者纷纷朝这边走来时，告诉盐贩：你看，那么多人来买我的盐了，你的事还是先摆一摆吧，等我把盐卖完后再说。盐贩当然不肯，说好的，你要买下我所有的盐，怎么能说变就变呢？男人一笑，好好好，说话算话，这样吧，你先去街上弄点吃的再来，要是不放心，我陪你一起去，要是还不放心，你就把盐挑走，否则会影响我的生意。盐贩觉得有道理，心想已经有人在卖盐了，价格很难抬上去，便上街去吃饭。很快，"打雁"者将盐贩的食盐略高于"收购价"抛售一空，等盐贩回来时，实实在在地按照约定价支付盐款。无本亦可生利，西河百姓也由此购得普价盐，皆大欢喜。

旱桥通行，箩帮"打雁"！这段传奇的过往，不仅表现了西河人肯吃苦耐劳的精神，更展示了西河人与时俱进、积极进取的聪明才智！"物竞天择，适者生存"，勤劳智慧的西河人，在不久的将来，一定会创造出更加灿烂的西河文明！

故事里的老宅

据不完全统计，民国时期，西河老街最多时共有各类店铺和商号数百家之多，较为出名的旅馆6家、糕饼店5家、国药店11家、布店6家、黄烟店6家、浴室4家、茶馆6家、粮行12家、杂货店40多家、肉店4家、酱坊5家、豆腐店9家、糖坊8家、织布坊23家，另有竹、木、铁、漆、铜、银、裁缝、理发等各种匠人所开店铺40余家。

明代建筑之古朴、清代建筑之精致，老街每幢古宅都有自己的故事，也都有着极高的历史研究价值，其中保存完好且有名气的当属王家大屋等十余处古宅。

王家大屋

王家大屋位于上街头，建于民国时期。原宅院主体前后共有五进，另有大量佣人、工人生活用房及后花园。屋主名为王景矶，其父王子嘉为清末五品官员，后到西河置下田地房屋。因家境殷实，为防匪患，王子嘉曾用铁皮包裹大门。

王景矶共兄弟三人，其排行老二，长兄早逝，三弟王景瑗系西河商人。王景矶则既经商也做官，后任西河地方行政负责人兼商会会长，同时，他也是一位开明乡绅，倡导新式教育，反对陋习，于20世纪20年代资助培英小学（现西河镇中心小学）直至新中国成立，并自费代办西河邮政所，为百姓提供通信服务。

1938年春，日军侵占西河古镇时，多次用机枪、迫击炮攻击王家大屋，然大屋仍坚固如初。西河沦陷后，王景矶举家逃往泾县茂林避难，其间日军强占宅院，并在此集中焚烧战死的日本士兵。据西河古镇多名老人回忆，日本人对于不治的重伤号处理手段让人想起来都毛骨悚然，先让军医给重伤的士兵们打空气针，使其猝死，然后架柴焚烧，有些还没有完全断气的则在火中嗷嗷惨叫。

日军占领西河后，采取"以华制华"的政策，依托汉奸组织维持会对古镇进行管理，多数日本兵撤回红杨山据点。在这之前，日军为关押西河抗日军民，特在王家大屋后院建一水牢。此牢略呈喇叭形，内大口小，深达四米，蓄有齐腰的污水，牢壁光滑异常，并泼有菜油，即使无人看守也爬不出来。

王家大屋现存房屋仅为原有的前厅及第一进，此部分因保存较为完好，《我的博士老公》《关关雎鸠》等影视作品将其作为取景地之一，使王家大屋从古老静谧的西河古镇走进了广大观众的视线。

古商会遗址

老街在旱桥建立之前，分上、中、下三街，古商会遗址在中街繁华地段，与芮家巷斜侧的"新恒生堂"药店相对，内有聚会厅堂一座，新中国成立初称作"工商联"。下十级石铺台阶后，可见到长凳桌椅若干，为商家聚集议事之用。王景矶任会长期间，商会维持商情、振兴商务，推动了西河工商业的发展；调处商事纠纷，维护商人利益，为维护西河商业秩序创造了条件。同时，积极开展慈善事业，组织大型民俗活动以及开展消防、公共卫生和公共安全管理，促进了区域社会生活的近代化。日军占领西河后，商会被维持会把持，成为鱼肉百姓的组织，多数西河商人外逃。

名医老字号

新中国成立前，西河诊所及私立医院共有十几家，但能让老街民记忆犹新的很少，能否被记住关键在于这些诊所或医院里有没有一个名医。

骨科健康医院位于芮家巷，如今斑驳的墙壁上还隐约有"健康医院"等字样。1937年7月前，该院由祖传名医鲍谷荣先生执掌。"不为良相，便为名医"，西河人正是有了这样远大崇高的理想，才造就出鲍谷荣这样医德高尚、医术高超者。周边乡镇有发生骨折脱臼者前往就医，只要按其医嘱行事，定能康复如初。西河百姓赞之曰："鲍老先生，西河华佗。"

"哑巴牙医铺"哑巴、"王笃钦牙科"的王笃钦、西医"李诊"的主治大夫李诊、游医胡敬亭等人，都秉承了鲍老先生"达则兼济天下"的理念，解救患者于水火之中。"哑巴牙医铺"位于芮家巷巷尾，"王笃钦牙科"和古商会遗址相邻,"李诊"位于今西河自来水厂对面。

抗战时期,西河有多人身患"龙格子疮",浑身长满洋钱大小的疮癣,很快皮破血流,化脓发臭。据西河老人回忆并判断,可能为当年侵占西河的日军携带过细菌武器所致。因当时多数药店遭日本人及维持会管控,西河的中西医们便发明了一种简便易行的自治方法,让病者在患处涂抹燃滴下来的蜡烛油,以高温灼杀细菌,以蜡油隔绝空气防止感染,多数病人依照此法得以痊愈。胡敬亭不仅精通药理和医术,且具有一颗爱国之心,曾多次为抗日军民手术起出子弹并治愈枪伤。

土地庙

土地庙位于土地巷对面,内里庄严,香火旺盛,共上下两层。下层供有两尊镀金的菩萨,称土地公公、土地婆婆。"破四旧"时两位菩萨被扔,土地庙香火断绝。古镇开发后,作为一个传统民俗,街民自发将那两尊丢弃多年的菩萨雕像找了回来,继续供奉。自此,每年农历正月初一、十五,二月初二等传统节日期间,前来敬香拜祭者络绎不绝。

据说这间土地庙里的土地菩萨曾于抗战期间显过一次灵,救下西河当年号称"土匪头子"的抗日志士李干成。李干成在下街头刺探敌情时不慎被维持会和鬼子兵发现,遂掉头向上街头跑去,边跑边回身开枪射击,跑到土地庙前,却发现上街头也有鬼子汉奸赶来,前后出路都被封死,此时子弹也打得只剩下最后一颗了,李干成长叹一声,正欲开枪自杀,土地庙大门却"吱呀"一声自动打开了,里面传出一位老者的声音:"快进来躲躲!"李干成跨进门槛后,那门又自动闭合了,一看,庙里竟毫无藏身之处,这不是自投罗网吗?李干成遂欲出门和鬼子拼命,暗处再次传出了那位老者的声音:"你就站在这里别动,我保证他们找不到你!"李干成将信将疑,但事已至此,也只好试试。鬼子兵和汉奸们迅速包围了土地庙,但撬开门后却什么也没发现,只有土地菩萨雕像、香炉和一些祭品,只得悻悻离去。李干成其实一直就站在庙内,但

古风红杨

028

他好像穿了一套隐身衣一样，所有人都看不到他。待敌人走远后，李干成仔细看了看庙内，菩萨还是菩萨，并无一人，疑为神灵庇佑，遂连连拜谢。当然，土地菩萨也没有最终保得李干成平安，李干成后来被西河国民党军统下辖的地方武装首领王应虎诱杀，并悬首于老菜市场多日，后被其徒弟袁时发盗走首级安葬。袁时发系红杨镇万村洪山头村人，曾拜李干成为师，后混迹于江湖。抗战期间，袁时发多次单枪匹马袭击日军，屡获成功，在宣城一带颇有名望。据袁时发生前所言，其师李干成确曾在西河土地庙获救过，并说有可能是菩萨显灵，也有可能是江湖中魔术高超的艺人相助。传闻虽已无法考证，但土地庙却一直为西河人所青睐。

明盘布店

明盘布店，也叫承和大布店，系李明盘、李明鼎兄弟合办。此店分两侧门面，上下两层，前后两进之间设有地下通道，后门正对青弋江畔，与关门口毗连。新中国成立前，明盘布店经销各种布料，常见的有平等布、毛哔叽、龙头洋布等。由于店主李明盘待客仁和，主张薄利多销，因此生意兴隆。李明盘除了经营布业，还兼营粮食。待秋粮上市，李明盘就把布店二楼作为临时仓库，卖布购粮两不误。新中国成立初，明盘布店渐趋萎缩，1958年改设为"西河食品站"，前门卖肉，后院屠猪。1980年，食品站宣告解体，现成为供游客观赏的"积墨堂"。

汤盛和布店

无独有偶，位于土地巷巷首斜对面的老宅前身也是布店——"汤盛和"，现挂牌为"芝云山房"。店身转阁连体，阁内开阔，有两方柜台。"汤盛和"曾系上街头首店，店主汤炳南祖籍湖北，其先人曾任高官，后隐居西河。汤炳南颇擅经营，在店后进设有布匹专库，常年购销渠道运行畅通。所售布料种类也十分齐全，以龙头洋布、花哔叽、直贡呢、绸缎花布等最为出名，顾客争相购买。每逢年底，周边办喜事的人家大多到此店购买各色精品布料，也有很多人家前来扯布缝制过年新衣。新中国成立后，汤盛和布店改为"西河食品站""蛋禽购销门市部"等。

宋裕发粮行

宋裕发粮行系过去知名粮行，靠土地巷一侧，现易名为"照虚室"，与49号老宅隔街相望。那49号老宅原本也是个粮行，名为"张恒发"，与另一户曾叫"章继财"的布店相邻。

宋裕发粮行共有连成一体的两个宽阔门面，分上下两层，楼上是粮仓，容量较大，后门与关门口直通，地理位置优越，可直接卸货上下船只。该粮行年吞吐量达25万担，列古镇之首。行主宋之道才貌双全，经营有方，尤以经营土特名产红花草籽最负盛名。每年草籽上市，周边省份商贾常云集于此。

方志高粮行

早期，西河粮行多达十余家。在芮家巷内，还有一家粮行也是名声在外，此粮行老板名为方志高，粮行就叫"方志高粮行"。现已改作以红烧猪蹄膀为招牌菜的"老仙酒家"。方志高极擅经营，既购销粮食，又兼营水运，因此家产丰厚，西河当年最大吨位的运输船便为其所有。每至收粮旺季，方志高便用自家船只运送粮食顺青弋江北上，至芜湖、马鞍山等地销售。西河人所说"汽笛一响，粮行开仓"，这里的粮行指的就是方志高粮行。

龙门客栈

龙门客栈位于土地巷上侧，"敏求阁"（戴老五住宅）斜对面。龙门客栈也叫"东美饭店"，隔壁便是"西美饭店"。

龙门客栈距今已有100多年的历史。客栈分上下两层，后门直通青弋江河沿。近水楼台，木梯上下，两层屏风皆可接顶。楼上共有大小客房二十余间，可纳客三十余位，前来住宿的多为各地粮商。客栈后进为伙房餐厅，曾有名师掌勺，美味佳肴吸引了无数食客。

龙门客栈最初店主为孙其武，其父子二人均善于经营，客来有宾至如归之感，因此常年客满，生意红火。据西河老人回忆，孙其武年少时便极其聪明，下得一手精妙的象棋，曾在整个宣城难逢对手。如此智商，一旦做生意，自然也是运筹帷幄，妙招连连，后来，孙其武果然挣得万贯家财。当年建造该客栈时，关于用工之多曾流传有一首民谣："一个铜钱，一担土，一天挣它四五个，一家肚子不用愁。"

龙门客栈、西美饭店后期老板为章少波、章正东兄弟二人。如今芮家巷口的"东美茶楼""西美咖啡"店名即来源于这两家老字号。

西河当铺

西河当铺也叫"汪家当铺"，系当年周边唯一经营典当行业的店铺，面广业旺。该当铺位于龙门客栈对面，"王永久"酱坊之侧，现在部分房屋已毁损。早期共有两幢正八间楼房。楼下开阔，楼上跑马转阁，天井立中，厅堂光线明亮，橱柜整洁齐全。当铺后期为清秀贤能而又命运多舛的陈小姐经营，所以又称"陈家当铺"。

当铺经营期间，正门外墙上写着巨大的"当"字，门前有木制栅栏，栅栏门楣上挂有铜质的三面牌，牌面镂空，凿有"云头""方胜""万字不断头"等花样，称作"云牌"。室内有高大的柜台，并以砖木结构封闭，给人一种神秘之感。旧时，当铺都开有一个离地面较高的窗户，原因在于开当铺的老板通常年纪都很大，老了就很容易犯困，犯困就很容易被人偷，所以窗户要开得让别人够不着。此外，还有显示店主高高在上的感觉，给顾客造成心理压力好压价。而陈小姐接手当铺后，特将窗户降低，足见其以诚待人的品质。

老粮站

老粮站在新中国成立前为私人住宅区，土地改革后改作粮站，其旧址位于上街头王景矶老宅的首端，宅内宽阔，楼上拐弯转阁，两进之间有透明天井，宅内亮堂。抗战期间，王家背井离乡，赴外地落户，老宅人去楼空，后期改为碉堡，曾驻扎约30人的日伪军。

新中国成立初此处设为"宣城县第七区粮库"，1956年改为"宣城县西河粮油管理站"，并在十字街向南延伸处先后建有四排粮食储藏库，一间大门面，原粮站库房改作职工宿舍，因而整个区域被西河人称作"粮仓"。

如今，"粮仓"土地使用权出让给了"鼎世集团"，旧存仓库相继被拆，成为文化产业开发之地。

舌尖上的西河

在西河，先人留给我们的不只是古建筑，更是一种古老的生态文化，其间各种传统美食，让人觉得这是个怎么也呆不够的地方。绕过清幽的青石板，回望几百年的流韵，品味民俗风情与地方小吃，偟会感到，西河尘缘、古镇历史，尽在舌尖里诉说着久远的故事。

豆品酱菜

豆腐的好口感除了依赖师傅的高超手艺之外，豆子的质量和水质是关键，西河正好完全具备这些条件。民国期间，这里不仅有个因豆腐店成巷的"许蔚南"，还有"陶万顺""李德龙""王景春""王永久（既开豆腐店也开酱坊）"等。这些店名同人名的老字号生产的豆腐无一不是水嫩嫩、松软鲜香的极品，以至逢年过节或是庆典活动期间，家家都被抢购一空。

著名的"陈家大酱坊"，前进柜台出售千张、干子、豆腐等各类豆制品，后进为手工坊，自制酱油、酱板等。所制豆制品色鲜味美，因而供不应求。

西河百姓回忆，当年规模最大的酱坊叫"王家义"，与现西河管委会的工作人员王家义同名，位于芮家巷尽头的"津盏银行"斜对面。该酱坊旧迹现已不存，但其规模之大，至今仍为西河人所乐道，装满酱菜的七萝大缸足有四十多口，场面异常壮观，浓郁的酱香味数百米之外都能闻到。

"怡和酱坊"，门前"怡和""自制酱"等墨色正楷大字至今仍清晰可见。该坊房屋、店面结构紧凑，前店售货，后进作坊。柜台侧面摆放各种酱菜以及干子、腐乳、豆腐等豆制品，均为手工自制。店面虽不大，声誉却颇佳。当年，店主王怡和为人谦和，经营有方，周边许多顾客慕名而来，因而生意红火，门庭若市。每逢节日，业务更是繁忙，应接不暇。

说到干子，不得不提一提胡大，这位已经过世的老师傅名叫胡修福。修福修福，真是一门绝活拥在手，修得子孙幸福长。在"西河洗浴中心"的斜对面，"胡大豆腐店"至今仍是门庭若市，就在于这里生产出了方圆百里都能叫得响的老品牌——"胡大臭干"。在西河就餐的人大都会点这道冷盘菜。几块乌黑的臭干子，切成丁，或是直接撕开，蘸上水磨红辣椒，浇点小磨麻油，令人回味无穷。胡大臭干味道好，关键在于泡干子的臭卤水。豆腐干用这种卤水泡后，即有"色如墨，嫩如酥，闻之臭，食之香"的妙处。据胡大后人说，这可是胡先生从豆腐的发祥地淮南学来的秘方。

面食糕点

　　西河传统美食数之不尽，都很值得推荐。早年，很多人来到西河就要亲口尝尝这里的糕点、糖食、馄饨、面条等，尽享原汁原味的手工食品。"刘黑皮面坊"是个以加工面食为主的老字号，地点位于十字街上今"西河阿五牛脯"隔壁。早在民国时期，该坊便以生产的挂面劲道味香而享誉周边。刘黑皮真名刘可仁，常亲自驱牛拉动巨大的磨盘磨出面粉，再仔细过筛，直至面粉毫无麸皮杂质。当年芮家巷内的"张老五"便是用此种面粉做成饺子而成名。

　　成名的还有"王海润"。流动叫卖的馄饨香溢四处，颤颤巍巍的担子里袅袅生烟，这是西河早年常见的场景。响亮的吆喝声，清脆的铃铛声，总是引得人们胃口大开，舌头生津。在这些流动的馄饨担子中，王海润的最为人们熟知，因而，至今人们说起西河馄饨，首先就要提到王海润。这个外号"小老王"的男人，担子一头置一小灶，灶上摆一小锅，另一头案板上置馄饨皮、肉馅、面条以及油盐酱醋等作料，包好的馄饨则装在案板下的小抽屉里。"喂！来一碗馄饨！"有人叫买了，王海润便挑着担子加快脚步迎过去，到了跟前，歇下担子，收起竹板，搬出小灶乐颠颠地生火，灶膛早已有引燃的木炭，小扇子轻轻摇几下，火头便旺了起来，锅里不一会就咕噜咕噜地冒出小水泡，然后拉出抽屉，数出十几个馄饨放进沸水里，再用漏勺搅一搅，那馄饨便像花一样一朵朵浮上汤面了，白雾袅袅中汤水滚滚，香气扑鼻……西河百姓传闻，小老王的馄饨还可以治疗感冒。传言并非空穴来风，在生活拮据的年代，能吃到一碗鲜美的馄饨，精神足以振奋，小病小灾自然痊愈。

　　因为西河人讲究面粉的质量，为此，小刀面也是美名在外。20世纪80年代后期，西河黄沙开采业兴旺，来往船只不歇，下街头沿河码头随之开了几家面馆。其中有一家老板叫董光宏。在西河方言中，"董光宏"和"东方红"发音几乎一模一样，久而久之，"东方红"面馆传遍周边。如今，东方红面馆子承父业，改名为"董福记"。"董福记"除了在西河有店面外，县城湾址镇也有两家分店，生意都很红火，系全县有名的招牌小吃。

方片糕属江南地区汉族传统糕点，由于"糕"与"高"谐音，被赋予了"步步高升，越来越好"的含义，因而深受人们喜爱。"潘怡成糕饼"曾有个出名的糕点师叫袁太生，经他之手生产的西河方片糕质地细腻、口感香甜，历来供不应求，尤其是薄片的柔韧性广为人称道，可以当作扑克牌一样洗开。其纯手工生产过程较为复杂，首先选出优质糯米，淘洗干净后用石磨碾成米粉，再蒸熟凉透，然后浇上白糖和芝麻油熬成的浆汁，搅匀后放入模具内压平并用木槌打实，最后用特制的刀具切成厚度、大小一致的薄片。

糖坊印象

提起在今西河艺术馆对面的"王义隆""王焕堂"这两家糖坊，西河老一辈人记忆尤深的便是"猫耳朵糖"。糯米淘洗干净后抬入青弋江中浸泡数日，磨成粉，蒸熟后，再用麻油炸出来，香酥甜脆，入口即化。

此外，"刘汉之""王明礼""巩光新""潘成祥""方志高""杨得应"等糖坊的花生糖、芝麻糖、炒米糖，"潘怡成糕饼"的蜜仁糕、金枣、蛋糕、明心糖、花生串，以及"王义隆糕点"的麻酥糖、酥糕、豆子糖、顶峰饼、蛤蟆酥等都是民国以来名噪一时的美食。每年粮食收成之后，周边南陵县的许镇、矛家嘴、金阁村等百姓纷纷前来购买，这些作坊常于夜间点挂汽油灯加班加点生产。

油条烧饼

笔者曾在前文《古镇寻梦》中说到过油条，因为那时小，只知道老西河的油条粗大好吃，师傅炸油条的敏捷身手令人啧啧称叹，但不知西河早就有了好几家老字号的油条店，分别为"老马""赵日山""江正喜""姚玉枝"等。这些油条店炸出的油条均有油而不腻、香脆可口、外酥里嫩的特点，零买、批发者纷至沓来，批发地点就在资福河桥头的"张天师"油条烧饼店。

老西河的烧饼也是一绝，"张天师"和芮家巷内的"老颜昌"等名头较响亮。刚烤好的烧饼，外焦里嫩，掰开后一股浓郁的麦香随着热气喷涌而出。咬一口，中间焦黄酥脆，边沿暄腾腾、软乎乎，越嚼越有香甜的味道，直让人吃得噎嗝不断也不舍放手。不舍放手的还有"郎光胜"汤圆、"奚志明"锅贴饺、"张怀德"酒糟蛋、"秦氏"渣肉蒸饭等等。

吆喝声远

老西河的美食，无论是流动叫卖的还是陈于店面的，经营者的吆喝声都是人们无法忘却的记忆。吆喝中往往拖以长长的调子，并伴以风趣的谐音。烧饼被叫成"草鞋板子烧——饼啰！"锅贴饺为"锅贴饺啊——不得了啊！"粽子喊成"卖粽子啊——败（别）冻噶啊！"葵花籽的叫卖声则令人忍俊不禁，"磕葵花籽啊——可不怕死啊！"卖汤圆的直接把那白皮黑芝麻心的特色给唱了出来，"白汤圆，黑心甜，看着正反面，咬了翻黑眼！"挑汤圆担子、馄饨担子的一直挑到深夜方才往回赶，不管当天卖得怎么样，都要留下一份给更夫，这档子生意已成习惯，所以便有了"打更的照顾卖汤圆子的"一说。

月是故乡圆，味是家乡美。西河的一人一事、一碗一碟、一菜一汤、一饮一啜都会令那些自小在西河长大的人魂牵梦绕，一生无法忘怀。

| 能工巧匠

一方水土养一方人。受绿水清山灵气所钟，西河自古以来便能工巧匠辈出。旧时活动在西河的匠人，五花八门，行行都有，与人们日常生活密切相关的大致有十多种，生意都不错。这些靠技术吃饭的手艺人总是令人怀念。很难想象，农耕时代如果没有他们的存在，人们的生活会怎么样。

石　匠

石匠可能是历史上最早的匠人。从旧石器时代的粗加工开始，原始部落氏族便有了简单的分工，石匠逐渐出现并最终产生追求艺术的大师。一把锤子、一根錾子，握在手里就能雕琢出一件件精美的石器，塑造出一个个精美的世界。举世瞩目的云冈石窟、敦煌莫高窟就是无数石匠智慧和心血的结晶。

西河石匠多雕琢实用器材。在刨土为食的年代，石磨、石碾、石臼、猪食槽等，对于一个家庭来说极为重要。后来，随着水泥的出现，石匠逐渐失去了生计，少数不甘寂寞的转而琢磨起石雕来，在失落中成为最后的匠心守望者。

现今西河有名望的石匠当属鲁玉华，其"玉华石雕"位于旱桥下方十字街左侧，一块块荒野顽石就在这里被雕琢成线条明快、造型优美、工艺精细的各种石器，使人不禁想起贾平凹的散文《丑石》，不过这里伟大的不是石头，而是石匠。鲁玉华的祖父鲁家金以及九旬开外的王金玉老人都是新中国成立前西河著名的石匠。石雕名家王金玉的手艺系其父亲亲传，王父为清朝以来西河最负盛名的石雕大师。据西河老人们所言，他雕出的石狮，可以在眼眶中轻轻拨动眼珠子，也就是说，眼球是在眼眶那个狭小的空间里凿出来的，与眼眶分离但又嵌在里面，神乎其技如斯，实令人惊叹。

铁 匠

铁匠在所有匠人中业务最为广泛，大到钉耙锄头、斧子镰刀，小到剪子菜刀、钉子锁环，无所不包，说其是百匠之首也不为过。木匠的斧头、凿子、刨刀，瓦匠的瓦刀，竹匠的竹刀，剃头匠的剃刀、刮胡刀哪样不需要铁匠打造，可以说，没有铁匠，其他匠人都难成其匠。

在西河，庄稼人常于农闲时围着铁匠铺子转，既可精挑细选出称手的农具，也能学到点铁器保养知识。西河的铁家滩很早便是铁匠铺集中之地，太平军占领西河期间，曾在此打造过多种兵器。雪花纷飞的冬天，附近的小孩子们最喜欢去的也是这个地方，不仅异常暖和，而且能欣赏到师傅们"趁热打铁"的精彩表演。脱下厚厚的棉衣棉裤，卷起袖子露出青筋垒起、肌肉疙瘩暴露的手臂，铁塔式的身板矗立在寒风中很是威武。点燃焦炭后，在火炉里埋进一块生铁，随着风箱的"呼啦、呼啦"声，火头越来越旺。火花四溅中，师傅用弧钳抽出烧红的生铁放在铁砧上翻过来搭过去，徒弟抡起大锤，配合着师傅手中的小锤，叮当叮当地击打起来，火星点点飞舞，锤声抑扬顿挫，两人很快就挥汗如雨。生铁经反复燃烧、锻打之后，一把崭新的农具出炉了，浸入水中，"呲"的一声，整个铺子汇浸在水雾之中。

李德伦是现今西河为数不多的老铁匠，一直在传承着这门古老的手艺。他的"老七铁匠铺"在原古镇临河大门附近。民国时期，西河铁匠众多，李哑巴（李德伦的父亲）、张世荣、方立升、管老四等人较为出名，尤其是管老四，当时所有西河手艺人的铁制工具均由其打造，包括其他铁匠的锤子、火钳等，号称"铁匠中的铁匠。"

铜 匠

如今铜器用得不多，但在旧时的西河，却是和人们朝夕相处的东

古风红杨

西。早晨起来，洗脸用的是铜盆，提鞋子用的是铜鞋拔，泡茶用的是铜茶壶，抽烟锅用的是铜烟杆、铜烟嘴，拜菩萨祭祖宗用的是铜香炉，出门一把铜锁，进门一把铜钥匙，还有铜锅、铜碗、铜酒壶、铜勺、铜铲、铜碟……真是无处不在。西河早在民国时即有两家铜匠铺较为出名，生意都很红火，一家主人姓王，姓名已不详，另一家叫"周程金"，尤以王家声名在外，可惜其后人已失去联系，幸有尚在世的西河老人回忆出王家铜匠铺的基本情况。

王家铜匠铺主要大件是炉子和坩埚，还有一台老式车床。炉子引着后，学徒的开始拉起风箱，直到坩埚里的废铜化成一埚铜汁。说是废铜，其实拿到现在很多都能称得上是文物，比如铜钱、铜镜、铜菩萨等。王家铜匠铺把这些收购来的小玩意先用锤子敲碎，再化成铜汁倒进各种不同的模具里翻砂。简单的翻砂件稍加打磨就可以出售了，若是需要里外都光溜的盆具、茶具，就要上车床车得厚度均匀一致，再打磨得闪闪发光。对于铜匠来说，敲，既是入门的必修课，也是作为一个优秀铜匠必须掌握的技艺。落锤分寸须拿捏得恰到好处，重了容易将铜打破，轻了打出物件的形状就难以保证。这还不是难点，难在很多铜器都要刻花，因此铜匠还必须学习绘画、雕刻。诸如寺庙用的法器等则更复杂，不但有图案，还有不认识的梵文，因此，用周程金后人的话来说，铜匠这碗饭真的不好吃！

白铁匠

民国时期，西河的白铁匠张太华名噪一时，不过，人们并不称他为"白铁匠"，而叫"洋铁匠"。张太华主要是用薄铁皮（板）打制各种生活用具。这种薄铁皮表面都镀有一层白色的锌，故称白铁，同时，此铁皮早期中国没有，都是从外国进口而来，所以又叫"洋铁"。张太华的"太华白铁铺"原址在老西河镇政府斜对面，现为私人住宅。"太华白铁铺"比较简陋，门外挂一只小白铁桶做招牌，旁边挂一小黑板，写有产品名称以及服务项目。工具也不复杂：一个铁砧子、一把木槌、一把大剪、一把尺子。砧子与铁匠打铁的砧子有所不同，一头圆尖，一头方扁，如同"T"字形的拐杖。木槌也是一头方，一头圆。有顾客上门了，老张根据要求很快算出需要下多少料，接着就是画线、剪裁，然后敲出翻边再扣边，最后压缝成型，整个过程都离不开砧子和锤子，一直敲打不停。用老西河人的话来说，张太华手艺就在于装水器具的合缝上，水桶、舀子、水壶、簸箕……每一样都不使用铆钉，更不用焊接，却都能做到滴水不漏，甚至白铁煤炉都比别人的省煤好烧。物竞天择，适者生存，至今还有白铁匠存在，但不知道像拥有张太华那样精湛手艺的还有几个。

银 匠

民国年间，西河出了一位银匠高手汤修贵，他的"汤家银器店"旧址位于下街头，洋船码头往西约一百米处。

银饰虽然不贵，但经过老汤一打造，就有一种神秘的魔力，既古典又耐人寻味。若是热恋中的人们戴上银器，那就是项间、腕上的一句句情诗。银的可塑性很强，决定了银饰的加工过程与锡器大体相同，其中錾花工序是最为关键的一环，项链、项圈、手镯、耳环、戒指等首饰的做工优劣，关键就在于此，雕刻细微处，方能尽显银匠的手艺。银碗、银酒杯、银酒壶、银筷子等生活用具讲究的不仅是美观大方，还需质地均匀、厚薄一致、里外光滑，这就需要银匠的敲打功夫了。老汤敲出的银饰，件件都是纯度高、硬度低、光度亮，工艺精湛，造型丰富而独特，典雅大方，都是不可多得的馈赠佳品，用现在的话来说就是"亮瞎人眼"。同时，老汤做生意讲究货真价实，薄利多销，方圆几十里尽人皆知。

竹匠、灯笼师

西河竹匠多有一双巧手，总能编制出箩筐、筛子、竹匾、鱼笼、筷子等生活用具。我的外祖母便是当年西河有名的竹匠。小时候很喜欢欣赏她打垫子。竹子破成条后，打掉竹节，塞进手摇刨篾机里加工成篾条。这叫"胚篾"，还不能用来打垫子，要刮成又薄又亮的细篾。篾条分为青、黄两色，竹子最外层的青篾柔性和强度最好，需要刮的是里层的黄篾。刚刮好的篾条很脆，挽成一圈一圈的放进澡盆里浸水后才能用来打垫子。在宽敞、平整的堂屋里，外祖母将青篾、黄篾搭配着在地上编制到近两个平方米时，用一米长左右的竹片夹在竹篾中间撞击几下，然后每添一根篾都要加力。最精彩的是外祖母可以利用青黄两种颜色打出"喜""寿"等字样，篾枕头还能编出鸟雀、花草图案。外祖母这手绝活是当时家里创收的一个渠道，舅舅和几个老表学会后，凭着手艺也在周边闯出了点名头，常常挑着担子走村串户赚些辛苦费。相比民国时期更为出名的吴文范、高小水等人，外祖母的手艺还是略逊一筹，她在世时常说西河篾匠当数吴文范第一。吴文范身材高大，但心灵手巧，以编制筛箕、窝扁为业。至今很多健在的西河老人都能回忆起吴文范神奇的编制术，用他编制的箩筐挑水，竟然可以滴水不漏！

"过节不点红灯笼，打谷晒场不起风"。老西河所有的节日都可以说是灯笼节。竹匠在节日来临之前很自然地忙碌起来，不排队定做还真拿不到货。虽然市面上有成品灯笼出售，但西河人还是相信自家竹匠的手艺，讲究的有钱人家每年都要更换大门前的那两盏"气死风"。西河灯笼大致有两种，或提在手上，或悬挂在庭院，均用竹篾扎成两头开口的球形或圆柱体框架，底部放一块插蜡烛的小木板，连着两根对称的铁丝，框架套上去，糊一层白纸，再刷上桐油，灯笼就做出来了。有点绘画功底的竹匠往往就是很吃香的灯笼师，民国时期的俞正科就吃香了一年又一年。扎好篾架，糊上灯笼纸后，握一根毛笔，画出山山水水、鸟

悠悠西河

041

兽虫鱼，最后根据姓氏写上"某某世家"四个红字。这灯笼上的题字是很有讲究的，须以祖上名门望族为号。比如李姓的灯笼就要写成"龙袭世家"，源于唐朝李家坐了几百年江山。灯笼做好后，到了傍晚，点燃红蜡烛，光影朦胧，被成群结队的孩子提在手里一番疯跑，烛光渲染的图案立刻晃动成无数魅惑的影子，成为西河古镇一道独特的风景。

木　匠

　　木匠干的活与人们从生到死的大事有关，如婴儿睡的摇篮、去世的人躺的棺材。旧时，人们对请木匠做棺材的重视程度绝对不亚于盖房子，尤其是乡村人，劳苦大半生，到了五六十岁，就会想着为自己打造一口像样的棺材，准备一个死后安居的小房子。当时的人们普遍认为，活着住差一点没啥，死了有一口好棺材才叫福气。于是，西河棺材铺应运而生。西河人称棺材为"寿材"，民国时期，西河下街头寿材铺林立，其中较为出名的有"牛进先""牛进和""陈隆昌""陶湘源"等。这些寿材铺均以精巧的做工、上好的木材享誉四方。此外，"小三样"（俗称"提量子"的小水桶、马桶、脚盆）也是深受人们欢迎。每年九月，宣城金宝圩沿岸的水阳镇、雁翅镇等地都有大批商贩带着船只前来批发，满载而归去赶集。西河寿材之所以深受欢迎，原因有二：一是选用优质的杉木做原料，杉木色质白里透黄，结实耐看。二是可以根据不同需求打出不同的寿材。根据一些老木匠所言，寿材档次一般是根据厚度来定的，质量最好的是"硬两寸"，即棺木从头到尾都是二寸厚；差一点的叫"二一寸"，寿材是一头大一头小，"二一寸"就是大头的二寸，小头的一寸；最差的称作"寸材"，顾名思义，棺木从头到尾都是一寸厚。西河寿材铺总能满足不同需求者，当然，最关键的还是木匠的手艺好。

　　西河木匠分工较细，大致有方木匠、圆木匠、弓木匠三类。方木匠是常见的主流木匠，主要从事盖房子、钉木船、打家具、做棺材等。

西河人盖房时，破土动工后方木匠就被请进门开始工作，称作"供匠人"，以表敬意。方木匠的工具箱里摆满了墨斗、斧锛、推刨、锯条、凿子、角尺等。西河方木匠只要有这些工具在手里，再不规则的木头，都会成为有用之材。八仙桌、书几、凳子、木床上总能雕镂出精美的图案，由此方木匠派生出另一个专业匠人——木雕匠。

过去的房子大多为尖顶结构，立柱子、搭屋顶、架大梁都离不开方木匠。大梁必须由有经验的老木匠亲自操斧，用墨斗打出线条，两端做成榫头，上梁后严丝合缝，讲究的是手艺，展现的是技术。大梁架好后，房子就已盖成一半，是可喜可贺的大事，每家都要举行上梁仪式，宴请亲朋好友庆贺一番，主持上梁仪式的人也是方木匠。

提起西河方木匠，一个叫"范老五"的木匠让当地人没有一个不竖起大拇指，而说起范老五，西河人又都十分怀念两幢木质建筑和一座庙宇——"万年台""神台"和"吕祖庙"（供奉吕洞宾）。万年台与神台相对，前者用来唱戏，后者用来祭祀。西河人爱看戏，万年台的戏每年都要唱到首次栽秧时才暂停。有时戏班多了，演出场地不够用，神台也做了临时戏台，对台戏更让老戏迷们过足了瘾。据西河老人回忆，出自范老五的木雕是万年台、神台的一绝，无论是山水风光，还是飞禽走兽，抑或是历史人物、民间谚语、神话人物，无不因木生姿，栩栩如生。当时除了范老五外，还有两名方木匠也是大名鼎鼎。一个叫牛进发，这个兼营粮食的手艺人擅长打造木船、风车、水车等大型木器。另一个外号"二老头子"，真名吴而舒，不仅擅长跑马转阁，而且对木工的要求严格，精益求精，追求完美。当年西河周边绝大多数建筑的木工都要请他检验，只有"二老头子"认为符合要求了才算过关。因此，西河老人们口口相传，文昌阁进行翻修时，曾派出轿子抬着"二老头子"到现场验收。

圆木匠是专门制作木桶、木盆的工匠，也叫桶匠。塑料桶具问世之前，西河古镇及周边农村家家都有甑子（饭桶）、水桶、脚盆和粪桶，女人们还有专用的"马子桶"（便桶），大多是娘家的陪嫁物。民国期间，西河圆木匠中"胡大马"颇有名气。圆木匠有一定技术要求，弯曲的桶板每一块都要通过圆周率计算，做得恰到好处才能成圆。过去没有精准的工具，全靠经验，而胡大马捣鼓捣鼓就能使方木成圆。胡大马大多数情况下是挑着一副装满工具的担子，走村串巷吆喝着帮人箍桶、箍盆，而敢于出门赚钱的手艺自然能叫得响，所以，他箍出来的桶、盆不仅美观，而且经久耐用。

弓木匠，顾名思义，是专门制作弓形木器的匠人，主要是耕犁，也称犁木匠。过去耕田靠的是畜力，除了犁头和犁耳是铸铁，主要部位是有着一定弯曲度的"犁弓子"。牛拉犁的力道很大，犁弓子的原材料不仅要有一段自然长成的不规则"S"形曲度，还要选用材质非常结实的杂树。这些"歪瓜裂枣"看似无用，在西河弓木匠手里却能变成中耕大器。民国时期，西河能做出漂亮又结实的犁弓子的，也就"二老头子"吴而舒等寥寥几人。

瓦　匠

瓦匠也与人们生活休戚相关，砌墙、搭灶都是他们的活。工具不多，只有一把瓦刀、一把粉刷刀和几只灰桶，瓦匠斜着眼睛瞄一瞄，便能把墙砌垒得横平竖直，粉刷得镜光滑亮。搭灶更具技术含量，灶台不仅砌得美观大气，而且灶膛、烟道处理得好还能省柴聚火。西河灶台是有讲究的，都要砌成弧形，四四方方的砖块，在瓦匠手里总能劈成圆角，抹点泥浆就如同圆规画出来的一般。

烟农都盼望着烤出好烟叶，因此瓦匠砌的烤房和火道就关乎着烟农的希望。所以，西河农人从来就不敢怠慢瓦匠。西河的能工巧匠多集中于民国时期，瓦匠中以戴老五、丁仙桃、李大金、李文英、姚玉财、陈世财等人较为出名。

戴老五不仅做得一手好瓦工，而且善于经营，由此成为一名工头而发家。新中国成立以前，西河大部分建筑都出自戴老五之手。戴老五长女一脸麻皮，外号"戴麻子"，手使双枪，与其夫李刚均系巢湖新四军指战员，号称巢湖的"双枪老太婆"。据西河老一辈说，戴老五在世时常以戴麻子为荣。她和女婿李刚被国民党军包围时，面对劝降人员的利诱，戴麻子毫不动摇，并用手枪指着丈夫的脑袋警告："你若敢屈膝投降，我就毙了你！"

丁仙桃不仅瓦工技艺高超，而且注重对子女的教育，其子丁济仁历任宣城县红杨人民公社、文昌人民公社党委书记、扬子鳄养殖场（现鳄鱼湖）党委书记、场长等职。

弹花匠

新中国成立前，西河弹花匠以张怀汉、徐世如、薛贤春等人较为出名。他们给人的印象总是肩背长弓，手持木槌，走村串户时肩上还有一副担子，一头装压盘，一头装各色线纱。弹花机没有发明前，盖被、垫被的翻新都要靠弹花匠。初冬时期，很多人家都要弹新棉絮，特别是闺女待嫁的，早早将一大堆棉花铺在案板上，等着弹花匠登场。弹花匠戴上口罩，弓的一头插在后腰带上，左弓右槌，叮咚叮咚声中，把棉团弹得片片飞舞，然后用彩线盘出各种文字图案，最后用压盘将弹好的棉胎压平，一床暖和的新棉絮就成了。与弹花匠紧密相关的还有一个派生匠人，称作盘花匠，俗称"打线的"。当然，大多数弹花匠都能盘花，只是"打线的"更为专业，这其中便有赵风财等人，几十根彩线纵横交错，很快便能盘出"喜""寿"等文字和各种动植物图案。

皮 匠

民国时期，能穿皮衣皮鞋的大部分是城镇人，西河皮匠杨应龙、叶杨等一般只有在年底才会挑着担子去农村揽活。找一处避风地，腰间扎条围裙，胳膊上套副护袖，开始飞针走线地帮人修皮具、补臭鞋。忙碌的时候，摊位前总围有一圈坐等修鞋的人们。大闺女小媳妇们陆陆续续送来需要修理的各种皮鞋、布鞋，也有讲究的人把刚买回的新鞋送来打掌钉，要过年了嘛，从头到脚都要拾掇拾掇，皮匠生意因此火爆起来。杨应龙闲暇之时喜欢钻研点玄幻异说，驱邪捉鬼，弄得神乎其神，号称西河街上的"钟馗"。旧时迷信者多，杨应龙在没有活计可做时也能挣几个小钱。随着生活条件日好一日，修鞋的人极少，因此皮匠这个古老的行当在城市里也逐渐消失。

漆　匠

　　漆匠在所有匠人中可能是最有文化的，没有一点书法和绘画功底的人是干不好漆匠的。所以，西河老漆匠杨世忠号称"乡村画师"。他的工具包里工具件数很多，但并无大器，石灰粉、刮灰刀、砂纸、各色颜料、调色板、绘笔、毛刷和一小桶清漆而已。他先将家具的缝隙和木节疤用湿灰补平，干硬后用砂布磨光，刷过主色后再描上逼真的木纹。

　　民国时期西河名气最大的漆匠，非"狗里漆匠"店的店主徐守金莫属。"狗里漆匠"在当年"七家门面"处。据西河老人回忆，徐守金的漆活名不虚传。凡经他滚过的器物，无不光泽透亮得如一面镜子，能照出人像，而且光滑细腻有质感，经久耐用，不起泡，不褪色，不变形。大到棺木小到木盆，只要是徐守金漆过的，件件都是精品。当时很多人家都以有几件出自徐守金之手的家具为荣。"七分漆三分雕"。徐守金不仅是一名漆匠，还擅长木雕，也就成十分十的能人了。平时不做油漆活的档口，他就拿起刻刀就近拜雕刻专家为师，至于在三面镜子床、梳妆镜上进行玻璃描花，更是行云流水，轻松而就。为了使所画景物生动逼真，徐守金平时会观察实景，搜集图样。待到上门油漆时，在什么地方画什么景物，他心中早已有数，无论是山水树木、廊坊亭榭，还是人物风情、虫鸟鱼虾，都能画得栩栩如生。

　　漆匠均在室内工作，不用风吹日晒，所以长得都白净斯文，往往为农家妹子所青睐。于是，在徐守金、杨世忠以及他们的弟子身上，也就产生出一个个浪漫的乡村爱情故事。

剃头匠

西河早年的剃头匠以"胡二"最为出名，此人虽系半路出家，却很快凭着精湛的手艺名震四方。可能是天赋异禀吧，他的哥哥胡大就是靠着臭干子的味道创出一份厚实的家业。每逢春节来临，找胡二剃年头的人需要排队预约才能赶上。胡二很少呆在家里等客上门，大多时候都是挑着担子游走服务，所谓"剃头挑子一头热"原本指的就是这些流动的剃头匠。

美好的一切从"头"开始，春节前，大人小孩都要去剃个年头。流动的剃头匠背后都有一只小木箱，打开后俗称"推子"的剃刀银光闪闪。小孩子剃头多少有点紧张，尤其是看到那锋利无比的刮胡刀时，会担心割伤自己。胡二动手之前总会说两句俏皮话来安慰他们："别怕别怕，剃个龙头过大年，三十晚上一堆压岁钱。"推子很快便在他手中"咔嚓咔嚓"地响起来。小孩没有胡子，但脖子后面还是要刮一刮的。胡二拿出一条油光发亮的帆布，拴在扁担上扯紧后，捏着刀柄来回翻飞，刀荡得"啪啪"直响，看得人心惊肉跳。怕归怕，但他的顶上功还真令人赏心悦目，往椅子上一靠，剪发、修面、刮毛，行云流水一般。胡二掏耳朵的绝活最令人舒爽。耳屎耙子、绞毛刀、镊子、耳绒子不断在手里变换，掏挖、镊取轻巧利索，再用那一小撮白毛伸进耳孔里，捻、挠、扫，让人惬意得很。

大人们享受的是刮胡子这道工序。胡二首先用刷子沾上肥皂沫，将脸部有毛的地方涂抹一遍，接着用热毛巾盖住焐上几分钟。拿掉毛巾，摸摸客人下巴感觉胡子变软了，剃刀发出呲呲声，胡茬子纷纷落地，脸上的绒毛也一并给你刮得干干净净。西河剃头匠都有一手按摩技艺，胡二更不例外，理完发后便开始在你的肩头与后背捶、拍、按、推，很快让人感觉全身顺畅，精神焕发。

针　匠

　　针匠另有一个动感十足的称谓——裁缝，这也是个古老的职业。《周礼·天官·缝人》有"女工八十人"的记载。东汉末年经学大师郑玄对女工的注解为："女奴，晓裁缝者。"说明古代针匠地位低下，相当于家奴。自 1928 年上海胜美缝纫机厂生产出第一台家用缝纫机后，手缝几千年的针匠们才开始逐渐使用机械缝纫。民国初期，西河针匠最能叫得响的是"二蒋一徐"——蒋太丰、蒋广应以及徐金山，他们都可以手工缝制貂皮大衣，尤其是他们做出的旗袍，总能让那些爱美的女人们"锦袍素雅身段娇，如风拂柳展妖娆"，因而成为富足人家的常客。每年一到腊月，西河人除了忙着办年货外，还有一件重要的事，那就是请"二蒋一徐"做新衣。布料扯回来后，他们用一皮尺依次量肩宽、腰围、领围、袖长、臀围等，并用划粉简单地在布上画几个数字，心里就有了数。摊开布料，一把竹尺，一块划粉，三下五除二，片刻间，布料上已满是几何图形，接着用一把大剪刀沿着划线"嘎吱、嘎吱"剪成大大小小的布片，最后密密缝合，布片很快就"七拼八凑"成一件衣服，最后是绞边、钉扣、熨烫。

　　白驹过隙，如今除了社会名流模特有专职的针匠和服装设计师外，人们都不再量体裁衣了。各种购物商场、品牌服装店比比皆是，什么衣服都能买到，现代化服装生产流水线，什么样的衣服都能很快做出来。针匠，这个具有几千年历史的古老职业渐渐走出人们的视野，但西河现在还有一个老针匠朱伯岑，就在"即墨堂"隔壁的一幢老宅里坚守着传统的行业，坚守着自己的梦想，因其手艺不错，至今仍有不少顾客上门。

骟　匠

骟匠这个名称最早出现于中国的北方，在西河这个江南水乡，骟匠有一个不太雅的诨号——"削卵子的"。在小孩子的眼里，这是个比较残忍的职业。我们小时候最怕听到他们的吆喝："进村一声唏，割卵子削猪带旋鸡！"血淋淋的场面常被大人用来吓唬我们这些调皮捣蛋的小男孩，"再胡闹，叫削卵子的把你蛋蛋骟了！"不仅是我们小孩，连号称暴雷脾气的大牯牛都怕他们。印象中，牛是很通人性的，耳朵也很灵，骟匠进村几次后，只要一吆喝，大牯牛便浑身打哆嗦，弄不好还会飚出一泡热尿来，也算是吓到顶了。因为它知道，这家伙来了是不干好事的，都是断子绝孙的招，就此把两个蛋蛋紧紧夹在两腿间，再也不敢发牛脾气了，但主人对骟匠还是礼敬有加，说他们是"刀来刀去百畜旺"。

西河骟匠有专业和兼职两种，兼职的基本是剃头匠，那把刮胡子刀既能刮掉人的毛发，也能阉掉畜生的器官。二者共同点就是出门时都背个箱子般的包，里面有一个铁盒，装满粗粗的针头和各色药瓶，另有一把寒光闪闪的小刀，令人望而生畏。

新中国成立前，西河的骟匠以潘炳辉名气较大。老潘的双手总是很白，大概是骟牲口前后勤洗手的缘故。公猪仔长大到一定程度时，必须削掉其睾丸，否则成天躁动不安，发起情来，争风打架，消耗能量，吃得多，长得慢，此时的潘炳辉便被戏称为"削猪佬"。来到猪圈外转一圈，老潘把那白白的手一挥："去！打盆水来，把肥皂也拿来，再烧一瓶开水！"手洗干净了，针头、骟刀用开水消过毒了，帮忙的人猫着腰，顺手一抄，抓住小公猪的后腿。嗷嗷叫唤的小公猪被老潘踩在脚下，他大喊一声"开始"，大家一同掰开猪后腿，老潘手起刀落，飞快地划过那鼓鼓的阴囊。"嗷——"，随着一声长而凄厉的号叫，两粒冒着热气的蛋蛋就此离开了猪身。接下来，老潘飞快地给猪缝针、涂消炎药，最后挠挠痒，把痛得颤抖不止的小公猪扶起来，再把那两粒血糊糊的蛋蛋洗干净往荷包里一揣，成了他的下酒菜。可怜的猪儿从此再也不躁动，只能吃食长肉了。

可怜的还有小母猪，能摘除母猪卵巢的骟匠必是个中高手，老潘更是如此。倒提着小母猪的两后腿，再用力上下抖动，为的是让猪肠子尽量拥到腹腔的前部，以防被割。拿起一头锋利另一头弯钩的"刍术刀"在小母猪的下腹部切开一个小口，用力按压刀口边的腹部，部分卵巢就自动崩出来了，刀钩乘势插进去轻轻一拉一割，卵巢全部摘除。这下刀部位必须准确无误，否则就会白白送了一条猪命。

西河骟匠手艺大多祖传，不仅能骟猪，牛、马、骡子、羊也都不在话下，连小公鸡也难逃其手。骟鸡又俗称"旋鸡"，被旋了的公鸡也是从此不再近鸡色，不再思淫欲，只管傻傻地吃食长肉。也许是动物保护人士强烈反对的原因吧，如今不再提倡骟牲口了，让它们自然生长，骟匠慢慢退出历史舞台。

西河老匠人，留给我们乃至上一辈人无数的记忆。他们用自己的手艺服务乡民，是昔日人们生活不可或缺的一部分，值得怀念！

古镇佛事

西河人尊道礼佛，自明清以来，这里先后建有15座庙宇，分别为"晏公殿""观音庵""南山殿""照明殿""仙姑庵""五显殿""吕祖庙""关帝庙"各一座，另有"大仙庙"3座、"土地庙"4座，现大多已毁损。

笔者曾撰联："弋江春水润古镇，珩琅佛光照西河。"西河不少人敬重佛。新中国成立前，西河每年都要举行隆重的佛事活动，有"观音会""火帝会""拜吕祖""敬财神""地藏王生日会""请稻王菩萨"等。其中，声势和规模最大的当数农历七月三十"地藏王生日会"。

佛诞生日庆典的第一件事，就是要请皖南名纸扎——位于上街头29

号"洪家香店"的老扎工，扎出九米高的地藏王神像。神像扎好后供在指定的地方。

生日大庆三天，农历七月二十九迎，七月三十过，八月初一送。连唱大戏两场，二十九晚上一场，八月初一一场。各店各业都抢着为这两场对戏做东，以求佛佑。

七月二十九中午，街上店铺都关门息业，人们吃过晚饭精心准备，沐浴更衣之后，齐聚万年台广场。

万年台广场张灯结彩，灯火辉煌，巨型的地藏王扎像端放在神台正中央。扎像前摆好长桌香案，香案上红烛高照。乡绅名流，布衣百姓依次前来给地藏王进香，祈求平安寿康。众人一一烧香叩首之后，接着便是筛锣静场，僧尼手执木鱼佛珠绕广场一周，最后在扎像正前面的蒲团上盘膝而坐，念诵经文，全场肃静。之后，道场开斋饭数桌，人们吃斋饭求平安，并陆续走到大愿菩萨（即地藏王）像前，在一对药师佛长生灯下各诉心中之愿，祈求国泰民安。

七月三十是地藏王圣诞。中午12点，万年台路路香火缭绕，道场鼓乐喧天，鸣锣开道，地藏王被八人抬起，缓缓前行起驾受香火，扎像绕道场三周后，又回万年台落座，其时，鞭炮齐鸣，香火正旺。这一夜，西河是万家灯火通明，处处檀香缭绕。最热闹、最隆重的是二更天之后，鞭炮齐鸣，礼花齐放。五更之后，大戏开台，一直唱到东方破晓，才幕落人散。

西河的佛事，其实也是一种佛文化传承，通过佛事活动来净化乡风，教化人们素心向善，心中常怀慈悲之心，广做善事，广结善缘，上慈下孝，邻里相助，形成淳朴的乡风。这种乡风的形成有助于家庭和睦社会安宁。

八面石佛

《芜湖县水利文史汇编》记载，西河下街头曾留有古人建造的一座"八面佛"石塔，并以该塔命名沈公圩最险要的堤段。古人在无力面对洪水的情况下，转而求助于神灵保佑。然而清同治九年（1870年），因青弋江洪水泛滥，八面佛也没有保住这段险堤，最后殃及下游南埈的太丰圩、林都圩和芜湖县十连、白沙、埭南、麻凤等十多个圩口。西河老街为此流传一首民谣："破了八面佛，上通青弋江，中连水阳江，下达扬子江，三江并一江（长江）。"1957年，宣城县人民政府拨水利兴修专款在八面佛石砌河堤护岸300米，从此稳住了这段险埂。

八面佛，为一坚硬冈石铸成的高约3米的八棱石塔，因塔座雕有八面佛像而得名。百姓传闻虽与实际相左处甚多，但也寄托了美好的愿望，言为自西河立有八面佛后，圩口便不再溃破，而后期决堤的原因在于八面佛的消失。1870年那场洪水退后，沈公、太丰、林都圩民工共同堵口复堤，拓宽加固。挑圩期间，有人在河底发现了八面佛石塔，人们便将其打捞出来。"文革"期间，有人将八面佛的毗卢帽（即石塔顶端）掰下抛入青弋江，将石佛连同底座推入陶家塘。"文革"结束后，当地水利站工作人员再次将其打捞上岸，请来匠人用水泥复制了毗卢帽，并附建一八面亭。从此，石佛重归原位，镀金如新，再次享受香火。

在西河，关于八面佛石塔的由来还是源自人们的口口相传。某年六月，因梅雨连降，青弋江河水暴涨，水灾随时都会发生，西河全镇一片忙乱，人们纷纷往高处搬运家什。当时有位叫王之喜的大善人正忙着搬东西时，只见一位衣衫褴褛的老叫花来门前乞讨。王之喜安排其饭食后，拱拱手道："老人家，我不能陪你了，可能要破圩，我得抓紧搬家。"老叫花把胸口一拍："王大善人不用着急，若信得过我老叫花，你只管放心在家睡觉，今夜大水必然退去。"王之喜将信将疑，但见其说得如此肯定，遂留之秉烛长谈。那老者似乎很累，聊着聊着便打起了哈欠，接着倒头就睡，王之喜也被他感染得一阵阵倦意袭来，不知不觉沉沉睡去。朦胧间，突然发现青弋江上游疾驰而来一只怪兽，青面獠牙，浑身通红，所经之处，白浪翻滚。王之喜大骇，暗道，我命休矣！就在危急关头，忽从水底钻出八名手持禅杖的僧人，个个宝相庄严。八僧齐声断喝："兀那洪魔，佛爷在此，岂容你残害生灵。"洪魔闻言，立刻张开血盆大口扑了过去，只听八僧高宣佛号："阿弥陀佛，我佛慈悲为怀，亦有金刚怒目之时。"言罢，均抡起禅杖朝洪魔砸去，但听金光闪处传来一声惨叫，洪魔已然中招，随即慢慢沉入水底，巨浪也随之消失，稍后，八僧飘然而去……王之喜费力地睁开双眼，一看，自己仍躺在床上，方知刚才做了一场梦，然那老者已经不知所踪。此时，已闻鸡鸣，天亦大亮。王之喜赶忙跑到河堤上，发现洪水已经退去一大截，且水位还在下跌。全镇男女老少都陆续赶来查看水情，皆感惊讶，短短一夜，水怎么就能退得如此之快？王之喜遂将那位老者所言及梦中之事告知众人，众人皆认为是佛祖显灵才使西河免去了一场水灾。为了纪念这八位僧人，人们请来石匠，根据王之喜的描述，把他们的画像刻在一个石柱上，这便是八面佛由来的传闻。

早市夜曲

老西河的早市值得一书。

每当东方天际泛出微微曙色，青弋江面上还罩着一层薄薄的轻纱，像还没有挽起的纱帐。可溯江而上、顺流而下的船只，已是舟楫交错，穿梭来往。水声、桨橹声、机器隆隆声、人语声，早已合奏成江面热闹的晨曲，与岸上码头的喧闹声遥相呼应。西河的早市，便在这热烈奔放的交响乐中拉开了序幕。

四乡八圩的菜农们，或肩挑手提，或手推独轮车，或脚踏小三轮，将新鲜的蔬菜，活蹦乱跳的鸡鹅鱼鸭，一一搬上西河十字街，尽情叫卖，地道的西河口音，一声声韵味悠长。

沿河码头上的小吃后，也是一派繁忙热闹的景象：油炸狮子头、麻辣春卷、糯米糍粑、腰子饼等各种油炸早点，油光光、金晃晃地摆在案头。包子铺里的蟹黄包、豆沙包、五仁包，平底锅烙成的锅贴饺、咸菜粑粑、鸡蛋烙饼，面馆里的炒面、盖浇面、荤炒面皮等各类小吃，花色齐全，应有尽有。诱人的香味弥漫在人群中，挑起人们旺盛的食欲，小吃店自然门庭若市，忙得不可开交。为方便顾客，店里的小伙计手里托着盛满各类早点的托盘，穿梭于攒动的人群中，将早点送到客人手中，方便那些想吃早点而又不便离开自己摊位的生意人，可谓"生意生意，生出仁义"。

西河人有喝早茶的习惯。居家人每天起床第一件事，便是烧一壶开水泡壶好茶，再弄几碟生姜、蒜头、臭干子、花生米之类的茶料，坐下来，悠闲地喝喝茶，吃吃东西，同时或聊聊家常，或翻翻报纸，或听听老戏，听得兴起跟着哼上几句，怡然自得。有些闲情雅趣的人们还互相比试茶品，各自品尝对方一口茶后，再请第三方品后居中裁判，称作"比茶"。

说起喝茶，不能不说"醉茶轩"，也就是位于下街头的"老金谷春"酒楼。西河人统称酒楼、饭店为"茶馆"倒也名副其实，"醉茶轩"便是"老金谷春"酒楼经营早茶的场所。青砖黛瓦里，一扇扇木雕烤漆花窗临街半掩，古色古香。楼内有用风雅别致的屏风分隔而成的包厢雅座，供情人幽会、朋友小聚、商家洽谈、议亲说媒等。在这里喝的是茶，品的是人间烟火……

在西河，有早市，也有夜曲。夜幕下的西河古镇，别有一番风情！

青弋江面渔船上的星火次第燃起，与河岸码头上的灯光交相辉映。这座秦砖汉瓦构建的古镇，历经风雨却古韵犹存。青石铺就的老街路面，踏上去依然发出清脆的回音，尤其是在明月当空的夜晚，那回声格外清灵悠长。那是挑着夜宵担子的年轻媳妇，用高跟皮鞋奏出的无字歌谣。"卖红枣莲子粥啰——""卖葱油酥烧饼——'"卖鸭血粉丝、大汤圆、小混沌——"悠长甜润的叫卖声和着清脆的鞋击石板声，响彻大街小巷。于是，老街两侧的缝纫店门开了，伙计放下衣料，来一碗热腾腾的红枣莲子粥；篾器店的门开了，篾匠放下编织一半的箩筐，来碗鸭血粉丝；纸扎店的门也开了，挂上刚刚扎好的灯笼，来碗小馄饨再加上一张葱油酥烧饼……吃着香喷喷的夜宵，再和卖夜宵的妩媚小媳妇说几句打趣逗乐的俏皮话，心暖胃舒，别有一番情趣！

人文西河

西河人之正直善良，可由王国定、陈慕贞二人窥见一斑，而蒋够本则以义偷侠盗的身份展现了旧时西河人认知观的另一面，盗亦有道，贼亦有善恶之分。

陈慕贞

比之西河当铺更为出名的是它的主人——陈小姐（1907—1987年）。陈小姐，名陈慕贞，祖籍安徽颍上。因其父陈老爷在新中国成立前曾任宣城县公安局局长，陈慕贞便跟随父亲来到宣城。民国十六（1927年）年春，陈慕贞从宣城县嫁至西河，其夫姓汪，系西河当铺老板之子。民国十八年（1929年）冬，其丈夫患肺痨（肺结核），病故。由于和丈夫未曾孕育子女，陈慕贞在婆家并不受待见，婆家不想把当铺交到她手中，便逼着她改嫁。一气之下，陈慕贞诉至宣城县府，状告婆家因财产问题逼其改嫁，最终打赢了官司并获得了当铺的继承权，但同时她也必须接受婆家的要求：终身不得改嫁。自此，西河当铺改为"陈记当铺"，陈慕贞也一直都没再嫁人。

民国二十年（1931年），西河老街破圩被淹，当铺自此衰落。1937年底，当铺被日本人的炮弹炸毁，从那之后就没有再开张。

陈慕贞一生乐善好施,战火纷飞的年代,很多人都居无定所,也就是在那个时候,她收养了邻村的一个孤女。日本人占领西河时她还曾帮助过几名新四军战士。

蒋够本

抗战期间,西河出了一位神偷叫蒋够本,此人虽靠偷盗度日,却有着劫富济贫的侠义之举。日本人占领西河后,驻军并不多,并很快撤回至红杨树据点,地方治安交由维持会会长江来宝管理。蒋够本于此期间某夜赶至南陵弋江镇行窃,几番物色之后,选中了一家金器店,得手后正待离去,不想店中住有一位国民党连长和数名士兵,其中一名士兵恰在此时起床小解。眼看就要被发现,蒋够本急中生智,迅速坐到柜台的椅子上,戴起账房先生丢下的毡帽,低头拨拉起算盘,那士兵以为金店工作人员在加班,便没过问。次日清晨,店主发现失窃,遂询至当地"工棚"(旧时地方黑社会的头目)处。"工棚"分析猜测窃贼可能是西河的蒋够本,但也不能排除就是那帮当兵的所为。国民党连长看出了店主对他们有所怀疑,为证明本人及手下清白,遂通过江湖人士找到蒋够本。蒋倒也爽快,承认是自己干的,但金器已经出手,所得钱财都分给了当地穷人。连长虽然知道蒋够本是个"义偷",但总感觉脸上挂不住,老百姓本来就觉得他们无能,总是被鬼子打得到处跑,现在连一个江湖人都在其驻地来去自如,实在是贻笑大方。连长为了挽回面子,告诉蒋够本:"现在国难当头,你要是有真本事,偷一回鬼子的武器给我看看,若果能手到擒来,我们将不再追究你行窃之罪。"连长此举目的有二,蒋够本如果连鬼子的武器都能偷来,证明他确实不是平凡之人,金店失窃也就理所当然;如果他栽在了日本人手里,正好借鬼子的手除掉他。没想到蒋够本第二天即从红杨树鬼子据点偷来了一支三八大盖和两枚手榴弹,那位连长先是惊得目瞪口呆,转而对蒋够本大加赞许。蒋够本也从此只找日本人和汉奸下手。

洗净铅华呈素颜

自建镇以来，西河历经多次兴衰。因地处青弋江畔，明中期开始，西河便成为皖南太平、旌德、泾县等地客商到芜湖经商的必经之地，往来船只常泊于此歇宿，成为山区农副产品的销售中转地；来自下游的商贩也在此设点收购，使得老街商业逐渐兴旺。新中国成立前，最有名的商贾当属王、汤、李、董等八大姓。明万历年间，西河及周边战乱频起，老街上的房屋店铺焚毁严重，经济一度萧条。至清中期，时局安定，来西河行商者渐多，老街渐渐繁荣起来，一度成为宁国府宣城县西乡要镇；清咸丰年间，由于太平军与清兵在此对垒鏖战数年，百姓深受其难，店铺纷纷倒闭，居民背井离乡，街镇再度衰败。民国初年至新中国成立后，西河老街又趋于复兴，青弋江中过往船筏增多，大批的竹木排筏由泾县山区运来，停靠于此，船只往来也日益频繁，此时西河集镇成为青弋江湾沚码头以上最大的贸易集散中心。

到了近现代，西河集镇建设有向圩内扩展之势。20世纪70年代初，新建了一条长约50米、宽约5米的水泥路面街道，称为"法制路"。1983年又新铺设一条长200米、宽9米的水泥路面街道，在圩堤内侧，与老街平行，是为"民主路"，上到粮站下至芍家巷口，横跨"法制路"，系目前最宽阔的一条街，农副产品交易都聚集在此。

20世纪80年代起，黄沙开采及运输业成为西河集镇的支柱产业，千余吨的拖船从长江而入，溯青弋江而上直达西河，带动了整个地区的经济发展。1986年，湾西公路正式通车，西河老街的客商乘渡船到对岸的风家湾，即可坐车直达红杨和湾沚，来往人流骤增。水陆交通并举，迎来了西河集镇历史上最繁盛的时期。但在八九十年代，西河集镇遭受了几次大洪水袭击，给当地居民造成了不小的财产损失，一些家境殷实的住户开始考虑搬迁。2003年底，西河镇建制被撤销后，西河老街逐渐凋敝、冷清。

在注重发展乡村旅游的今天，老街的价值又得以体现。红杨镇政府通过增加投入和不遗余力地招商引资，环境治理成效日益凸显，老镇洗净了铅华，呈现出新的素颜。

良好的环境，淳朴的民风，镇政府的筑巢引凤引得一些名人画家开始关注西河这个曾一度萧条的古镇。有的老宅已在修复，精明的生意人已开始在古镇上经营。近年来，除了红杨镇政府外，社会上的有识之士也积极参与其中。作为芜湖市工商联古玩商会会长的褚耀武，前几年便主动前往西河古镇，租赁了老街上几处具有代表性的房屋，进行保护性的维修，并且征集和收藏了许多具有西河本地特色的古家具、老证件及许多书画家的作品陈列其间，供前来游览的客人们观赏。老街居民不慕虚荣，不求名利，也不重物质，而是崇尚心灵的喜乐和生活的趣味。如今在西河有三进院落的古宅，算是黄金宝地，但宅主没有高价租给商家牟利，却廉价租给一个叫朱明德的画家做画室。朱明德画鱼，其画有符号价值，曰"明德鱼"，被当地人珍视，于是便有了一个"朱明德画画的地方"。

当前，县镇两级政府已将西河古镇列为美好乡村建设示范点进行重点保护和管理，并制定了旅游发展规划，以吸引更多的有识之士参与西河老街的保护和开发，让这个历史悠久的江南古镇重新焕发生机。

春暖花开之日，秋韵尽显之际，游人陆续来探访这个《米市春秋》里记载的古老码头。"月上西河"更是一张享誉四方的名片，古镇昔日风采开始恢复。2014年，西河古镇被列入安徽省首批传统村落名录和第三批中国传统村落名录，2018年成为中央电视台《2018春节戏曲晚会》安徽分会场之一。西河老街人正以文明风雅、热情友善的形象，张开温馨的双臂，迎接八方来客。于是，这个古老的集镇开始有了新的生活。

在"西美咖啡""东美茶楼"，随意品一口咖啡，品一杯香茗，遥望佛教圣地珩琅山，近观古渡口的渡船，再看看铁匠铺、缝纫铺、剃头铺，现代的慢生活逐渐停留在旧时光里，令人心生淡泊宁静之感。此外，由鼎世集团联合上海市建筑学会、芜湖县红杨镇政府共同规划建设的"西河鼎世文化创意园"开始运营，一期总建筑面积约5000平方米。鼎世集团在改造和建设过程中，保持了西河古镇粮仓原有的独特风貌，并注入时尚审美内涵，将文化创意、商务会议、生活美学、健康养生、娱乐休闲等多重功能融合于一体。正式投入使用约鼎世府大堂，轩敞明亮，呈现出现代东方美学意境。一期开业的鼎世府包含了茶室、KTV、超市等多元业态。其中，茶禅文化空间"时在家'与西河粮站古韵文化创意园气质相投，赋予了西河粮站全新的生机。目前，鼎世府已正式对外营业，当地居民与外地游客均可来此品评茶艺，于茶道雅韵中品味茶的真意。

珩琅山赋

在红杨，古风徽韵不仅沉淀在曲水流觞的西河古镇，也沉淀在佛光塔影的珩琅山。为使游人有一个初步印象，笔者特作赋一首，以期概述那名刹流韵，佛躅遍山之地。

赋曰：

吴中楚地，有镇红杨。境内高山，其名珩琅。立于宣南芜鼎足之地，处鸡鸣三县之隅。三百余仞，群山拱卫秀丽舒展；八百多载，佛光塔影声名远扬。双峰对峙，故老相传宜探访；四季葱茏，怡人景致适登攀。

王台耀金光，峨眉亮银闪，普陀传铜声，九华铁名扬，珩琅兼四奇，更有玉气藏。

厚淀奇闻，佛祖地藏。云游四方，打坐珩琅。意欲在此，修炼闭关。神童说龙，言语震撼。地灵人杰，惊走和尚。九华佛觉，源出此山。

沧桑古塔，建于宋邦。巨石青砖，糯米砌墙。圆形拱门，环塔而上。精美图案，嵌客四央。苍劲厚重，古色古香。对峙主峰，呼应相望。大明洪武，修葺重装。以镇龙脉，沿袭帝王。可恨日寇，炮击摧残。塔刹倾斜，内阁毁伤。鸠兹县府，耗资数万。零九乙丑，加固扶匡。玲珑宝塔，再现灵光。

主峰白云，独秀珩琅冲天而起，拔地江畔群山略低。峰巅池口，冬来雪景美百里，宁国十景源此地。极目四野，峰峦起伏众山争相偎依；放眼远眺，一衣带水西河古镇依稀。阡陌纵横，广袤田野层层次第；印象江南，淡妆浓抹山林水细。紫云峰顶，诗山敬亭遥遥相望，寒亭楼台勃勃生机；立马峰上，华严寺庙尽俯览，罗公圩村收眼底；走马岭道，亦步亦趋声回响，疑似镂空走悬梯；天然屏障，拱卫宣邑作门户，山岭自成兵家地；杯渡岩下，天竺神僧留足迹，禅师洞内有禅机；凤凰岗前，山似飞凤欲展翅，只等涅槃重比翼；蛤蟆石下，妙从此始入佳境，神蟆观景谓神奇；南山绝壁，孤鹰翘首望明月，千年万载不舍弃；云根石刻，女娲不慎丢奇石，何时补天藏天机；伏虎岩下有虎穴，刨出神泉出龙潭，龙潭虎穴终合黎；观音庵后观音洞，洞内有洞泛冷气，佛家清修一圣地。

十园美景，闲趁怡情。春夏山花馨，溪流苔痕青；秋风起处修竹瘦，倦鸟归林蛰虫吟。最喜东风吹暖日，满园蝶舞蜂争鸣；多姿盆景，百花争艳，容色丽清。牡丹花、杜鹃花，天天吐芳；含笑花、玉兰花，灼灼其华。漫步处处胭脂润，闲赏丛丛锦绣生。更喜冬雪封山冈，珩琅一片似玉团。山村庙宇如银砌，千林万树绘冰川。

华严寺内，杨柳枝头分净水，莲花池内放明灯。佛陀大殿，金身正坐赐安康。观音圣堂，玉像庄严送福祥。金刚猛形态，罗汉狰狞相。钟声阵阵传幽远，梵音声声响珩琅。炉内香烟缭，佛前明烛光。盘内置素食，禅房焚名香。僧持金杵，诵真言超度亡魂。人奉供钱，买一时理得心安。

肉身宝殿，菩萨金身。广积良缘，三乘妙法其精湛。坐化珩琅，修得沙门不一般。极乐世界逍遥去，跳出轮回凭涅槃。传闻临终神通现，信徒朝拜香火旺。

悠悠珩琅，书难尽鬼斧之造化，画限于神工之离奇。四季风景，因时序而迁变；一方丽色，缘佛光而远传。

"瘦马诸峰老子前，绕湖罗拜一青天，南来肯乱珩琅脚，泰岳平生止一拳。"清朝史部郎中茬曾作诗盛赞珩琅山风景。

位于红杨镇最南端的珩琅山，湾西路与寒西路穿境而过，距芜湖市区仅25千米，距宣城市区约10千米，东与宣城市寒亭镇以山为邻，西沿青弋江河畔与南陵县弋江镇、西河古镇隔江相望，南与宣城市文昌镇接壤，北与兴塘村、三胜村、汤泊河桥相接。2015年12月31日，铜南宣高速公路正式开通运营，驶出高速出口再前进600米即可抵达珩琅山脚下。

珩琅山原系古宣州四大名山之一，现为芜湖县境内最高山，方圆15千米，高千尺，群山拥聚，孤峰独秀。山体绿树成荫，景色宜人，冬暖夏凉，泉水叮咚。山上现共有三座寺庙，分别为华严寺、观音寺和灵观寺，另有一座南宋古塔，香火鼎盛。早在北宋英宗年代，珩琅山即盛行佛教，寺庙林立，每年有数万计的游客来此朝拜游览。传说五台山有金气，峨眉山有银气，普陀山有铜气，九华山有铁气，珩琅山兼四气更有玉气。

珩琅是山名，因村在山周，人们也就以山名为村名。珩琅山村于

2017年5月由原珩琅村、罗公村、岗山村整合而成，下辖57个村民组，人口6770余人，区域面积23.23平方千米。境内珩琅山自然景观美丽如画，罗公圩人文景观底蕴深厚。

《芜湖县水利文史汇编》记载：罗公圩原本是一片荒滩，明嘉靖年间（1522—1566年），宣城郡守罗汝芳应当地秀才胡希瑗呈请，投资围垦建成良圩，后人为纪念罗汝芳的功绩，故名"罗公圩"。

珩琅山村这片土地，尤以佛教文化影响深远，流传着许多传奇故事。

《芜湖县志》"地名传说"记载：珩琅山，后来又叫行琅山，山名不一，却有来历。很久很久以前的一个黑夜，南海的小山神奉玉帝之命，肩挑两座大山去填东海，限期造良田。当他赶至青弋江畔的时候，早已汗流浃背，气喘吁吁，一看到碧水如玉、清澈见底的青弋江，小山神乐坏了，放下大山，一头扎进水里，与水鸟、游鱼泡上了，嬉水玩耍中，渐渐把填海的事丢到了脑后。猛然听见鸡叫，这才慌忙穿好衣服，匆忙挑起担子，刚要起步，一头没挽好的绳子滑落下来，另一头被弹得老远。等他重新挽好绳子，不觉东方发白，无论如何也来不及填海了，小山神吓得丢下大山，溜之大吉。滑落的这座山裂成两半，远远望去，两峰对峙，很像高堂内的廊房，人们就叫它珩琅山，被弹出去的那座山就是南陵县的弹弓山。

当然，民间传闻版本较多。珩琅山周边百姓多称此山为"青龙山"，因山上植被葱茏，青翠遍地，山形隐约如一只卧虎，又似一条拱起身子的青龙。但从清朝史部郎中茌曾所作的诗来看，"珩琅山"一名更为久远。在紧邻西河的弋江镇，邱氏宗谱里也有一首描写珩琅山的诗作——《珩琊削翠》，诗中"珩琊"二字，为当时流行称谓。诗文曰："玉削芙蓉翠欲流，昂然杰出众山头。腰悬日月频来往，足绕烟云任去留。一柱擎天撑北极，诸峰扑地拱南州。罗星远镇檐城外，保障江村亿万稘。"可见，珩琅山名由来已久，而青龙山一说并无出处。

南北朝时期，高僧杯渡禅师去九华山之前先在珩琅山修行，当地一直有"九华佛觉出珩琅"之说。而佛之"觉"另一说为"惊觉"之意，指的是九华山地藏菩萨。

　　传闻唐高宗永徽四年（654年），地藏转世和尚金乔觉云游四方，偶然发现珩琅山主峰耸立，遂登高远眺，只见方圆数十里，云雾缭绕，群山蜿蜒相拥，便欲在此修行。至山脊打坐时，忽见山中有八条巨龙在嬉游盘旋，和尚疑惑，并惋惜道："可惜，可惜，九中少一。"正说间，山后出现一个骑在牛背上的娃子，用牛鞭一指说道："你坐的地方不就是一条龙吗？"和尚急忙站起来一看，果真有一条巨龙盘踞在此，和尚轻轻离身，巨龙冲天而起，山脊随即沉塌下来，变成山冈。金乔觉深感此山卧虎藏龙，非久居之地，惊而游走，终在九华山成就大道。

　　佛光塔影的珩琅山，有着太多佛门子弟留下的足迹。南部山腰处有一梁武帝时代高僧杯渡禅师修炼过的洞穴，深约五米，洞壁刻有"禅师洞"三字，并刻有杯渡禅师石像，另有"梁武帝拜会天竺高僧杯渡处"石刻。杯渡是南北朝时的天竺高僧，因以木杯涉江渡水而得名。杯渡禅师来到珩琅山后，见此处岚烟森列，紫翠万状，弋水环绕，碧波千顷，就此定居下来，创建了法云寺，广揽信徒，传经布道，后人称之为珩琅山佛教开山祖师。杯渡后云游九华传教，创建九华山第一座弘法佛寺——化城寺，比地藏王菩萨金乔觉在原遗址重建化城寺还早260多年。

　　古僧已远去，今人又如何？现供奉于华严寺内的肉身菩萨果青和尚（1948—2009年），出家前俗名胡六斤，祖籍青阳县木镇石台村前进自然村。1991年5月在木镇白云洞出家，法号果青，1998年4月来到珩琅山华严寺修行。2009年农历十月初一上午，果青忽感身体不适，于当日下午一时圆寂，享年61岁，第三天坐缸葬于珩琅塔附近。三年零六个月后，即2012年农历六月初十开缸，得见肉身完好如初，称为肉身菩萨。2013年农历二月初二装金，二月初十开关供于珩琅山华严寺。

　　据华严寺僧众回忆，果青菩萨生前广积良缘，在其成为肉身菩萨后，曾有九华山僧人前来欲将法体运走，当地百姓闻言蜂拥而至加以阻却，说果青在我珩琅山成佛，就是我们家的菩萨，必须留在此山庇佑百姓，果青菩萨最后得以供奉在华严寺。

佛教文化底蕴深厚之地，更有我佛慈悲、佛法广大的传说故事。相传琅琊山每逢灾年，山顶东侧就会生出两个自然长成的石锅，一锅冒食盐，一锅冒香油，取之不尽。同时，山下另有一洞往外淌出稻米，待转好后两锅一洞即自行停止发货。当地百姓皆言是山中菩萨为解救灾民所为，每每取用后必焚香感恩。

清朝初期，因不堪朝廷苛捐杂税之重负，琅琊山下九甲里村出了18位类似梁山好汉的"大肚丁"，被山民称为18罗汉，个个武功高强，肚大腰圆，行侠仗义，带头抗粮抗捐。清兵每次前往围剿时，村里都会升起漫天大雾，进村道路无法辨认。带队的将领夏朔十分好奇，遂化装成老百姓数次探秘，终于从一牧童口中得知，原来琅琊山有一高僧每次在清兵来临前必去九甲里祠堂念经施法，咒语念动后，供桌上点燃的香烟便会化作浓雾将村子笼罩。夏朔遍寻江湖术士寻求破解之法，得知若有人在和尚念经之前用水把祠堂里的香火泼灭即可。夏朔遂与牧童打了个赌，说你要是敢在法师念咒前在香炉里泼水，我就给你一百两银子。小孩子不知深浅，满口答应照做。九甲里村因此被清兵攻入，十八位好汉连同高僧一并战死，牧童知情后也自缢身亡。

琅琊古塔（旧称"竹院"）就坐落在传闻被金乔觉坐陷的塔子岗，于南宋德祐元年（1275年）由琅琊山原法云寺住持陈法珣、僧人竺修化缘募建而成，大修于明代万历年间。塔高二十九米，六面七层楼阁式砖木结构。塔身均由青砖砌就，每层每面设有圆形拱门，外墙嵌刻有图案花纹，可缘楼阁至塔顶。底座为方形转角椅柱，每层砖沿叠山，呈菱角牙子形。二层以上门内顶部均有长方形佛龛，哇第五层的东南、南、西南三面没有，顶部塔刹（俗称塔尖）相轮（串在塔身上的圆环）为宝瓶莲花状。

宋代，佛教一度盛行。从山脚登琅琊塔沿途曾先后建有二圣殿、万年殿、晏公殿、十王殿、肉身殿、法云寺等。古建筑布局俨然小九华山，寺庙林立，声名远播，成为皖南佛教圣地之一。经多年风雨剥蚀，琅琊塔依然矗立岗巅，雄伟壮观，与琅琊山主峰遥相对峙，数十里外，

佛光塔影

065

清晰可见，尤显古朴。然抗战时期，塔旁的十王殿和肉身殿曾被国民党占领，后又落于日军之手。鬼子曾派驻小分队据为制高点，并设置炮台，控制弋江、西河二镇。一度向西北方向倾斜的塔尖，为日军攻占珩琅山时用炮火轰打所致，楼阁也因中弹被焚毁，塔身附近如今仍可寻见古建筑基础及滴水瓦檐等残物。附近几处寺宇也毁于抗战炮火之中，仅有珩琅塔幸存。目前珩琅塔塔南、塔西有华严寺正殿、前殿、厢房及塔后山顶的观音庙，系当地僧人于1999年开始先后修建，依附珩琅塔盛名，享受香火供奉。

1985年9月，经芜湖县政府批准，珩琅塔被确立为县级文物保护单位。2009年，芜湖县人民政府投资数十万元，对珩琅塔进行了维修加固，塔尖被扶正。经全面维修保护，如今珩琅塔恢复了古朴原貌，古塔青山相伴相映。每年四五月份，映山红盛开，游人如织。农历三月十九、六月十九、九月十九，为观世音圣诞、成道、出家之日，周边及江浙地区的信徒纷纷赶来供奉香火。

珩琅塔在维修时曾发现覆钵铭文，有"皇宋乾道九年（1173年）岁次癸巳四月癸亥朔初三日乙丑记""珩琅山法云禅寺住持"等纪年、落款字样，为其塔建造和维修的确切年代提供了考证资料。2012年9月，经芜湖市政府批准，珩琅塔为市级文物保护单位，同年12月经安徽省政府批准为省级文物保护单位。

十景奇闻

珩琅塔影

悠悠古塔，传说众多，关于其来源有"断龙脉"一说。明朝开国皇帝朱洪武（朱元璋）同军师刘伯温路过珩琅山时被其景色所吸引，赞不绝口，当他们游至山顶，俯首一看，发现山中群龙游动，周围雾气腾腾，刘伯温掐指一算，道："此乃风水宝地，不斩龙脉，必有后患。非得造塔镇之。"皇帝纳柬后，立即下旨造塔，镇住龙脉，以保皇位。

围绕珩琅山的村落曾实行保甲旧制，一村为一甲，现今仍留有十甲之村名，皆胡姓。1976年，珩琅山村两位胡姓村民听闻塔顶藏有很多古书，且塔尖为风铂铜材质所铸，很是值钱，遂联手上塔顶窃取宝物。因塔内木制楼阁已毁，二人遂用长绳拴住一块石头从塔外拱门内抛入，一人进内拽绳攀爬一截后，再将绳子抛给外面的人，外面的人再次高抛，如此一层一层上移，竟然到达了顶层。但就在此时，攀爬至顶的人突然感到有一只无形的手将其猛然推下，重重地摔倒在地，顿时昏死过去。胁从者慌得大声呼救，幸而旁近有人闻声赶来，抬的抬，背的背，连忙将其送至当地卫生院，总算抢回了一条小命。从此，当地人皆传闻宝塔有神灵保护，便没有人敢再造次了。这也是珩琅山一带家喻户晓的传闻。

灵龟探首

灵龟探首位于逍遥溪中，金龟正从走马岭匹山谷中爬出，神态惟妙惟肖，而尾巴却遗落于走马岭东山脚，年年岁岁探首人间。到底人间欢乐多！

相传，珩琅山在宋朝曾遭受百年不遇的旱灾，田土干裂，青弋江干枯，山民饱受缺水之苦。正当百姓处在干旱绝望之时，法云寺僧众通过日夜诵经求雨感动了观音菩萨，突然天崩地裂，一只硕大的神龟从山上破土而出，口中流出一股甘甜的清泉，救百姓于水火之中。谁知神龟救民心切，倾吐甘泉过多，自身失去生存的必需水分，最后在吐尽泉水的地方垂首而逝，变成一堆青石。观音菩萨念其功德，特下一道法旨，只要珩琅山经声不断，神龟就有机会获得重生。因此，法云寺僧众加倍宣扬佛法，终于使得这只舍身救民的神龟慢慢抬起了头。从此，神龟专心闻经听法，每逢珩琅山寺庙举办法事经会，必专注凝神，终使灵魂脱得石身，于宋真宗大中祥符七年（1014年），和山北的一条灵蛇相遇相缠，成为玄武化身，并与青龙（青弋江）、白虎（珩琅山）、朱雀（凤凰干岗）一起形成珩琅宝塔所在的龙脉之地。

华严寺

华严寺始建于南宋年间，后毁于战火。1997年，九华山祇园寺圣定僧尊奉安徽省佛教协会、九华山佛教协会原会长、九华山祇园寺升座方丈仁德师之命，只身来到珩琅山，从废墟残垣的遗址上复建了华严寺，开山授徒，传播佛学文化，弘扬佛法。如今，华严寺香火袅袅，钟声阵阵。千百年来，华严寺内的华严菩萨被当地百姓尊奉为地方的保护神，这来源于一段动人的故事。相传南宋宝庆年间，珩琅山上不知从哪里来了一只吊睛白额大虫，身长丈余，十分凶恶，行走时飞沙走石，咆哮时山崩地裂。大虫下山捕食出没无常，不分白天和黑夜，人和禽兽都是它口中之食。因此，附近的山民既不敢上山打柴，也不敢下地干活，一时间闹得鸡犬不宁，天天关着大门躲在家里唉声叹气。

一日，山村里来了一个化缘和尚，他见家家户户都关着门窗，很是纳闷。这时，忽听"吱呀"一声，一位老者开门走了出来，和尚连忙迎上去躬身施礼："阿弥陀佛，贫僧叨扰了，只想施主赏一口饭食。"老者便将其请进家里并准备了上等斋饭。言谈间，和尚自称华严，是普陀山来的僧人。他不解地问老者："村里大白天为何家家关门闭户，不下地干活？"老者遂告知其大虫祸害百姓之事。华严和尚闻言高宣佛号："阿弥陀佛，罪过罪过，我既身在佛门，自当以除魔卫道为己任，老施主请放心，这等残害生灵的孽障，贫僧一定代为除之。"

原来，华严和尚自幼出家，已经修炼成一名得道高僧，行走于名山大川之际多行惩治邪恶、拯救黎民之举。山民们听说村里来了一位侠僧要为民除害，都拥之为上宾。第二天，华严和尚手执法杖只身登上了珩琅山。

在荆棘丛生的山峦间寻找一只老虎并非易事，华严和尚根据山民提供的线索，在那畜生经常出没的地方找了一个山洞悄悄隐蔽起来，坐等其出现。三天三夜后，忽闻"嗷呜"一声，那大虫终于从茅草丛里窜了出来，华严和尚纵身跃出洞外，抡起法杖对虎头部猛地一击，却听"哗啦"一声巨响，原来恶虎闪避，法杖将一棵大松树劈成了两段。恶虎受到惊吓，昂首再次怒吼，声震山谷，旋即回身扑向和尚。华严见其十分凶恶，仅凭拳脚难以降服，遂念动真言，伸手一指，道声"定！"那虎便中了定身法，不得动弹。华严问道："孽畜，你今可知悔悟？"那虎原是一只修炼多年的精怪，岂肯服输，仍是一脸凶悍地瞪着华严。华严遂双手合十，念道："善哉善哉，除魔即卫道。"殂即一拳将恶虎打倒在地，顷刻间，那虎便化作了一座巉岩。从此，珩琅山再无虎患。山民为了感念华严和尚的大恩大德，便在山中建造了一座寺庙，就是现在的华严寺。老虎化作的那块巉岩，也就是如今珩琅山景点之一的"伏虎岩"。

南山绝壁

南山绝壁位于拱宣岭西，下临江河，岩壁立，猿猴也难爬过，一人当关，万夫莫开。相传牛头山的道人修炼成仙后决定到珩琅山广招弟子，建观传道。道人来到珩琅山脊，双手合十，两眼紧闭，向上苍默默祷告，当他睁眼看时，只见自己下跪的地方深深凹陷下去。于是招来山神质问，山神回复："此山乃七龙所顶，仙长道行太深，担当不起，龙背已被压弯。仙长可往九华山，那儿乃九龙所载，可以一试。"牛头山道人闻言，只得叹口气道："此山异石似玉，却似这般脆弱，终究难成气候。"说完，悻悻然在一块磐石上跺了一脚，扬长而去。那只脚印留存多年，后在"文革"时期因取石被炸毁。据此人们又把珩琅山叫成"行琅山"，即仙人行至此山并驻足留痕之意。

弋江漂流

漂流是现在流行的一种旅游活动，但在珩琅山却是古已有之。弋江漂流起点始于珩琅山下的师姑塔村，乘竹筏下寒亭河，转入青弋江，止于西河古镇，全长七千米，沿途可观两岸旖旎风光，驾筏可历江中急湍险境。传说，古时候青弋江水道常发生翻船事故，货损人亡的悲剧让人对行船心生畏惧。后来地藏菩萨云游到这里的时候，发现了这个问题，看到船工们又累又苦且无安全保障，遂决心为之排忧解难。菩萨睁开法眼一看，原来青弋江水里有河妖和水怪作祟。所谓"天王盖地虎，宝塔镇河妖"，地藏菩萨施法将一块山石点化成宝塔，镇住了河妖和水怪，同时命掌管江河水怪的焦冥王恪尽职守，不得让妖怪害人。从此，珩琅山对面的西河古镇在每年举办孟兰会时，便有了抬着焦冥王游行的仪式。而从那以后，此处水道再也不翻船了，岸上纤夫拉纤的时候也一帆风顺。人们为体验这段水道的行舟之乐，逐渐形成弋江漂流这一充满惊险刺激的旅游项目。

神蟆拜天

穿过珩琅胜境坊，步上入胜桥，回首可观珩琅十景之一的神蟆拜天奇景，有"妙从此始""渐入佳境"之石刻，俗称蛤蟆石，头朝天庭仰望，形似拜天。此石的传说精彩动人。相传盘古初开天地时，洪水肆虐，天地之间生出五大神兽，其中有众所周知的青龙、白虎、朱雀、玄武，还有一个神兽默默无闻，却领导着这四大神兽，成为盘古最得力的助手，那就是一只蛤蟆（又称蟾蜍）。盘古在开天辟地之后，脚踏地，头顶天，身子日长一丈，随之天地日厚，万物繁衍，生生不息。然而静则生变，随之而来的是一场大灾难。一时间，弱肉强食，杀戮不断，史称"洪荒大劫"。灾难来临后，盘古在撑天踏地，无暇他顾，但盘古又非常忧心这场无端的灾祸，郁郁不得欢颜。终有一日，他仰天大吼一声，五腹之气化作五彩祥光，分别向五个不同的方向飞去。五色祥光在五个地方化作五种神兽，东方青龙、西方白虎、北方玄武、南方朱雀、中位蛤蟆。五神兽在各方诛强虏，杀败类。不知过了多久，终于平息了灾难，它们遂被尊为五方之神。功成之后，五方之神回到盘古撑天之地，发现他已死去，五神心一惊，顿时大悟，在五个方向化为五根撑天大柱，支撑天地。所谓山中方一日，世上已万年。后来天庭又遇大劫，三界大乱，众魔屠神之日，五神再次醒来，赶到天庭解围，与众魔血战。其中，蛤蟆手持盘古的开天斧，与魔头大战十日夜，最终得胜，杀了魔头，解除了天庭之危，但蛤蟆自己身受重伤，耗尽内元，力竭而亡。蛤蟆死后，肉身化为石头，飘落在珩琅山，头朝天庭仰望。青龙、白虎、玄武、朱雀也来到珩琅山与之相伴，这便是珩琅山神蟆拜天的传说。

龙潭虎穴

虎穴又称"老虎洞"，就是当年华严和尚降服的那只老虎的洞穴。龙潭形似农家铁锅，直径十多米，深六米左右，一年四季水位平稳，暴雨倾盆不漫溢，干旱无雨不干枯，潭水清澈见底，鱼虾游弋，绿藻丛生，与山上的虎穴合称"龙潭虎穴"。

龙潭有一个义龙念母的传说。龙潭位于白云溪出口，潭水碧翠，曾是困拴义龙的地方。

相传很久以前，西麓住有一农户，公婆儿媳四人勤劳克俭，日子过得很好，只因媳妇不孕而发愁。老两口抱孙心切，到处求神拜佛，心诚则灵，媳妇果然有了身孕，全家喜出望外，盼望着小生命快快降临，可是连过三载却不见分娩，家人甚觉奇怪，也很焦急。老两口继续烧香拜佛。终于有一天，媳妇临盆了，一看，全家人惊恐万状，生下的竟是一条似蛇非蛇的怪物！老两口为免遭流言蜚语，不由分说便将怪物悄悄抛入潭中。从此，媳妇成天默然不语。

媳妇还是很勤劳，产后不到三日便起早去潭边淘米洗菜，但奇怪的是每次都有一条似蛇非蛇、似龙非龙的怪物游至身边，摇头摆尾，乞求喝奶。媳妇仔细端详，怪物虽无人样，但母子连心，媳妇感觉它就是自己的亲生骨肉，因此，每次洗濯前总要喂之乳汁。日复一日，小蛇长成龙样，母子之情日渐深厚。婆婆觉察媳妇每次淘米洗菜总是迟迟不回，便暗中尾随观察。看到此情此景又惊又怕，急忙返回告知家人，儿子认为是伤风败俗之举，怕招祸生灾，于是大发雷霆，决定拿到真凭实据后撵媳妇出门。时逢农历五月的一天，媳妇照例下潭淘洗，她预料婆婆在旁窥探，示意小龙离开，而小龙不知情仍盘旋在侧，媳妇情急之下用菜刀随手挥去，却无意中削断了龙尾。小龙一阵剧痛，翻滚起浪，掀翻了水跳板，媳妇跌落水中淹死。小龙悲痛欲绝，裹着母亲的尸体在水中漩成一个深渊，将母亲埋葬其中。从此，这条小龙成了秃尾龙，含悲忍泪远走高飞，但其对母亲的养育之恩却始终不忘。每年农历五月，水潭上空必电闪雷鸣，乌风黑暴，人们即知秃尾龙来祭母了，遂将这一水潭称作"龙潭"。

走马回声

走马回声位于立马峰上部，白云峰南，岭向由东向北上接高山，略成环。在这登山的环形道上迈步，可发出咚咚回响，仔细辨听，足步声在环形道上传递共鸣外，犹疑岭底中空，共同作用而致。而走马回声一说来源于朱元璋。《宣城县志》记载，至正十七年（1357年）夏，朱元璋兵据宣城。相传朱元璋当年发现珂琅山下适合置一军马场，遂率亲信来此考察地形，不料被元兵探得先机，随之对其追杀。朱元璋慌忙逃至山中躲避，无意中发现这条山道竟然有回声，顿时计上心来。他立刻安排亲信在山道纵马来回奔走。追捕的元兵只有20来人，以为朱元璋最多也就带了几个随从，一路搜索至此，忽听人喊马嘶，像是有百人以上，

古风红杨

072

以为山中有大批伏兵，吓得连忙退去。朱元璋利用走马回声巧妙躲避了元兵的追杀，故特将此处命名为"走马回声"。

丞相冢

据《宁国府志》载"右丞相马迁鸾，乐平人……卒葬于珩琅山"。丞相冢与丞相溪、丞相湖合成丞相归隐之地——丞相源，位于塔子岗南坡，下至珩琅林场原苗圃地，山谷走向西南向，上接塔子岗大道。此处为南宋辞官不做、退居林泉自耕自足、终老珩琅山的丞相马廷鸾归隐之地。

丞相溪处立马峰南，上接丞相源，下至丞相湖，溪上有珩琅林场。丞相湖位于拱宣岭北，凤凰岗南，水面约为五十亩，上接丞相溪，此地山清水秀，景色宜人。相传马廷鸾夫妇来到这里后，发现是个适合休闲垂钓和避暑疗养胜地，顿时心生喜爱，决定双双隐居于此，终老天年。由于受墓地历史价值吸引，这里成了无良盗墓者盗毁的对象。盗墓者多次盗挖，但均无功而返。据传，马廷鸾担心死后遭人盗墓，曾设下多座疑冢，至今仍是千古之谜，足见其智。另传，因马廷鸾乐善好施，礼敬佛教，山上所有寺庙均受过他的香火捐助，因而在他死后，僧人都主动保护他的墓葬。由此，珩琅山山民说到马廷鸾，皆言其"种善因得善果。"

孤鸟望月

孤鸟望月位于南山绝壁西侧，一石形似老鹰，翘首观望着空中明月，永不舍弃。传闻月宫嫦娥仙子视察人间时，见珩琅山孤峰独秀，且有龙脉之像，遂进山游玩。不想身边那只玉兔引起了山中一只已成精怪的硕大无比、凶狠异常的老鹰的注意。老鹰从半空俯冲下来，抓起玉兔就往上飞。眼看玉兔就要被带走，只听见老鹰一声惨叫，松开锋利的爪子，玉兔便直直地坠向幽深的山谷。快要触地的一刹那，一朵祥云托住了魂飞魄散的玉兔。原来是嫦娥在危急的时刻以玉杵打中了老鹰，救了玉兔一命。那鹰怪此时方才明白遇到了法力高深的仙人，连连求饶。嫦娥见其修行不易，动了恻隐之心，告知曰，你若想活命，从此不得伤生。此外，你的寿命即将结束。五个月后，我教你一次重生之法。

五个月以后，鹰怪的喙、爪子、羽毛渐渐老化。嫦娥叫它飞到悬崖上，用岩石把喙敲掉，让新的喙长出来，把指甲拔掉，让新的爪子长出来，把羽毛拔掉，让新的羽毛长出来，终于，鹰怪又可以重新飞翔并继续修炼下去。而珩琅山上寺庙里的经声也慢慢感化了它，使其成为一只守护珩琅山的山神。为感谢嫦娥点化，鹰怪特化身为石，日夜凝望月宫，以表弃恶从善之决心。

龟蛇共出龙脉地

"龟蛇同饮梅溪水，壮士架桥臣子归。奈何奸人破龙脉，将军镇守夜不回。"这首流传于珩琅山下的诗句，道出了梅溪塘村的位置特征、多处景点及与之相关的诸多传闻。

西河老街、珩琅山村均归当时宣城所辖。西河就是当年的宣城县西乡，佛光塔影的珩琅山坐落于此。

梅溪河为宣城南门一条小河，系宛溪河支流，源头在敬亭山一峰下。据《宁国府志》记载："梅溪城南三里，双羊山下，梅都官诗'风雪双羊路，梅花溪上村'。故名梅溪。"梅都官即宣城籍北宋著名诗人梅尧臣（字圣俞，1002—1060年），因宣城古称宛陵，梅尧臣又称宛陵先生。

宛陵先生笔下的梅溪河流域较广，距此河流三十五千米处的西乡（即西河）很多地名都冠以梅溪。因珩琅山北角多池塘，山下一个古老的村落便叫梅溪塘。村名来得很简单，但该村所处地理位置却蕴含着诸多神奇的传闻，也多与风水有关。

　　站在珩琅山高处，会发现梅溪塘村正位于"南蛇北龟"之间，南有一座形似长蛇的小山，北有大龟山、小龟山各一座。

　　道教认为，龟蛇相缠乃道场设在武当山的"玄天真武大帝"的化身，称作玄武，遇之则长生不老、家运兴旺、趋吉避凶。山因形状而得名者颇多，而能如梅溪塘村旁的龟山、蛇山那么神似者则少之又少，尤其是小龟山，像极了一只伸头饮水的乌龟，那大龟山也如同一个在月光下的龟影，所以，当地百姓形容二座龟山是"影子大，身子小"。

　　相传珩琅山南宋古塔系龙脉之地。青龙、白虎、朱雀、玄武号称神灵四象，凡有形如这四种神物的集结之地，谓之"四灵山决"，必有龙脉。古塔西侧为青弋江，如同一条游动的长龙，东侧珩琅山主峰似一只卧虎，塔前方有一座小山名曰凤凰岗，是为朱雀，玄武即龟蛇二山。

　　传闻地藏菩萨就是因为珩琅山卧虎藏龙才觉不可久留，转而去了九华山。当年果青和尚也是得益于古塔能集天地之灵气，才致肉身不腐。另外，梅溪塘村口有一形似鲤鱼的池塘，"鱼头"对着塘埂上曾经存在的一棵树围达数米的枫树。那枫树枝干也似一只欲冲云霄的巨龙。传说鲤鱼跳过龙门，就会变成龙。《埤雅·释鱼》："俗说鱼跃龙门，过而为龙，唯鲤或然。"清李元《蠕范·物体》载："鲤……黄者每岁季春逆流登龙门山，天火自后烧其尾，则化为龙。""鲤鱼跳龙门"正是飞黄腾达之意。

　　正是因为梅溪塘村旁有"四灵"，才留下一个风水宝地之称。所谓"龟蛇把关，冲中必有大人，文官下轿，武官下马"。"冲"，指的是山下的洼地，也叫"田冲"。梅溪塘村正属此冲，长生不老之人当然谁也没有见过，不过这个村子总共才两百人不到，却有十多位八九十高龄的老人，且个个精神矍铄，身体硬朗，都能下地干农活，实令人惊叹。身临其境时不难发现，这里山清水秀，环境优美，人们所食皆为原汁原味的绿色食品，加之珩琅山佛教文化兴盛，周边的人们耳濡目染，渐渐养成了与世无争、平心静气的性格，长寿的秘密也许即在于此。

可惜的是，梅溪塘村处在这样一个风景秀丽的龙脉之地，却未曾出过一个像样的人物。在老一辈村民们看来，其因有三：

风水被扫。梅溪塘村东南方向约一千米处有一座名为扫把的小山，现属宣城。此山像一把卧倒的扫帚。扫把山，扫把星也，就此扫去了梅溪塘的风水。下轿的文官，下马的武将到此又可掀帘、扬鞭了。

传闻虽不足信，但扫把山却有一个的真实过往，令人联想翩翩。铜南宣高速穿越红杨而过，将扫把山的扫把尾给削了去。人们在开山时掘得一块奇石，通体乌黑发亮，高约2米，两头尖，中间鼓，疑为一巨大石英，现被宣城地方政府收藏。石英是主要造岩矿物之一，早期用来制造钟表，可谓宝石。于是，梅溪塘村民认为这块宝石可能就是被懂得法术者从他们这个村子里"扫"过去的，原因在于一个"打赢了官司，却打肿了屁股"的典故。

在龟山附近，曾有一个梅溪塘人开办的油坊，生意一直火爆，引来贪者觊觎，并捏造证据诬陷坊主，致其蒙冤入狱。坊主亲属两度申诉均告失败，但仍坚持到底，最终使得坊主沉冤昭雪。官司虽然打赢了，对方却怀恨在心，使钱请来阴阳先生破坏该村风水。那阴阳先生是个见钱眼开、好坏不分的主，接连使出三计毒招：先是请巫师在扫把山作法，扫去村内宝石，后又悄悄在鲤鱼塘的"鱼鳃处"种下一片翠竹，横贯东西，鲤鱼即被竹子钉死在龙树上，再也不能跳跃。此即梅溪塘村民口口相传之"鲤鱼穿腮"的由来。与此同时，阴阳先生又施出"蚂蟥叮龟"之计，加倍破坏了此村的风水。小龟山的龟头前方有一口水塘，很像喂养牲口的食槽，村民便名之为"猪食槽"。因猪食槽自古含有聚宝盆的寓意，阴阳先生就弄来一批蚂蟥丢在塘里，并误导村民说这口塘盛产蚂蟥，应该更名为"蚂蟥塘"。乌龟素来怕蚂蟥叮咬，从此再也不敢来此塘饮水。

无独有偶，民国时期曾有一梁姓军官率军在梅溪塘村驻扎，为修建出入道路，将那棵"龙树"伐作枕木。据村里老人传言，伐木当日，树头有一团青云冲天而起，随即飘往珩琅山。宝石被扫，鱼被穿腮，龟受蟒惊，龙木遭伐，梅溪塘风水毁之殆尽。

梅溪塘人心中的风水虽然被毁，但人们还是坚信此地有龙脉之像，多在此处安葬先人、建庙立祠。1965年，村民在采集石料修建扫把山下的陈塘水库时发现，村后有一座官墓，墓内藏有清朝顶戴花翎，后由宣城政府辗转购得。其墓碑铭文显示，墓主系附近李村圩张家村张某。此外，村后还有一座将军庙，一座社公祠。将军庙旦石像为身着盔甲、手握钢鞭的武将，怒目而立，维持一方治安。社公祠里供社公社母夫妻一对。社公在古宣城与其他地方与土地菩萨有别，为当地文职小吏，概是因任职期间造福一方，故村民供奉之。

村民敬仰的还有架桥人。很久以前，龟山脚周边有大小村落十几个，因有条汤伯河支流相隔，人们去西河街购物以及进圩生产极不方便，尤其是梅雨季节，河水上涨，往来断绝，村民苦于无桥而绕道行走，跑了很多冤枉路。地方官员也因被水阻隔，深感办差不便。

这条小河原本有桥，名为"宴公桥"，源于珩琅山山脚的"晏公殿"——供奉水神"晏公"的一座殿堂。据《三教源流搜神大全》记载，晏公原系江西水神，明初因朝廷推崇成为平定风浪的全国性水神。因此，当地百姓便将其供奉于珩琅山，以求免遭水患。

宴公桥建成之前，梅溪塘村有邹氏兄弟三人，个个身材魁梧，力大过人，且不畏强暴，常与官府及地主老财对抗。官府及地主老财对这三兄弟既恼又怕，恨而称之为"恶人"。然"恶人"却怜惜劳苦乡亲，常为穷人的艰辛而忧虑，百姓称之为"壮士"。有一天夜间，兄弟三人商议在河面建设一座石桥，以解民忧。说干便干，三人连夜从珩琅山上各杠一根大石条，并排搁置在河口上。老三恰逢大病初愈，体质虚弱，最后体力不支摔倒在地。第二天，百姓见河面上一夜之间搭成一座桥，桥头碑文显示"晏公桥"三个大字，再看那桥身，每根石条均重达数百斤，无不为之惊奇，经查询才知是三兄弟所为，而其中被震裂的桥墩正是老三虚脱时滑落所致。人们为感激三兄弟，遂改桥名为"壮士桥"。

壮士桥被特大山洪冲垮后，村民组织重建。然匠人在夜间休息时，常闻鬼哭于桥上，惶恐得夜不能寐。众人思忖，壮士桥怎么会有这么多鬼，太险恶了，这座桥还是叫"恶人桥"恰当。于是，"恶人桥"之名流传至今。然传说是：匠人听到的哭声并非来自恶鬼，而是遭受水灾而丧命者，修桥时正逢珩琅山庙宇做法事，对面西河古镇也在举办孟兰会，都在超度这些冤魂。魂灵们聆听了佛家的呗呗梵音后，深感在世之苦，故悲从中来，号啕不已。

风水学认为，山管人丁水管财。走进梅溪塘，登高观龟蛇二山，脉向平缓向上，绵延起伏，逶迤数里，与对面的青弋江、珩琅山、凤凰岗相呼应，青龙、白虎、朱雀、玄武四灵皆存，确有厚实、积聚、藏气之感。今人也有笃信此处为龙脉之像者，尤其是那扫把山已无可扫之能后，梅溪塘再次兴起风水宝地之说。

既然梅溪塘自然形成了"鲤鱼跳龙门"等各种龙形贵像，那就让我们借其灵气灵性，灵感灵应，以此鼓励今人奋发图强吧。如今的红杨镇政府，正是凭着这里的"龙脉之地、养生天堂"，通过招商引资，在梅溪塘村前打造了一个以龙脉、爱情、佛教、徽商码头等文化模式谱写的玫瑰谷，每逢节假日，都能引得万人空巷。

古树重生

青弋江在红杨树转了个弯将"月湾河"（由"羊滩河"及"香河"汇聚而成）揽入怀中，然后直奔长江而去。

时至今日，"红杨树"不仅是一个山水古镇的代称，而且是一个社区的名字。隶属于红杨镇的红杨树社区成立于2017年7月，由原永杨社区、沿江村合并而成，为红杨镇中心集镇所在地，距县城湾沚镇12千米，南至红杨镇六桥村，北至湾沚镇罗保村，西至青弋江，东至湾沚镇津元村，区域面积14平方米，2000余户，5200多人。

红杨老街位于青弋江与月湾河的交汇处。依堤而建的临河住房为吊阁楼，为"粉墙黛瓦马头墙"的典型徽派建筑，街道由大青石条铺就，绵延曲折500多米。

自清朝中叶开始，这里就已聚商成市。当时陆路交通极为不便，水运则日益发达，红杨树因此成为青弋江上重要的水运码头之一。来自皖南山区的徽商们从旌德、泾县乘船出发，沿弋江、西河顺流而下，来到红杨树泊船休整并补充给养，然后下达湾沚、芜湖，再通往长江至各大沿江商埠。往来的徽商不仅极大地繁荣了红杨树的经济，也给这里的百姓带来了全新的生活，稻米鱼虾等农产品很自然地成为商品进行交易。

新中国成立后，红杨树集贸市场和水运码头更加繁华。1961年，红杨公社成立，隶属于宣城县湾沚区，公社办公地点便设在红杨老街，从此"红杨"正式成为行政名，老一辈人仍习惯称之为"红杨树"。1971年，原宣城县8社2个镇划属芜湖县，此后成立红杨区，辖红杨、三元、和平及西河四个乡，区公所就设在红杨街道。1992年撤区并乡后，红杨乡及后来的红杨镇政府均将办公地点设在此处。在红杨区撤销前，区公所、公社、法庭、粮站、供销社、食品站、邮政所、小学，包括后来成立的工商所、税务所一应俱全。其中，最宏大的建筑当属大礼堂，能够容纳六七百人，每当区里或公社召开"三干会"时，各级干部都聚集在此；除了开会，大礼堂用得最多就是放映电影，或给学校提供表演舞台。

多级行政单位的先后设立，给红杨老街带来了空前繁荣。窄窄的街道从上到下商铺相连，百货云集。上街头以卖猪仔、柴火为多，中街多为包子油条铺、面条馄饨摊，下街头卖的多为鸡鸭鱼肉。每天天不亮，方圆数十里的百姓便提着篮、挑着筐前来交易，早上6点到8点这段时间，整条街道都水泄不通。后来，区公所及乡政府不得不从上街头搬迁到距离老街稍远的下游重新建房办公。

红杨老街的繁华，源于青弋江，成就于红杨渡。当时每天都有几十条木制或铁制的机帆船来往于两河（青弋江、月湾河）与湾沚之间，红杨码头成为必停的中转站，在此载客卸货。最红火的时候，每天专门有一艘名为"东方红"的小火轮直接开到红杨码头，载客拉货前往湾沚、芜湖。丰水季节，常有木材商贩将皖南地区购买的大量竹木编扎成排，通过青弋江顺水而下，来到红杨码头后，大多要拐弯停靠休整一番。

20世纪80年代初，青弋江黄沙运输业日趋发达，红杨老街更是成为青弋江沿岸重要码头，大到十几条拖队船，小到吸沙的水泥船，都要在这里停靠交费并补充给养。码头上的渡船，每日都要往返穿梭上百趟。

后来，随着陆地交通日益发达，红杨老街喧嚣的码头渐渐趋于冷清。80年代末，湾沚已开通了到红杨的客运班车，每天虽然只有三班，

车票价高于船票，路况也不是很好，但客车要远远快过机帆船。再后来，到西河的公路和班车也相继开通，但这都不是老街衰败的主要缘由，真正令老街没落的，是令人难以忘却的几次洪灾。1983 年和 1989 年，红杨老街所在的永联圩遭漫破，街道也都上了水。最为惨重的是 1999 年那场史无前例的特大洪水，包括西河、和丕、红杨在内的大小圩口无一幸免，红杨街道被水淹至一米余深，居民损失极大。大水退后，经济条件稍好的住户开始逐步搬离。2000 年起，红杨镇党委政府在一千米远的翟山头开始建立政务新区，随着机关单位陆续搬迁，老街上商店和摊位也都挪了上去，只留下一些不愿摒弃祖辈产业的老年人厮守在此。2005 年八至九月份，老街中部不堪洪水长期浸泡，临河街道轰然垮塌近百米之长，部分老屋也倒落水中，所幸无人伤亡。在政府的劝导下，居民们开始撤离。热气腾腾的包子铺，吱吱作响的油条摊，从此彻底消失。红杨街道建制随后被撤销，改称"永杨社区"，现并入新的红杨树社区。

近几年来，政府投资让红杨老街渐渐恢复了元气：一条水泥路由新区直通老街；在垮塌处架设了一座新桥通往月湾河对面的和平联圩，每天都有公交班车来往。人们瞅准商机，在桥头开起了小超市和棋牌室。2011 年，距离红杨老街下游 5000 米处，正式通车的三荻公路大桥横跨于青弋江上；2012 年，投资 1 亿多元的汤泊河水利工程开始发挥防洪作用；现在，距上游两三千米处的大型水利工程青弋江分洪道也已经完工。

芳山厚蕴

与红杨老街相隔 3500 米、同位于青弋江东岸圩堤之上的芳山老街，介于县城湾沚镇和红杨镇之间，也有一个水运码头和渡口，当地百姓有"上七下八"之说，即上距红杨街 3500 米，下达湾沚街 4000 米。历史上的芳山，是早年乡政府所在地，具有深厚的人文底蕴。

《芜湖县志》记载，民国三十七年（1948年）起，芳山乡与湾沚镇、汪溪乡同属宣城县湾沚区（第三区）；新中国成立后，湾沚仍沿旧制属第三区，辖1镇3乡，即湾沚镇及芳山、汪溪、西红3个乡。1952年调整区划，湾沚改为第六区，辖1镇13乡，芳山属湾沚区；1956年撤区并乡，湾沚区下辖湾沚镇及长新、桃义、永安、芳山、三元5个乡；1958年成立红星湾沚人民公社，撤销湾沚区；1961年重设湾沚区，辖湾沚、西河两镇，新丰、三元、红杨、赵桥、黄池、花桥、和平等7个公社，芳山乡被撤销建制，成为红杨公社的一个生产大队；1971年全省区划调整，原宣城县的"8社两镇"划属芜湖县。2002年，红杨镇村级区划调整，芳山并入沿江村，成为一个村民组，名曰"下街"。如今，沿江村并入红杨社区，下街仍是一个村民组。

据下街78岁的鲁义木、70岁的方根荣以及上街85岁的王先华等多位老人回忆，芳山建街于明弋，为鲁氏（今湾沚镇津元村鲁村组）官员私产，一度被称为"芳山鲁家"。鲁氏在明朝时期就出了一位正二品高官，传至鲁义木的太祖父鲁大浩这辈时，更是长载高门。鲁大浩本人为清初一品大员，其子鲁贤彩及两位孙子分别在福建泉州、安徽宁国任一方父母官，均官至五品以上。

据资料证明，"芳山鲁"原姬姓，得姓始祖姬旦，又名周公、周公旦，为周武王之弟，周初三公子之一。周公旦是周武王伐纣的主将，居功至伟。周初，周武王大封诸侯，周公旦封地在鲁国（都城在今山东曲阜）。周公旦被封后，因想留在京城辅政，乃遣子伯禽去鲁国，下传三十四代到前256年鲁王顷公时，鲁国被楚国所灭，其子孙遂以国为氏，称鲁姓。姬旦被尊为鲁姓的得姓始祖，伯禽被尊为一世祖。《姓氏考略》记载，所有汉族鲁姓均为同一始祖。

据《宛陵方山鲁氏宗谱》重修序言："况吾宣望族如鲁姓者，实发源于鲁周公，是盖以国为氏。""余按鲁氏之先出周伯禽，封于鲁。子孙因以为氏"。由此可见，芳山鲁已有千年历史。《芳山鲁氏宗谱》也有记载：芳山鲁氏自始祖千一公从淮西和州（今和县）鸡笼山迁来始，距今已近千年。据清顺治丁酉年（1657年，编者注）重修宗谱序记载："千一公遂卜居宣邑芳山，其时乃宋之重和年间也。"谱载："千一公，讳本，字茂源，宋元符戊寅年（1098年，编者注）一月十一日生，公享年六十有八，宋乾道乙酉年（1165年，编者注）九月初十日殁，葬菖蒲塘凹。"千一公为芳山鲁氏一世祖。

元朝末年，红巾军对芳山鲁氏的发展带来重大损失。据重修宗谱序载："迨元季红巾贼起，族众播迁，独胜八公固守斯土，缵绪不基，为继宗之祖也。"胜八公乃千一公八世孙，生于元延祐丙辰年（1316年，编者注）四月八日，红巾军乱时，芳山鲁氏族人逃散殆尽，只有胜八公留在本地，坚持下来，延续了芳山鲁氏的发展。据谱载，芳山鲁氏九世孙中有胜八公等13人，十世孙中只有两人即德一、德二，为胜八公的两个儿子，传至第十三世时仅有40人。

芳山鲁与鲁氏名臣一脉相承，《宛陵鲁氏宗谱》一脉总图中记载有鲁仲连、鲁恭、鲁肃、鲁宗道等人。芳山鲁氏历次修谱时在谱序上都要提到鲁肃等人。据明万历乙酉年（1585年）鲁氏宗谱序载："东山（即芳山，编者注）鲁氏其原出自宋政和年间墓碑志曰鲁村始也，战国仲连公义不帝秦，高风载在史册，数传至参政公宗道，当时以鱼头状其骨鲠权要靡不敛迹，乃汉时肃公之遗裔，而挟风（今陕西扶风，编者注）鲁姓者之始祖也。"仲连公即鲁仲连，战国时齐国人，社会活动家。此人善出奇谋，又持高节，不肯入仕为官。史书记载其事有三：一是婉拒孟尝君要其做官的要求；二是游说赵王不要尊秦王为帝；三是劝降燕将，致燕将自杀，使齐国田单得以攻破聊城。另据考证：鲁仲连为鲁国末代国君鲁顷公之孙，委巷公之子。鲁国灭后，鲁顷公之子委巷公以国为氏。鲁仲连为鲁姓一世祖。宗道公即鲁宗道，宋咸平三年（1000年）进士，曾任海盐县令，后官至参政。鲁宗道为人正直，性格刚直，多次弹劾骄横权贵，被视为"鱼头参政"。

芳山鲁家谱特别提到该鲁氏"乃汉时肃公之遗裔"，明确了芳山鲁就是肃公的后裔。肃公即鲁肃，今安徽定远人，三国时吴国大都督，极力主张联刘抗曹，为赤壁之战孙刘大胜曹操立下大功。另阅外地宗谱，芳山鲁和安徽定远、全椒、和县、无为、当涂、三山区等地区的鲁姓从始祖到南宋时期族系图完全一致，说明这一地区的鲁氏是同族同宗的关系，有一个共同的近祖。其中定远宗谱比较清楚地记载了鲁肃作为定远鲁氏先祖及后代繁衍迁徙情况，也证明了这一地区包括芳山在内的鲁氏都是鲁肃的后代。

1937年前的民国时期，芳山老街非常繁华，当时沿河的街道就有半里多长，分上街和下街，街道上光澡堂就有两家，肉铺3家，销售糖、烟、酒、早点等各类杂货的店铺也有10多户，其中最大的便是鲁家开办的粮食收购站，专门收购当地老百姓家里的稻子、山芋等，然后通过船运方式贩卖到芜湖等地。上街每天最热闹的时候是早上七八钟点左右，方圆几里的老百姓都赶到这里从事货物交易，通过水路顺流而下到湾沚的船只也在这里打尖歇脚，顺便稍带几个客人。尤其是到了逢年过节之时，芳山街更是热闹非凡，堪比湾沚，胜过红杨。

比芳山老街声名还要远播的是位于下街西北角的五显殿。据当地老一辈人回忆，五显殿曾占地近4.7万平方米，拥有房舍三十余间，马头墙参差错落，飞檐翘立，墙绘砖雕疏密有致，属徽派建筑。殿堂内则雕梁画栋、图案栩栩如生。紧邻其东还有一座与之大小相近的东观庵，后毁于战火。

民国八年《芜湖县志》记载："五显，即前灵顺庙之神。祝穆《方兴胜览》云：庙在徽州婺源县者为祖庙。兄弟五人姓萧，每岁四月，礼者四方云集……"据此，五显殿内所供应为五位菩萨，然当地老辈人有说五显菩萨仅为"马王爷"一位，是个火神。马王爷又名五显大帝、五圣大帝、五通大帝、华光菩萨等，得道成仙之前姓马，名灵耀，长有三只眼睛，民间俗称"马王爷"。其第三眼法力通天，也是火神的象征。本领出众者常以此眼自喻："不让你尝尝厉害，你还不知道马王爷长有三只眼！"传说玉皇大帝封其为"玉封佛中上善王显头官大帝"，从此受万民景仰。

1937年前，芳山五显殿香火旺盛，前来祭拜的善男信女络绎不绝。据传，五显殿菩萨很灵验，求男生男，求女得女，经商者外出获利，读书者金榜题名，农耕者五谷丰登。节日庆典期间，人们多在殿前搭台唱戏。每年正月，鲁村的龙灯、采茶灯也都会来此表演；很多卖饮食的都挑着担子在五显殿门前摆摊设点，其中肉包子最为出名。本地农家请匠人进门做事，首先要请师傅们吃一顿芳山街的包子，才算是礼遇有加。鲁平山、周达义两位本地人出任芳山乡乡长时，当地百姓便在五显殿大门前燃放鞭炮，夹道欢迎。

抗战胜利后至新中国成立前，芳山一地主出资将五显殿改建成本家祠堂。新中国成立后，红杨医院的前身芳山医院便设在五显殿改成的祠堂里，后迁往红杨老街，祠堂从此渐渐荒芜、衰败，如今只剩遗址。

芳山一带年长者传言，五显殿大概建于明代初期。辅佐朱元璋取得天下的刘伯温深感伴君如伴虎，在其即位四年后，便请辞归隐至芳山。刘伯温原系青田县南田乡（今属浙江温州市文成县）人，隐居之前，通晓人文地理的他深觉芳山山清水秀，民风淳朴，遂出资建五显殿，供奉马王爷，庇佑乡邻。

五显殿建设完工后，刘伯温从此销声匿迹，当地百姓再也没有见过他。参与建设的工匠们代代相传，五显殿地底下建有巨大墓穴，均由刘伯温设计，如同迷宫，出入口谁都不知。后人分析刘伯温助朱元璋建国，一生征战杀伐过重，结下太多仇家，考虑到死后可能会被人掘墓，便在其上建五显殿遮挡，一来掩护墓穴，二来施恩乡民，两全其美。

刘伯温到底有没有在芳山隐居，五显殿是否由其建造，目前无从考证，但芳山一带上了年纪的人大多对刘伯温耳熟能详，说其神机妙算、运筹帷幄，有"前算八百年、后算五百载"的神通，比诸葛亮还要厉害。少数老者坚信刘伯温的坟墓就在芳山，就在五显殿遗址下面。

在岁月年轮的无情碾轧下，芳山老街随着滚滚而去的青弋江水，慢慢归于沉寂。在当地居民看来，其颓废的原因与红杨老街相同，也是因为几次大洪水。因芳山老街临河而建，地势较低，也无防洪墙，到了梅雨季节，青弋江水位稍微上涨就会漫上街道。1954年，一场特大洪水让芳山街遭受了灭顶之灾，居住于此的百姓损失惨重。大水过后，家境稍好的开始向高地迁居。随着时光流逝，芳山街留给人们的只剩下断壁残垣和遍地瓦砾，唯有上街头的一座名为"宋家古桥"的石桥依然伫立于乱树杂草之中。桥下潺潺的溪水依旧缓缓地流向青弋江，昔日泊船的码头只剩下一条铁驳渡船孤零零地停靠着，偶尔方便一下往来青弋江两岸的群众。2008年起，红杨镇根据工作安排，在沿江村实施土地置换项目，芳山老街旧址被列为实施点之一。经过大型机械的清理与翻耕，老街已彻底改变了模样。

　　"六连圩，扁担窄，只收油菜和小麦，稻子熟了水来败。"这首民谣唱出了旧时水灾给红星圩人带来的苦恼。

　　据《芜湖县水利文史汇编》记载，红星圩系1951年由六连、东定、三义三个圩口联并而成，其中的六连圩系原上下四圩（沈添、刘公、定江、渌涟）和二坝（老坝、东坝）于清代合并建成。

　　若论红星圩历史，就不能不说团坝这个底蕴深厚的村。团坝村现位于红星圩境内青弋江上游，东临三义，北接永平，西、南分别与太平、和平隔河相望，辖区有12个自然村、28个村民组，耕地面积约230万平方米、住户1160户、人口4400人。三荻公路穿村而过，保红路贯穿南北，加之村村通水泥路，四通八达，水陆交通十分便利。

为民遭斩

　　六连圩原是渌涟湖。建圩时，民间有段义儒为民遭斩的传说。明万历四年（1576年），团坝村有一辞官告老还乡的王姓名绅，因家境殷实，外号"王百万"。此人回家后，常听阵阵大雁悲鸣，问家中二儒陈公、邓公何因，答曰："雁鸟无食，因饥而噪。"王百万便命家丁挑出十余担稻谷沿着渌涟湖厓边喂食，因湿地淤泥较多，大雁啄食不净。次年，湖中滩地长出稻禾并喜获丰收。因此，王百万请陈、邓上表求垦。然陈、邓二公为减轻圩民赋税，启奏朝廷时在文字上做了点手脚。表文曰："筑成渌涟变万顷，能纳百斗、千升、万合粮。"朝廷一时疏忽，未细揣其意，随准所奏。朝廷拨款围湖垦田，稻谷成熟后，核算征收粮赋，得知"百斗、千升、万合"实际只有十担，乃以陈、邓二公犯欺君之罪，于当年农历十月初一将二人问斩。后来，圩民为纪念此二人，特设立牌位，于每年十月初一抬牌位游行全圩以彰其德，此习俗一直沿袭至新中国成立后。

为圩对簿公堂

1938年，国民党与日军在六连圩一带作战，沿堤遍挖战壕，造成当年汛期圩内东瑞村处圩堤溃决。1939年又逢青弋江大水，复在原处决口破圩，并将邻圩（陶坝）圩埂冲垮。由于东瑞村圩堤决口过大，无法堵复，1939年冬至1940年春，六连圩绅民决定撇开决口，将陶坝小圩连同外滩（约80万平方米）一并圈入六连圩。在六连圩与陶坝圩之间有一条天然小河，名曰万年河，上自清水潭，下至虾鱼沟，长约4千米。六连圩为并陶坝堵塞此河口，受到大兴圩和南陵县太丰圩民众坚决反对，并诉之公堂。原告以万年河是天然河道不能堵塞为由，被告领头人陈朝荣给出种种依据和解释，证明万年河原非天然河道而是一条万年汊，最后被告获胜，平息了纠纷。诉讼期间，六连圩团坝村一位叫汪光明的大先生，饱读诗书且能言善辩，有多名学生在各地任要职，可谓桃李满天下。汪光明得知六连圩涉诉后，自告奋勇赶赴宣城帮助陈朝荣应诉并打赢了官司。

永不欺秦

在红星圩，有一个家喻户晓的"永不欺秦"的典故，最能说明团坝村人有一颗知恩图报的心。

宋朝时期，六连圩的渌涟湖畔有一俗称"单门小姓"的秦家，传至第三代时，出了一位叫秦志的举人，后官至礼部尚书，为当朝从一品大员，渌涟湖一带半数以上良田均为秦家所有。秦志虽官运亨通，家财万贯，然男丁却极少，在当地仍是小姓。有一年发大水，已经成熟的早稻悉数被淹，稻穗漂浮在水面上，百姓遂摸水割掉尚未完全烂掉的稻头，总算在老天爷手中抢回了一点粮食。当地县令闻知却照例征收赋税，百姓当然不肯，齐言这点稻谷还不够填饱肚子，哪里还有余粮交税？那黑心的知县恼羞成怒，上奏朝廷，说渌涟湖出了刁民，故意切破圩口，放水成灾，目的就是不想纳征。皇帝闻奏顿时龙颜大怒，这还了得？！御笔一挥，所有涉案"刁民"杀无赦！秦尚书立即上前启奏："启奏圣上，据下臣所知，渌涟湖圩民一贯温顺守法，断不敢犯下这等滔天大罪，其中必有什么误会，呈请圣上暂缓下旨，恩准我查明真相。"皇帝准奏后，秦尚书快马加鞭赶回老家，首先拿出家中存粮赈济灾民，同时让大家抓紧挖沟排水。等到洪水全部退去后，水稻秸秆已经枯烂不堪，再也看不出收割的痕迹。秦尚书又请来宫廷画师将圩堤决口处以及现场惨状全部画下，送呈皇上亲阅。结果，涉案圩民不仅没有做刀下冤魂，反而得到了朝廷的救济。为感谢秦尚书救命之恩，团坝人相约立下一个规矩："不管秦家将来如何，我们都要做到永不欺秦。"

勇当封口人

红星圩人历来甘于为集体事业献身。

在封建迷信色彩浓厚的过去，每修建一项大工程，都需要有人作牺牲品，比如架桥，若是正好有人在附近去世，施工者就会很高兴，认为有人去顶桥梁了，桥的质量不会出问题，称之为"人祭"，有些地方甚至还出现过杀掉活人用头颅祭祀的残忍现象。在过去的六连圩，虽然没有这些血淋淋的记载，但也有个令人谈之色变的陋习，称作"封口叫魂"，非勇于献身者不敢尝试。挑土穿圩，两头新筑的圩埂快要合拢时，留下一个窄窄的口子，工程负责人请来当地德高望重者端起最后一筐土，喊出一个人的姓名，被喊者若是应答了，号称魂魄进入拢口，成为祭品，不出数日便会死去，若是阳气旺者，则可逃过一劫。因此，事先需要征求被叫魂者意见并得到应允。据红星圩老人回忆，敢于并主动应承封拢口的青壮年甚众。

官商足迹

清清弋江水，穿过红星圩一路流往长江，带来水运繁荣，一度让百姓安居乐业，诸多村落因此而得名。

"船湾村"，又名"官船湾"，村口有青弋江支流上潮河码头，千百年来官府船只停靠于此，村中百姓遂取名为"官船湾"。与此相应，在附近的三义村和原陶北坝交界处，曾建有一座"接官亭"。在红杨镇香河村境内，还有一个全镇最大的自然村——"迎官渡"，亦称"盐官渡"。

"仓门口"，原系上潮河水运流转站港口，很多商人在此堆积物资，建下大大小小多个仓库，当地居民只要提起仓库便知有个仓门口村。

"东瑞"，本无正式名称，喜欢玩罗汉灯的村民为了师出有名，出灯前请来一位风水先生，欲定村名。先生进村后东方便飘来鹅毛大雪，遂脱口而出："瑞雪兆丰年，就叫东瑞吧。"

"优胜村"，原名"鹤鱼口""鹤嘴"，最初叫獐子沟，村前有芦柴滩，有獐子，有鱼虾，不仅狭长的沟渠呈鹤嘴状，而且真引来了脱离凡尘、有道家风范的仙鹤。

义者留名

作为红星圩代表的团坝人除了耕读传家外，也多经商。长江两岸诸多城镇商埠都有团坝人开店设铺贸易，其中不乏颇具影响的商界巨擘，其间又有多名重情重义、乐善好施、为乡民排忧解难者。

翟守昇，字贻缵，原下团坝村人，清朝嘉庆年间监生，恩赐九品冠带。守昇公一贯乐善好施，曾在团坝建六世祖支祠旁屋，后又捐百金作修理维护费用。每遇灾年，他必捐款捐粮。嘉庆十九年（1814年），六连圩发生严重水患，翟守昇再次赈银一百二十三两，巡抚胡给赠其"厚德存心"匾额。

翟凤翔（1868—1932年），字展成，清光绪（1893年）举人，团坝村清水潭人，客居芜湖。民国时期从事实业，关心社会公益事业，倡议捐资重印《泾县志》《泾川丛书》《桃花潭文辉等文献》，并作跋。民国二十年（1931年），长江中下游遭特大洪水，关东地区同时发生大地震，翟凤翔通过华洋义赈会，从海外募捐款物救助大江南北，因积劳成疾，翌年过世，芜湖各界人士在赭山建"展成亭"并立碑，以志其事。另据团坝村多名70岁以上老人回忆，翟凤翔当时为救济父老乡亲，变卖了大半家产，同时奔走于南京等地征集粮款，自家面粉厂所有成品粉全部装船，并开动机器日夜加班，先后筹集到几十船粮食、衣被等，运到河西指定地点红杨老粮站，开仓放粮救济难民。翟凤翔去世后，以团坝为中心的周边数千百姓自发赶到其下葬地（红杨树社区文村前一水塘边）挑土圆坟，治丧委员会考虑到来人太多，每人限定只能挑三担土，但还是将其坟墓挑成了一座"小山"。

水神殿堂

有仙鹤出现的地方往往有神仙的传说，于是，便有了一座祭祀水神的贡庄红庙，也有了远近闻名的贡庄庙会。

贡庄，全村并无一个贡姓，都姓陶。据《陶氏宗谱》记载，明朝以前，此庄村民的确姓贡，庄主为人心善，但人丁不旺，从山东定陶县赶来打长工的陶氏一族却个个子孙满堂。此长彼消，在贡氏衰亡后本可以取名"陶家庄"，但陶氏先人深感初来时多蒙贡庄主照顾，因此仍保留"贡庄"一名。也许是陶家不忘感恩的缘故，后世子孙出了一个正五品官员，官至山东青州通判。

红星圩水网密布，陶家为了表达对水的敬畏，于康熙年间（1664年）集资兴建了一座祠山大帝庙，供祭水神张渤之用。其名为"红庙"，源于一个神奇的传说。相传有一年连降暴雨，对岸大兴圩迎官渡村一农户独子病死，父母哭得死去活来，无奈人已断气，只好待雨停后下葬。此时天已渐黑，家人正忙着将死者送往村外时，忽见进来一位仙风道骨的长者，此人开口便说："请勿伤心，我来救活你家小孩。"说罢从怀里取出一粒药丸，撬开小孩的嘴，用水灌了进去，不一会小孩居然有了气息，又活转过来。一家人赶忙跪倒在地千恩万谢，孩子的母亲更是翻箱倒柜，拿出所有钱财。那人却连连摆手："我不要钱，你们要是谢我，就拿一块砖、一块瓦送到对岸的祠山庙去。"说罢便飘然而去。

第二天，小孩父母早早赶到祠山庙一看，北墙已被雨水冲塌，庙顶小瓦被大风掀落在地，一片碎砾，殿内更是污水横流，神像也倾斜得几欲坠地。再仔细一看，张渤神像竟然与昨晚去家中救人者一模一样！二人终于明白过来，原来是水神显灵，连忙磕头跪拜。于是，一传十，十传百，贡庄百姓你一砖，我一瓦，将祠山庙修复如初。完工后，天色已晚，人们正欲出门，突见红光满天，都以为大殿遭了火灾，急急忙忙一边跑一边喊："失火了！"等到大家端着脸盆提着水桶进殿一看，根本没有火，而是香火缭绕，红烛闪烁。第二天，天气晴朗，漫天朝霞，红彤彤的太阳从东方升起。人们想起昨天之事，既然又是张渤显灵，红霞笼庙，何不将"祠山庙"更名为"红庙"呢？红庙之名由此得来。

红庙自建立以来，历经几百年沧桑。1958年被毁，1996年村民自发

古风红杨

集资重建，2008年在原址进行了扩建。如今这座徽式祠山大殿建筑面积810平方米，坐北朝南，殿前有1170平方米的广场，视野开阔。殿楼两层三间，每间进深26米，室内面积总计1196平方米，气势雄伟。

自复建以后，红庙整日长灯不息，香火不断，前来朝拜的香客络绎不绝，现已被安徽省宗教事务局授予"和谐宫观"称号。

红庙重建之后，贡庄人也开始恢复了一年一度的庙会。佛家礼佛，道家尊神，张渤为道教神仙，因此贡庄庙会有道教色彩的祭神仪式，其中"行像"活动就是一项重要内容。所谓"行像"，就是在二月初七这天，从六点半开始，抬着祠山大帝张渤塑像，在周边乡村巡游一番，称为"菩萨转村"。各家各户都要燃放鞭炮，摆设香案，供奉祭品，以示欢迎。"菩萨转村"结束后，开始祭祀活动，回到大殿，再次鞭炮齐鸣，锣鼓喧天，杀鸡涂血，道士念诵经文。村民则纷纷手提竹篮，内放茶杯、纸钿、香及12个糯米粑粑，依次入殿敬香"点茶"（给神像敬茶）。其间有个顺序需要遵守：进殿后首先给张渤敬香，然后将香茶、粑粑分别倒入神像边的一个大盆内和簸箕里，最言三叩九拜。讲究的人家还会拎来一只大公鸡，祭拜后当场宰杀掉，再用鸡血祭拜一次。

对于赶庙会的人们来说，最开心的莫过于看戏。台上挂绿披红，台下人头攒动。路两旁摆满了各类摊位。演出还未开始，戏台前已里三层外三层地被围了个水泄不通。庙会期间，不分昼夜，好戏连台。场地上稻草把、木桩、石头、报纸等等都充当了临时座位，有的来迟了干脆爬上附近的大树来个居高临下，不慎时折断树枝摔得四肢朝天，在一片哄笑声中再次爬上树。除非摔得较重，一般都是"轻伤不下火线"，忍着伤痛也要把戏看完。

二月初八凌晨，是庙会最热闹的时候，村民都会守在祠堂里，时间一到，全体上香拜菩萨，祈求天下太平、百姓安康。

如今贡庄庙会已由纯宗教活动发展为祭祀和商贸并举，融入了很多集市活动。各种适用商品应运而生，特别是带着地方特色的各种小吃，深受人们欢迎，炒凉粉、肚肺汤、江米切糕、杏仁茶、麻辣花生、豆腐脑、小烧饼、冰糖红梨、锅贴、水煎包、甜酒等众多美食引诱着人们的味蕾。由此，每年农历二月初二至初八期间，不仅周边村民积极参与，远在苏浙沪一带的香客也纷纷赶来。贡庄庙会，已成为融合宗教、娱乐、文化、商贸为一体的民间盛事。

风水周桥

周桥村位于芜湖县红杨镇南部，所辖面积 12 平方千米，人口 512 户 2087 人。该村属山林地，地势东高西低，其历史、民俗多与境内的周家大村有关，尤以风水传奇为人们津津乐道。

"周桥"又名"周家桥"，系一座确实存在过的古桥，抗战期间，国民党军为阻止日军进攻将其炸毁。

据传，"周家桥"于元朝末期为当地周、徐、陈三姓居民集资修建，桥架好后，该以何种姓氏命名，三家互不相让，争来争去也没有结果，最后诉诸官府。当时周家大村有一寡妇为人极其聪明，取出家中糖食分散给附近所有放牛娃，并告知他们，这几日只要来"周家桥"放牛，必有糖吃。官差来此调查，三家仍是各执一词，都有道理，只得返回，途中却见一帮牧童牵着耕牛纷纷朝周家大村赶去。官差好奇之下问道："你们要去哪里放牛？"众牧童齐声回答："去周家桥。"官差又问："为什么不说徐家桥、陈家桥呢？"牧童又答："我们只知道有个周家桥，从来没听说过还有别的桥。"官差认为童言无欺，遂禀报上司以官府名义将桥名定为"周家桥"。

周家大村，原名周山涝、周村铺、曾家村，处周桥行政村最东面，位于铜南宣高速公路旁，濒临芜申大运河，既是芜湖县规划发展中的"红杨历史文化及生态旅游区"重要景点，也曾是旧时芜湖县通往宣城的重要驿站。

周家大村地形地貌较为独特，整个村庄建在一形似螃蟹的地块中。"蟹身"为一官帽状的山冈，人们称之为"官山"；"蟹钳"为"童家山""石胆山"，分列官山两旁；另有六座无名小山连着官山，是为六只"蟹爪"。风水学认为，蟹形地可聚八方之财。

据考证，周家大村始建于元末明初，现在村中仍保存有完好的明清时期徽派古民宅，其中又以清代建筑周家大屋最具府邸之气。青砖小瓦、回廊挂落的古宅长 18.55 米、进深 13.5 米，门框镶嵌青石条，两旁各有一块拴马桩，有天井，正八间，分楼上、楼下，以雕花木窗隔断厢房。此外，明代洪武年间所建的"竺坡旧里"牌匾，清代光绪年间重修的"八字"门碑记等古迹均真实地记录了该村历史变迁和周氏家族的兴衰。在村子附近，紧邻万鹭齐飞的和平森林公园，还有一座更为古老的宋代庙宇——汪皇殿，又称汪皇庙。

哲人老子曾云，人法地，地法天，天法道，道法自然。周氏先人寻天地灵气，追求人与自然的和谐相融，体现了古人对自然的敬畏和对生命的热爱。

周氏祖先原系安徽歙县人，于宋朝中期受阴阳先生指点，在寻找蟹形地过程中率族人迁至宣城阳坡里。周氏家谱也有记载，周家大村原本皆为曾姓，名为曾家村。元延祐三年（1316年），周氏到了周铨这一代，其父周堪（官居尚书令）终于找到这一蟹状地，遂修书让周铨率族人搬离宣城阳坡里，迁至曾家村右侧的周山涝定居，当时户不满十，人不满百。

元末明初时期，曾家村近百户人家，数百人口，突然在一夜之间消失。具体原因不详，但周家大村居民皆云确有此事。后人推测可能是曾家犯了重律导致灭门。另一传闻是来自风水先生的报复。按照阴阳理论，祖上葬在风水宝地阳面，会造福后代，如落在阴面，则会招来灾祸。曾氏先人请风水先生选择祖坟场地时，因家财万贯，态度傲慢无理，激怒了已经找到风水宝地的先生。而这位风水先生在周山涝一带寻找宝地过程中因口干舌燥，正好走进迁来此处不久的周铨家中，未等其开口，谦恭有礼的周铨即派人奉上香茗、酒饭，先生感其乐善好施，遂劝其连夜将祖坟迁至宝地阳面，却将阴面给了曾家。自此，曾灭周兴。

由周树屯村再经过周家大村有一条宽约2米的土路，由此前行可直达宣城团山境内，当地百姓称之为"官道"，乃清朝之前宣州西乡（今西河、和平一带）通往宁国府（今宣城）的必经之路。

官道，顾名思义，为官府修建的"公路"，比民间所建的路、径、蹊、阡、陌都要宽阔。按照旧时规定，可以并排走两辆马车的才能叫道；只能走一辆马车的为路，能供一个人挑担子所走的称为径；只能走一个人，不能挑担的是蹊；至于阡、陌，则分别为田间南北和东西走向的小路。

据周家大村老人相传，周桥古官道原名"轿子路"，大约建于明朝。一开始，行于这条官道上的官员并不坐轿，而多为骑马或是骑驴，后来才慢慢见到了轿子。朱元璋得了天下之后，励精图治，终至大明帝国四海升平，大疫不生，战乱不起，各行各业得到大力发展。宛陵府（今宣城）遂拨款修建了这条官道。因为朱元璋靠戎马取得江山，为了防止统治体制腐化堕落，曾严令文武大臣只能骑马，不得乘车坐轿。而大多文职官吏不善骑马，只得以驴作为代步工具。

清朝《大清律例》不仅严格禁止文武大臣乘轿，还严禁在内城设立租轿行。但后来与明朝禁轿令一样，先是准许文官乘轿，最后完全解禁。自从轿子这种通过压迫他人获得舒适感的工具出现之后，便成了权力与身份的象征，因此，官道往往也称"轿子路"。

虽然官道也可供寻常百姓通行，但在面朝黄土背朝天的岁月里，官道来往之人多为"吃公家饭者"。民间所建路桥才是百姓之道，其间更有诸多来历。

"成败皆风水"

周家大村虽通有一条官道，却未能让周家多出官员，在当地百姓看来，还是与风水有关。

自曾家灭绝后，周氏家族逐渐从周山涝移居曾家村。明洪武年间，周家进入兴盛时期，全村近百户，遂改名为周家大村。周氏子弟开始弃农经商，多有富甲一方的成功者。与"学为商之用"的晋商不同，作为徽商成员，周家注重子孙的品格修养，重视教育，鼓励后代考取功名，光宗耀祖。其中有一个叫周纪的，号仲经，苦读诗书，终在科举考试中一路过关斩将，最后被派往云南任景东知府，官居五品。一时间，芜南宣三县地方小吏纷纷前来拜会，周家从此声名鹊起。为进一步促进家门兴盛，周纪欲择地建造一座"八字门"，供接送官员和村民出入之用，为此特拜请当朝开国元勋、尤精象纬之学的刘伯温前来看风水。刘伯温指定八字门须建在村西500米并向东100米处（现周桥村村部），如此方能人丁兴旺，人才辈出。因周纪临时接到圣旨宣召，需要立即启程回京，遂将建门一事交由夫人操办。周夫人却觉得把门建在此处离家太远，每天关门开门很不方便，便自作主张把八字门建在了村南距村口不足10米处。竣工当日，周家大摆酒席，刘伯温自然成为被邀的主客，当他来到现场，看到这座雕龙刻凤、宏伟壮观的大门与原先位置相距甚远时，便轻轻地摇了摇头，不再言语。周纪不解，忙问有何不妥，刘伯温临走时只念叨了一句："乱改门相，自毁前程，周家必定户不过百，人不过千。"周纪知情后大骂夫人"头发长，见识短"。也许是巧合，从此以后，自明到清，周家大村户头真的始终没有超过百数，人口最多时也没有达到一千，再没有出现超过周纪的官员，只在清末出了一位武举人周元熬，民国时期出过一个宣城县财政局长周美颜。

周氏后期不太兴旺还有另外一个传说，也是拜风水先生所赐，可谓

"成也风水，败也风水"。

周家延续至清朝中叶时，已分户有八，但人丁大多单薄，唯老三周成育有三子，经济也最宽裕。周成期盼家业更加兴旺，总想在风水上做点文章，多方托人打听后，得知西河有一位号称"不过五"的刘全先生非常了得，传闻其预言不超过五年即可兑现。刘全问周成，你想得到什么？是添财还是多子？周成答曰两者都要。刘全见其对己礼敬有加，沉吟半晌说道："吃我们这行饭的帮人寻龙定穴，都要留点余地，否则就是泄露天机，必造反噬，轻者折寿，重者眼瞎。你若想熊掌鱼翅兼得，须答应我两个条件：一是将你第三个儿子送给我做义子，替我养老送终；二是按月定期支付钱粮，供我颐养天年。"周成当即满口应承下来。刘全遂让其将周家大村附近一个叫"料塘湖"的水塘加固维修，在塘埂上用黄土堆成一丘，在水面放一竹排，取水陆两路皆聚金之意。事后，周成一家果然事事顺利，财源滚滚，三个媳妇接连产下数名男娃。此时刘全已经双目失明，行动不便，而周家上下却对这个衣来伸手、饭来张口的老盲人渐感厌烦，遂安排其照看婴儿。从此刘全便日夜摸索着晃动"箩窝子"（摇篮），时不时摔得鼻青脸肿，也无人关心问候，只得长吁短叹，悔恨自己当初看错了人，落得如此下场。

刘全有个外甥叫张傲，从小跟着舅舅学会了玥阳八卦之术，因年少聪明，很快便在江湖上闯出名头，道行也早就超过了刘全。张傲得知舅舅在周家享清福，遂过来探望，一见之下，勃然大怒，原来周家忘恩负义，将舅舅当作下人使唤！他气愤之下找到周成，问其是否愿意好上加好，周成当然乐不可支。张傲遂悄悄铲掉土丘并割断排绳，就此破掉了风水，周家从此又开始走下坡路。

庙供汪皇

关于汪皇庙的来历，有一个可歌可泣的英雄壮举。这也使得周氏一族身世更加扑朔迷离。周氏家谱记载："公德巍巍在鼎铭，宋时曾此构神庭。"说明周家村在南宋时期就已建庙祭祀。

南宋德祐十二年（1275年）三月，元军屡战屡胜，南下建康（今南京）。知赣州文天祥起兵，入卫临安府（今杭州）。宋太皇太后与宰相陈宜中派文天祥与翰林院大学士周昌公（字荣春）代表南宋王朝与元兵谈判求和，被元朝大将伯颜所拒并扣为人质，幸得江湖义士出手相助，才得以逃出魔掌。

景炎三年（1278年）春，南宋朝廷抵达今广东省湛江市雷州半岛。四月十五日，年仅十一岁的宋王赵昰去世。文天祥、周昌公、张世杰、陆秀夫等文武大臣拥戴赵昺为帝，改元祥兴，逃至今江门市新会至南海一带。在元军猛攻下，文天祥在今汕尾市海丰一带兵败被俘，张世杰战船沉没，雷州失守，小朝廷被迫迁往崖山。元军将领张弘范领军紧追在后，对崖山发动总攻，宋军无力战斗，全线溃败，史称崖门海战。走投无路的宋室终于在1279年3月19日被逼上绝路，赵昺随陆秀夫及赵宋皇族八百余人集体跳海自尽，许多忠臣将士也追随其后，十万军民跳海殉国，至此南宋彻底灭亡。

幸免于难的周昌公，面对横尸疆场的将士和沦陷的国土痛不欲生，情知报国无望，欲拔剑自刎，被随从极力劝止。

1279年立秋日，周昌公一家三十余口逃至宁国府（今宣城）时被驻守元兵发现，一路追杀至周桥村附近的漯水桥，又饿又乏的周家老小已然精疲力竭，再也无力逃命。而此时百十名元兵已气势汹汹地直奔漯水桥而来。正在危急关头，两名壮汉手执锄头飞速赶到桥边迎面挡住了元兵去路。原来此桥附近有一座百余户的汪家庄，村中有父母早逝的汪姓弟兄三人，天生气力过人，练就了一身好武艺。三兄弟性情豪爽，广于结交，从不恃强凌弱，尤好行侠仗义，深受乡民喜爱，被誉为"汪氏三兄弟"。由于迷恋习武，虽都已到婚龄，却均未成家留后。

这天，汪氏三兄弟正在田间劳作，忽听漯水桥边传来呼救声。一打听，才知疾呼求救的正是周昌公一家老小。汪氏兄弟也早闻大学二周昌公是一位可敬可佩的爱国人士。于是三人飞奔至桥上，让年龄最小的三弟护送他们进村躲避，并通知村中年轻力壮的男子火速前来支援。老大、老二各手持锄头门神一般立在桥头，此时元兵业已赶到。面对杀气腾腾的百余元兵，兄弟二人面无惧色，大吼一声，抡起锄头便冲杀过去。因二人武艺高强，元兵被打了个措手不及，瞬间倒下好几人，只得退后调来弓弩手放箭，兄弟俩舞动锄头，箭羽纷纷落水，然元兵善骑射，两兄弟终究未能躲过雨点般射过来的利箭，很快血流如注，但仍横眉怒目直身而立。元兵被二人气势所摄，一时间竟不敢上前。此时，三弟已安顿好周学士一家并率村中百余名壮汉赶了过来，但为时已晚，可怜大哥二哥因负伤过重，已双双气绝身亡。三弟悲痛万分，抡起寒光闪闪的大刀冲进敌阵，连续砍倒十余人，后面的庄稼汉趁势呐喊助威，蜂拥而上，终于击退了元兵。鏖战中，三弟也身中数刀，一条右腿被元兵砍断，最后也因失血过多不治身亡。

　　面对倒在血泊中的三位救命恩人，周学士含泪用重金购买楠木棺材收殓并安葬了他们的遗体。为长年给汪氏兄弟守灵护墓，周学士选择了距汪村不远的山坡安家定居，取名周家村，即现在的周家大村。

　　士大夫者，多高尚行奇节。周学士为昭示后辈子孙永远纪念恩人，翌年秋，又在他们墓地附近建造了一座汪皇殿，请来能工巧匠给汪氏三兄弟塑像镀金，一年四季焚香供奉，以拜皇之礼祭祀，同时规定每年立秋这天周家都要举行盛大祭奠活动，敲锣打鼓，抬着汪氏三兄弟的塑像游行，并唱戏半个月。这便是汪皇殿及庙会的由来。

　　传闻真实与否已无从考证，唯汪皇殿成了远近闻名的景点。几百年来，殿内香火不断，方圆百里，每年都有数以万计的游人、香客来此观光游览、烧香拜神。尤其是到了立秋时节，从四面八方前来赶热闹的男女老少来来往往，络绎不绝，殿内敲钟擂鼓，经声阵阵；戏台下人山人海，戏台上唱声不断，热闹非凡。如今这座大殿已经被红杨镇政府列为"和平生态公园"十大景观之一，属芜湖县宗教协会认可的重点寺庙。

叛臣疑冢

由上可以看出，查阅史籍，稽核旧志，关于周家来历语焉不详，众说纷纭，存在传讹误说现象，而勘察实地，也因年代久远，无踪可寻，难以足信。对于传说轶事，不妨视为趣闻逸事，籍以遐想，不亦乐乎？既如此，何不妨听听周桥村古墓葬的传闻，涉及的是一位叱咤风云的人物——王敦。

王敦，字处仲，琅琊临沂人，是东晋丞相王导的堂兄，兄弟二人协助司马睿建立东晋政权，成为当时权臣。王敦虽是武将，却非莽夫。《晋史》云："敦眉目疏朗，性简脱，有鉴裁，学通《左氏》，口不言财利，尤好清谈。"

王敦的文采武功在当时就颇负盛名，不仅能征善战，一手漂亮的行楷也让人赞叹不已，书法大师王羲之幼年时便得这位堂伯的教诲。

出身世家大族的王敦，因皇帝的猜忌成了叛臣。西晋尚武帝冷女儿襄城公主嫁给王敦后，他从此开始平步青云。《晋史》另有记载："敦以元帅进镇东大将军、开府仪同三司，加都督江扬荆湘交广六州诸军事、江州刺史，封汉安侯。"王敦成为东晋王朝在长江中下游地区的最高军事长官，而王敦的堂兄王导则成为东晋的开国宰相。当时，江东一带，内倚王导，外恃王敦，王氏兄弟"同心翼戴"。作为开国功臣，王氏兄弟备受器重，地位也日益显赫。

然而，东晋建立之后，王敦也日益骄横，晋元帝不免生疑，开始逐渐裁削王氏兄弟的权势。王敦愤愤不平，上书陈请，继而引起元帝更大不满。永昌元年（322年）王敦终于起兵造反，把持了东晋朝政。晋元帝忧郁成疾，终致不治。

晋明帝继位后，下令讨伐王敦，王敦遂于太宁元年（323年）从武昌再次起兵谋反，当叛军抵达今安徽之后，"王敦移镇姑孰屯兵于湖"

古风红杨

（据《芜湖市志》）。

　　是年六月，晋明帝乘马微行暗察王敦军营，不料却被王敦发现，遂派兵追杀。明帝逃至城北一千米处时，将随身携带的七宝鞭丢给路旁一卖食老妇。追兵赶到之时，老妪以鞭示之，众人传玩良久，明帝逃过一劫。（据《晋史》）。同年七月，王敦连气带恨，病倒在军营，不久即病死，叛军从此群龙无首，旋即被晋军打败。北宋元丰八年（1085年），芜湖东门承天寺方丈沿蕴湘在王敦城旧址募建了"梦日""玩鞭"二亭。

　　王墩虽兵败身死，然其葬身之处，从现有文献来看，红杨镇周桥村当属可考地之一。村民也有相应的说辞：在周家大村后面，有一座无名小山，因有过一座土地庙，被称作土地山。据多位周家大村村民所言，周氏先人曾无意间发现土地山形似一座巨大的坟丘，且山顶时不时冒出几个土堆，后来又神奇地消失，人们分析此山可能是一王室贵族地下坟冢，而土堆则可能是盗墓贼在寻找墓穴入口时所为。

　　据民国八年版《芜湖县志》记载，《图书集成职方典云》云："王敦墓，在县东北周村有大冢，父老传为敦墓，盖敦尝屯兵芜湖，病，梦天降白犬啮之，俄卒，葬于此。"按照《晋书·王墩传》所录，王墩屯兵于芜湖时已身染重病。晋明帝下诏讨伐，王墩由此病情进一步加重，难以御敌，遂派其兄王含为元帅，钱凤、邓岳、周抚等人为大将，率领三万兵马向京师出发，打算反攻朝廷，结果还是落了个兵败如山倒。王墩闻讯大怒："我亲自挂帅。"终因病体难支，再次躺倒，不久便离开人世。其手下拥戴王含之子，即王墩的侄子继位。新主决定秘不发丧，用蜡油涂满王墩尸体并以草席裹住，埋在议事大厅地下。新主最后也被打败，晋军挖出王墩尸体后，将其双膝折弯跪地，扳直上身受刑，然后割下首级送到京师悬挂于南门街市，禁止任何人收取。后来尚书令郗（xī）向晋明帝鉴言，王墩终被允许私葬。《晋书·王墩传》由此断定，王墩家人必定将其头颅送到芜湖与尸身合葬。乾隆年间，诗人王又曾在《芜湖》中写下"潮头暗啮王敦墓，岚气晴飞谢尚城"。清末袁昶五言排律诗"虎踞前朝戍，猪涝大冢窿"，也有"县东北周村有王处仲大墓"

的注解。

　　王墩墓穴到底在不在周桥？有人提出，周桥村并不是县志所说"县东北"方向，而是西南位置，由此断定王墩墓不可能在周桥。然方向之确立，首先要定位视线始发之处，"县东北"之"县"到底是在哪个位置？芜湖县曾隶属宣城，此处的"县"指的是县城还是哪个角落？"县东北"应该从哪里去看？王墩后人是否看上周桥村这块蟹状的风水宝地？有没有因保护墓葬而布下疑阵，故意将周桥村位置说错？这些都是存在的争议，只有在王敦墓被真正发现后才会真相大白。既然周桥村历属其中，还是值得细细研究。

传奇万村

　　万村地处红杨镇的东北部，南面与本镇新桥村交界，西面是红杨镇新区，北面与本镇红杨树社区交界，东面与湾沚镇鲁村、杨村接壤，东南面毗邻宣城市古泉镇桃岱崔村。全村总户数886户，人口3386人。该村多有古人传闻，并有真实的今人传奇。

｜ 杨吴冲　筛箕后

　　红杨人管山与山之间的洼地叫"冲"，有水田就叫水田冲，村名往往也如是。隶属红杨镇万村的"杨吴冲"便是区冲得名，现已更名为吴村。

　　杨吴冲原本全村都姓杨。清朝初期，杨家出了一位饱学鸿儒（名号已不详），中举后一路升迁，官至二品。他发达后，在万村境内置土地千亩，兴土木、建祠堂，依山而居，起村名为杨家冲。

　　自1661年起，清朝辅政大臣鳌拜因湖州府南浔镇庄廷鑨修订明史一案大兴文字狱。除庄廷鑨病死外，庄家全族十五岁以上尽数被处斩。该案株连甚广，所有与明史有关的学孺乃至官员无一幸免，其中包括这位杨家二品大员。1663年除夕前，御林军将杨家冲团团围住，一律只许进不许出。杨大人深知大祸临头，全家难逃满门抄斩的厄运，奈何无力回天，只能束手待毙。

杨家有一怀孕的儿媳张氏甚是聪明机警，在御林军进村拿人之前迅速卸妆，换了一身宽大的破旧衣物，将头发挠乱，并在脸上抹了点锅底灰，扛起一张筛箕（过去农家用来翻晒粮食的竹器）一跛一拐地往村外走去，很快被军士拦下带至首领处问话。张氏遂自言自语道："这杨家讲起来还是个大户，借我筛箕不还，害得老娘三十晚上过来讨，一文钱都舍不得给，真是越有钱越抠门。"御林军指挥官见其蓬头垢面，嘴里还对着杨家骂骂咧咧，简单搜查过后便不耐烦地挥挥手让她快滚。张氏顺利逃过一劫。

可怜杨家除张氏一人外，几百口悉数被押赴闹市斩首示众。

归安（今浙江湖州市吴兴区）知县吴之荣因告发明史案有功，朝廷将杨家产业全部赏给了他。吴之荣遂安排部分吴氏子弟来到杨家冲落户，改村名为吴家冲。后人知晓该村的来历，遂称之为杨吴冲。

张氏捡回一条命之后，途中听说娘家也遭了毒手，家破人亡的她本想一死了之，但想到肚中还有个杨家血脉，只得苟且偷生。遂逃至三元立新（现属湾沚镇三元村）一带隐姓埋名，挨家挨户乞讨度日，幸得一对好心的孤儿寡母收留。大户人家的媳妇到底是容貌出众，洗漱完毕后，寡妇见张氏很有几分姿色，遂将其有些憨傻的儿子介绍给她，问其是否愿意嫁给她这个老实巴交的独子。张氏沉吟半晌说道："我夫君姓后，已病死路中。若非你们母子收留，我也早已命归黄泉，要我做你家媳妇可以，但要依我两个条件：一是我已有孕在身，须生下孩子后才能改嫁；二是孩子出世要姓后，这是他后家唯一血脉。"寡妇正为傻儿子的亲事犯愁，眼看着从天而降一个美貌端庄的儿媳，自是非常欢喜，便满口答应下来。

张氏将杨家骨血改姓为后也是用心良苦，取杨家后代之意。由于嫁到杨家之前也是大户出身，见多识广，在张氏主持下，"后"家终成当地望族。因肩抗筛箕脱难，而筛箕也有"扬"弃谷物杂质的功能，成为一家之主的张氏便将后家村起名为"筛箕后"。

护国寺 洗面塘

护国寺以前是个无名小庙，遗址坐落在红杨镇羊滩村民组。洗面塘村如今叫红卫村，这一寺一村均属红杨万村，也都和明朝开国皇帝朱元璋有关。

元至正十八年（1358年）盛夏某日，朱元璋率几名亲兵从建康（今南京）出发，深入今皖南探察敌情。中午时分，来到羊滩，一路舟车劳顿，人困马乏，便在村口大树下卸掉盔甲，准备汲水解渴、充饥纳凉。谁知竟被朝廷密探发现，元兵很快包剿上来，几名随从先后战死。朱元璋措手不及，慌忙弃马而逃，情急之下躲进村内一无名小寺院。当时寺庙已是衰败不堪，寺门洞破之处结有一张蜘蛛网。朱元璋璋钻入寺门后网破。此时元兵已在四处搜寻。应是天命不绝，王当朱元璋万分惊恐之时，又来了几个大蜘蛛将破网补织起来。追兵赶到后，洞口上的蜘蛛网已完好如初。率队的千夫长（元朝军官）分析，既然蜘蛛网没有破损，应该无人进庙，遂赶至他处搜索。朱元璋侥幸逃过一劫。

自古英雄多磨难。出得寺庙后，朱元璋再次被元兵发现，遂狂奔至红卫村。该村前后皆有山岗，岗下有一碧水池塘，四周柳树成荫、遮天蔽日。浑身大汗的朱元璋将身子潜入水中，伏在一棵巨大的柳树根下，只露出鼻孔呼吸。追兵沿着塘埂转了几圈后搜寻无果，最后罢兵弃捕。身心俱疲的朱元璋又一次大难不死，起身后在池塘里洗了把脸，倍感精神焕发，后安全回到建康大本营。

及至洪武元年（1368年），朱元璋坐了天下，是为明太祖皇帝。羊滩村民知道破庙曾为朱元璋避难之所，就称其为护国寺。红卫村民亦因朱元璋在此洗过脸，故称之为洗面塘。

两地村民，很想将更名的消息传给万岁爷从而捞点赏赐，一来苦于古时交通不便，二来朝中无人也难成事，久而久之便无人再予问津。朱元璋虽对两次逢凶化吉记忆犹新，然已忘记具体方位，只记得大概在皖南一带，便指派臣子南下找寻落难之所。钦差大人更不知所踪，但圣旨岂敢违抗，皇帝的糗事又不能明示天下。苦思冥想之后，遂将朱元璋这段经历写成隐晦的榜文四处张贴。大致意思是有一大富大贵之人曾落难本地被乡民施救，为感念恩德，特发告示寻找，望知情者前来相告，必有重赏。

这张无头无脑的告示发出之后，回应者寥寥。读书人还是有点头脑，洗面塘村有一唐姓秀才看到后立刻联想到当今万岁爷不就在我们这里落过难吗？这是否为皇家榜文的暗示呢？转念又想到万一搞错被官府治了罪岂不糟糕。这位唐秀才胆子虽不大，鬼点子倒是很多，遂将此事告知本家一游手好闲之辈，怂恿其揭榜领赏。二流子多为糊涂胆大之人，跑去一番胡吹，说自己曾亲眼见过吾皇在塘里洗脸，不曾想正中钦差大人下怀。朱元璋闻报后龙颜大悦，立刻颁下圣旨，恩准两处百姓的心愿，从此护国寺和洗面塘村便成了御赐之名。唐家二流子也因揭榜有功捞了个一官半职，他三步一拜地高举扁牌分送到护国寺和洗面塘。留下一个悔之晚矣的唐秀才，在羡慕嫉恨里郁郁而终。

｜ 烽火侠影

抗战时期，万村洪山头村民组出了一位身怀绝技的侠客式人物——袁时发。此人嫉恶如仇，行侠仗义，深得家乡父老喜爱。

1937年11月20日，国民党陆军第二十三集团军145师师长饶国华在广德保卫战中，为阻止日军进攻，通过多方查找，联系到了万村洪山头传奇英雄袁时发，请他炸掉日军的炮兵阵地。

袁时发不负所托，冒着枪林弹雨成功干掉了日军重炮，然而日军失去火炮后，很快又以装甲车、坦克开道，并不断抽调精锐部队增援，大批日军从广泗公路蜂拥而至，广德最后还是失守了，饶国华以死殉国。

　　面对国难家仇，袁时发坚持用自己的方式打击侵略者，惩恶扬善，他先后炸掉了侵华日军驻湾沚大队军火库，为新四军皖南第三支队成功拿下马家元大大减轻了压力。而后，这位传奇人物又单枪匹马杀进鬼子九连山碉堡，为死难的家兄报了仇。在川军准备光复芜湖之际，他又主动请缨，炸毁了日军驻芜湖联队炮兵阵地。在其师傅被国民党诱杀并枭首示众后，袁时发深夜横渡青弋江，夺回师傅首级安葬，病为师报仇。战争年代，在宣城地区，袁时发是老一辈口口相传的英雄人物。

圣裔兴塘

兴塘村位于红杨镇西南方，西至青弋江，南与罗公村交界，东与三胜村相毗邻，北紧靠香河村，村部坐落在青弋江畔。区域内辖村民组29个，村民4400余人，总面积10.6平方千米，耕地7000余亩。三丘两岗的地形将全村划为"沿观坝""盆塘埂"和"阳兴区"三部分。

就是这个兴塘村，宁静安详，藏了两个圣人后裔的古老村落——七甲吴和朱村，愈向里走去，愈能体味到其间特有的气息。青苔泛泛、青砖小瓦、黄土屋墙等无不诉说着昨天的故事，凝聚着久远的文化传承。

名人辈出七甲吴

七甲吴是目前芜湖市境内稀有的保存完好的传统村落之一。根据旧时保甲制度，十户为一甲，顾名思义，七甲吴即七十户的吴姓之村。据村内老一辈村民回忆，新中国成立初期，七甲吴有200多人，后短短几年降至70余人。现在，人口已上升至高峰；现全村共七十余户，近三百人，除一户杨姓外，其他均为吴姓。

七甲吴自古便是人杰地灵之地，圩区水乡的气息里渗透着古徽州的韵味，传统的吴文化在这里发扬光大。这里的村民勤劳淳朴，用辛勤和智慧续写着七甲吴的新篇章，书写着皖南吴文化的新一页。

据吴氏族谱记载，七甲吴村属汉初长沙王吴芮一支，及至南宋，吴氏一门出了三进士：吴柔胜、吴渊、吴潜。七甲吴村系南宋状元宰相吴潜后裔，始祖为吴太伯（太伯，又称泰伯，吴匡第一代君主）。春秋战国时期，吴氏出了一位叫季札的儒学大师，系吴王寿梦第四子，孔子的老师，与孔子齐名的圣人，也是孔子最仰慕的人，二人并称"南季北孔"。同时，季札还是历史上南方第一位儒学大师，因此又被称为"南方第一圣人"。

据清光绪八年（1882年）重修的《鸿源吴氏宗谱》及鄱阳鸡峰的《吴氏宗谱》记载：吴芮应是夫差的第十一世孙，吴国始祖泰伯的第三十三世孙。《上饶地区志》（1997年版）称其为第七世孙。公元前473年越国灭吴国，越王勾践毙夫差并追杀其家人。吴国王子王孙四散避难，太子鸿和王子徽及其子女随吴国南溃兵马，分别从安徽休宁翻过虎头山和婺源郆公山，隐匿到浮梁的瑶里、九龙、金竹山、蛟潭、福港等偏僻地区生存下来。公元前248年，吴芮的父亲吴曰，被贬到番邑（今鄱阳）定居，后迁至余干县善乡龙山南麓（今社庚乡）。

吴芮的妻子为著名才女毛苹，女婿为秦末汉初名将英布。吴芮另有五个儿子，长子吴臣后留居长沙，世袭长沙王位，其余四子四散发展。长孙吴回，曾孙吴右，至玄孙吴差这代则无后人。

吴芮青年时正处于战国年代，社会动乱，灾害频繁，遂精研《孙子兵法》和《吴起兵法》，带领族人和南下军士的后代操演战术。秦朝末年，统治严酷，徭役繁重，修筑万里长城、阿房宫、秦皇寝宫骊山大墓，使百姓妻离子散，田园荒芜，哀鸿遍野，散兵游勇四处抢劫。吴芮为保卫乡亲不受伤害，开始组织家丁亲兵抗击流寇。他为人宽厚，只要是不袭扰百姓的散兵，一律给予出路，队伍因此不断壮大。吴芮十八岁时就统制兵马一万七千多人，分布在鄱阳、余干、浮梁的各处要道。部队军纪严明，很受百姓拥戴。吴芮母亲梅氏为人贤惠，建议藏兵于民，兴农兴商，所以吴芮的部队不缺给养。他派出自己队伍中的得力骨干到四乡发展，其势力范围北到安徽祁门，东到赣浙边界，南到福建，西到都昌、鄱阳。他大胆革除弊政，轻徭薄赋，减轻百姓负担；带领百姓兴修水利，制定一系列鼓励农耕的措施，提高了农民的生活水平。秦始皇统一六国后，在全国推行郡县制。鄱阳县是秦王朝首次在江西设置的县，吴芮被乡亲们举荐为番邑（今鄱阳）令。

公元前207年2月，秦国面临各地义军武装割据的局面，为稳定南方，阻止百越地区叛乱，秦王采纳丞相李斯谏言，封吴芮为番（同"鄱"）君。"番"即土著种田人之意，"君"意指用竹子做的束发帽子"冠"，即给吴芮管理整个番地区的最高行政长官职权的封号，不给财政支持也不收税。吴芮很希望像祖辈一样，找个类似太湖的地方发展。祖父给他一张"太衍水"（昌江河旧称）流域图，希望他借朝廷给予的合法身份去打天下。吴芮带着队伍从水路进入鄱阳湖后，靠岸建城，立为据点，即今鄱阳县。吴芮采用强硬手段铲除鄱阳盗匪劣徒势力，积极开通航运，发展渔业，支持农耕。一年间，吴芮在鄱阳湖流域行仁政，发展经济，其势力范围很快就扩大了数倍。

由于秦始皇横征暴敛，民不聊生，公元前209年7月，陈胜、吴广在安徽宿县大泽乡揭竿而起。8月，第一个起兵响应的秦吏就是号"番君"的番阳令吴芮。深得民心的吴芮后转而支持项羽，起用刑徒（脸上刺字的犯人）带兵，出兵横扫赣、湘、桂一带，威镇江南，各地群众纷纷投奔，秦朝一些官吏也率部下归附，如闽越王无诸、越东海王驺摇，均为越王勾践后裔，皆领兵归属吴芮。其中有淮南义军首领英布及同乡梅锅。当时英布已有数千人队伍，作战英勇，吴芮将女儿嫁给他，命其出兵攻秦。吴芮先是跟随项羽南征北战，在攻占咸阳后，因战功卓著被封为衡山王，建都于邾（今湖北黄冈县西北）。其女婿英布被封为九江王，同乡梅锅被封为十万户侯。

吴芮在洞庭湖一带巡视时，结识好友张良，在其劝导下，改拥刘邦。项羽失败后，吴芮以吴王之后的身份，与韩言等人拥刘邦为帝，刘邦诏封吴芮为长沙王。

公元前204年，吴芮取下长沙后，在濒临湘水的沃土上，建起长沙古城。当时北方兵荒马乱，吴芮辖区相对平静，吸纳了大量商家南下长沙。吴芮以德政稳定民心，真心实意为百姓谋利。占领南越后，派出大量农业技术人才在南越推广"芮"稻，开发利用当地资源，宣传"重民"理念。吴芮又以示好措施，在广西、越南等边疆地区推行和平共处政策，帮助其发展生产，深受当地百姓爱戴。

公元前202年，汉高祖立吴芮为长沙王，将长沙、豫章二郡及赵佗据有的南海、桂林、象郡三郡封给他，至公元前196年才承认赵佗对南海、桂林、象郡三郡的统治。

汉高祖刘邦一共封了八个异姓王，均为战争需要收买人心之举。刘邦帝业一定，就和吕后用种种方法消灭异姓功臣。七个异姓王，皆因各种罪名或被杀或被废。唯独吴芮及其子孙世袭的长沙王善始善终，成为仅存的异姓王（历五代因无嗣而止）。实际上，刘邦并未解除对吴芮的疑心，屡屡试探吴芮。张良辞官隐居后，在吴芮家中小住。吴芮按张良计谋，保存实力，开始低调行事，把自己大部分领地让给刘邦子女，又将自己的部分精锐亲兵分到荆王刘贾（刘邦堂兄）帐下，并安排第五子吴元（姬妾所生）带部分家眷回浮梁瑶里生活。

公元前201年，吴芮与同甘共苦多年的爱妻毛苹泛舟湘江，庆祝自己四十岁生日。吴芮望着远山，思念家乡瑶里。面对明月，毛苹吟咏："上邪！我欲与君相知，长命无绝衰，山无陵，江水为竭，冬雷震震，夏雨雪，天地合，乃敢与君绝。"吴芮听罢心潮澎湃，留言：我死后要回家乡瑶里五股尖仰天台，观看天门的朝日夕阳。同年，夫妇双双无疾而终，合葬长沙城西。其衣冠冢有多处，谥号为"文王"。

924年，后唐时期吴芮的后人吴佐由苏州吴中县迁至宣城白马山，称来苏吴氏。届至南宋时期，吴氏出了一位才华出众的大人物——吴潜。吴潜是南宋末年的名臣，他为人刚直敢言，嫉恶如仇，经常给皇帝上书提建议，揭露奸臣，还主张抗元卫国。此外，他在军事、水利和文学等方面都有建树，是当时不可多得的全才。

吴潜自幼聪慧过人，才华出众，其诗文书法闻名乡里。南宋嘉定十年（1217年）中状元，授予事郎金镇东军节度判官。理宗淳祐十一年（1251年）为参知政事，拜右丞相兼枢密使。开庆元年（1259年）元兵南侵攻鄂州，被任为左丞相。

在任沿江制置时，吴潜成为最早抗击倭寇的民族英雄。宋朝后期，来自倭、高丽的海盗就已对东海边防构成了威胁。南宋宝祐年间（1253—1258年），吴潜针对当时的实际情况，订立了《义船法》。他命令东海沿海各县，分别选出各乡里有财力的人，要求他们联合起来，不时轮番下海巡视，同时广征民间船舶充作战船。吴潜还设定水军的"海上十二铺"，形成军民联防的海上长城，对打击倭寇发挥了重要作用。明朝冯梦龙给予极高评价："海上如此联络布置，使鲸波蛟穴之地，如在几席，呼吸相通，何寇之敢乘？"

吴潜又是一个著名的水利专家，其上任浙东制置使时，恰遇"秋潦"（指秋雨连绵导致河水暴涨）。他发明了我国最早的水文观测站。按规定，由他直接控制各地水闸的开启和闭合。提前放闸就会浪费水资源，而延迟又可能造成水灾，因此他需要四乡地保把水情报上来，然后才能决定何时放水。四乡的地保，有些远在数十千米之外，早上徒步出发，要到傍晚才能到达州城。他查看了城外的水情后，发现城外和城内的水在同一平面上。吴潜即用石头在城墙上刻了一条水位警戒线，作为开闸放水的标准线，接着又推算了关闸收水的标准线，并在两线之间画了一条虚线，以示正常水位，从而解决了这一问题。此后，为了彻底解决洪涝问题，吴潜鄞江修建了洪水湾塘三坝和吴公塘、大西坝、北郭碶、澄浪堰等水利工程。

吴潜更是南宋词坛的重要词人。他的词风激昂凄劲，题材广泛，主要是抒发济时忧国的抱负。被贾似道等奸臣排挤、罢相后，其词风更近于辛弃疾，抒发报国无门的悲愤，格调沉郁，感慨特深。其诗文有《履斋遗集》，词集有《履斋诗余》。

吴潜刚正不阿，无论是在地方任职，还是权掌六部，他都以正直无私、忧国忧民、忠义爱国而闻名。时值金兵不断南侵，在民族危亡之际出任宰相的吴潜，一心想力挽狂澜，挽救国家和民族。他曾当面对宋理宗说："国家之不能无敌，犹人之不能无病。今日之病，不但仓、扁望之而惊，庸医亦望而惊矣！"他提出"一格君心，二节奉给，三振恤都民，四用老成廉洁之人，五用良将以御外患，六革吏弊以新治道"的主张。对金的侵略，吴潜主张和、守、战三者结合：采取"以和为形，以守为实，以战为应"的策略，加强战备。当金军兵分三路进犯南宋京城临安时，主政的右丞相兼枢密使贾似道荒唐地主张迁都四明（今浙江宁海）。吴潜面见理宗，极力谏阻。理宗权衡利弊，最后听从吴潜谏言，暂时保存了南宋半壁江山。

吴潜的这些主张，触动了以投降派贾似道为代表的集团利益，他们屡进谗言加害吴潜。不仅如此，他们为了达到扳倒吴潜兄弟的目的，不惜制造童谣来加以攻击。据《宋季三朝会要》载，这些人编出了这样的童谣："大蜈蚣，小蜈蚣，尽是人间业毒虫。夤缘攀附有百尺，若使飞天能食龙。"

从这首童谣可以看出他们颇费心机：以"蜈蚣"来影射"吴公"，正是充分利用了童谣这一口头文学的特点，将吴氏兄弟置于不利处境。而后两句更是把吴潜置于死地，在封建社会，龙是皇帝的象征，食龙则无疑是篡位的代名词。童谣把吴潜兄弟比作爬得很高的"飞天蜈蚣"，甚至要觊觎皇帝的宝座。这种恶毒的谣言攻击，即使再开明的皇帝也要信三分，更何况昏聩无能的宋理宗。如此陷害吴潜丕能有好？果然，景定元年（1260年），吴潜被贬谪到循州（今广东省惠阳区）。

吴潜被贬以后贾似道仍不解恨，第二年，派心腹刘宗申为循州知州。刘宗申假意设宴为吴潜庆祝67岁的生日，吴潜不知是计，喝了刘宗申的毒酒不幸身亡。

吴潜之孙吴宝先及其直系后裔一直在现宣州区及泾县茂林、芜湖县地域繁衍生息。由于太平天国运动等战乱及三年自然灾害的影响，吴氏子孙四处奔命，后大多集中在芜湖县，除七甲吴以外，红杨镇三胜行政村沈家自然村、袁家坦自然村吴姓村民、和平行政村吴村傍自然村、万福行政村斗门口自然村、背后吴自然村；芜湖县陶辛镇胡湾新郑村口天吴自然村皆为这一脉，也是皖东南地区规模最大的一脉。

近年来，七甲吴村民为响应芜湖县新农村建设，自筹资金建了两座村牌坊，优化了村容村貌。村牌坊寄托着吴氏子孙对先人崇高的敬仰之情，也展现着村民们对未来生活的美好愿望。如今村子所有道路都被硬化了，村道都安装了路灯，极大地方便了每天晚上散步的村民们以及过往的车辆。七甲吴历史遗留景点有七甲吴渡口、土地庙、将军庙、金鸡碑、外滩、老窑厂、老坟园、徽派民房等。新牛笼塘、村牌坊成了七甲吴的新地标。

七甲吴境内出土过大量宋明清时代的瓷器及铜镜，当地村民将出土的文物上交给了芜湖县文化局并受到表彰。

"万物有所生，而独知守其根。"七甲吴村方言属吴语宣州片铜泾小片，至今，村民都使用吴语方言，使濒临灭绝的皖南吴语在这里得到了传承。在推进新农村建设的过程中，七甲吴村优化村容村貌的同时不忘保护生态环境，留住村庄的原生态，就势挖掘和彰显古村庄特色，人和自然和谐相处，传承乡土文化，留住乡愁记忆，让人能够在乡村找到"根"和"魂"。

紫阳朱村

朱村隶属红杨镇兴塘行政村，全村18户80余人，皆朱姓。在一户老宅里，一幅巨大的清朝朱氏布质宗族图展现在今人的眼前。因年代久远，图文有些模糊，但内容依然可以辨认。遗憾的是，1919年所修的族谱书籍损毁较重，所幸名为《旌阳朱氏宗谱》的总谱保存完好。

谁能料到，就是这么一张宗族图，几本族谱，让我们了解到，这个小小的村落里居住的人们竟然和南宋理学大师朱熹一脉相承。可见，朱村宗图、族谱不仅起到了"勾连天人、贯通古今"的作用，更具有维系一个氏族精神的凝聚力。

宗谱专家研究发现，朱氏目前在全国共有两大支系，"八支"和"紫阳宗"。八支起先为"沛国堂"，在沛县，即汉高祖刘邦出生地，至今已有2450多年。届至朱元璋君临天下，沛国堂已分为"仓里"等数十个支派。由于历史上称帝的朱姓非元璋一人，五代十国时期，后梁皇帝朱温即如是，当皇姓朱氏修谱时，朱元璋深觉朱姓派系过多，难以全部入谱，遂曰："大丈夫何妨自作主张。"从此，皇姓朱氏定朱元璋为一世祖，不再上溯历朝历代。据江苏盱眙县的《八支朱氏宗谱》记载：朱元璋小名朱重八，后为推翻元朝改为朱元璋，谐音"诛元璋"（诛，杀；元，元朝；璋，古玉器，外形如刀），所以，朱氏为"八支"。八支宗谱修于盱眙，为朱元璋第十七子宁王朱权在主政江西南昌时所修。盱眙明初为县，属泗州。泗州，洪武元年（1368年）属临濠府，也就是现在的安徽省凤阳县，正是朱元璋的老家。

相对于明朝的八支，紫阳宗历史更长。南宋绍兴①十三年，时年14岁的朱熹（1130—1200年）为遵亡父朱松遗言，随母由建安（今福建省建瓯）北迁，定居于崇安五夫里（今福建省武夷山市五夫里镇），投靠其义父刘子羽。

朱松为济世传家的君子儒，生前与抗金名将刘子羽交好，并将朱熹托孤给刘子羽为义子。刘子羽遭秦桧陷害返归故里后，不负好友所托，为朱熹母子构筑楼宅于潭溪之畔。因朱熹祖籍徽州婺源（今江西婺源），有一山名为紫阳山，为表示不忘先祖，朱熹特将新宅更名为紫阳楼，厅堂匾名"紫阳书堂"。紫阳楼是朱熹定居近五十年的旧居，"紫阳宗"即源于此。当今紫阳朱氏宗祠大都书有"沛国家声，紫阳世泽"这

① 南宋之所以用绍兴记年，系因赵构皇帝被金人所逼，1131年逃至绍兴（时称越州）后心情很好，觉得江山会被收复，便有了"绍祚中兴"一说。

幅门联。

朱熹先人原在北方，他在《婺源茶院朱氏世谱·序》中写道："相传望出吴郡，秋祭率用鱼鳖。唐天佑中，陶雅为歙州（徽州）刺史，初克婺源，乃命吾祖瓌领兵三千戍之……子孙因家焉。"这里的"瓌"为朱瓌，为婺源茶院（府君）朱氏始祖，朱熹系其第九世孙。朱瓌当时奉命守卫婺源，防止黄巢农民起义军再次挥师婺源。

据安徽省旌德县旌阳朱氏1919年全谱以及清朝乾隆年间所修谱书记载，旌阳凤山朱氏和朱熹同属茶院（府君）朱氏，凤山朱氏始祖朱楫系婺源茶院（府君）朱瓌第六世孙，后迁往旌阳（今旌德）。

朱楫后人在历史演变中，一部分逐渐由旌阳凤山迁往安徽省南陵县界山、东塘一带居住。因界山水田少，旌阳凤山另有一些朱氏子弟便来到芜湖县红杨树圩区落户，即今日之朱村。

朱村现存族谱记载，该朱氏为旌阳凤山朱氏，与南陵县界山朱氏、东塘朱氏原为同宗，均从旌阳凤山迁徙而来，但界山朱氏在清朝乾隆年间修谱时已然独立分支，谱名为《南陵界山朱氏宗谱》，而朱村谱名仍为《旌阳朱氏宗谱》，也就是说，朱村和南陵东塘的朱氏一脉还是原汁原味的茶院（府君）朱氏。

朱熹家学渊源深厚，其曾祖父朱绚的长子朱森（1075—1125年），赠承事郎。朱森是个儒学家，兄弟四人，兄长和两个弟弟早逝。朱松在《承事府君行状》中曾曰："吾家业儒，积德五世矣。"婺源朱氏支脉唯是朱森（清光绪《续修紫阳堂朱氏家乘·朱氏系图》）。北宋重和元年（1118年），朱松登第进士，被任命为福建路建州（府治在今建瓯）政和县尉。

从朱楫为其四子的取名来看，他也是个精研儒学者，四子分别名为朱仁、朱义、朱礼、朱智。"仁义礼智信"正是儒家"五常"。孔子提出"仁、义、礼"，孟子延伸为"仁、义、礼、智"，董仲舒扩充为"仁、义、礼、智、信"，合称"五常"。这"五常"贯穿于中华伦理的发展之中，与五行说"金木水火土"、古人创作的"梅花篆字"梅报五福（平安、健康、幸福、快乐、长寿）成为中国传统价值体系中的核心因素，《三字经》也提道："曰仁义，礼智信。此五常，不容紊。"

儒学世家，书香门第，这一切，都对幼时的朱熹产生了深远影响。朱熹后成为南宋著名理学家、思想家、哲学家、诗人、文学家，是宋代理学的集大成者，他继承了北宋程颢、程颐的理学，完成了客观唯心主义的体系。认为理是世界的本质，"理在先，气在后"，提出"存天理，灭人欲"。朱熹学识渊博，对经学、史学、文学、乐律乃至自然科学都有研究，其词作语言秀正，风格俊朗，无浓艳或典故堆砌之病。

朱熹又是一位著名的教育家，可谓一代圣人。他一生热心于教育事业，孜孜不倦地授徒讲学，无论在教育思想或教育实践上，都取得了重大的成就。朱村宗谱中提及，为教育后世子孙，朱熹特作《朱熹家训》一篇，全文仅有317字，但字字珠玑，是治家、修身、处世的家教经典。家训以朴实精辟的语言倡导重德修身、家庭和睦、人际和谐，提出了每一个人在家庭社会中所应承担的角色和应尽的伦理道德义务，其内容所放射的理性光芒，向世人彰显了中华民族道德文明和深厚的文化底蕴，至今仍是构建和谐社会的指路明灯。

正是有了朱熹的家训，紫阳宗朱氏一脉始终遵循理道，重视子弟教育，自南宋至清，紫阳朱氏在朝为官者甚众。从朱村现存宗谱"历代仕官录"中，略举数人可见一斑：

朱在，朱熹第三子，南宋孝宗时封建安郡开国侯，食邑三千户，赐紫金鱼袋。紫金鱼袋在唐、宋官衔中常有此名。紫指紫衣，金鱼袋系用以盛鲤鱼状金符，一般佩于腰右。官服分颜色，从唐代开始三品以上为紫袍，佩金鱼袋，这种服色制度，到清代才完全废除。由此，朱在至少为三品以上官员。

朱浚，宋光宗年间礼部侍郎，官拜二品，相当于现在的文化部副部长。

朱升，明朝奉议大夫。奉议大夫为文散官名。金始置，正六品下，元升正五品，明为正五品初授之阶。清废。

朱正常，明洪武十三年（1380年），以文学优士被朝廷授唐王伴读。伴读为自宋时诸王府设置的陪读之官；唐王是历代被封为唐地的郡王。明朝唐王是朱聿键，清顺治三年（1640年）八月被俘杀。所谓宰相门前七品官，朱聿键既被封为王，朱正常也为七品以上。

朱唯元（朝代不详），沔阳（今湖北省仙桃市）知州，正三品，同如今省辖市市长。

朱家澧，朝代不详，但按明清官制，其为知县加同知卫①，应属正五品。

朱德树，清光绪年间举人，任盐运使司分司，在办理黄河山东境内决口赈灾时有功，恩赐四品……

在朱村的宗族图上，另有一对身穿明代官服，胸口绣有仙鹤图案的男女画像，男者身旁牌位称"故祖朱椿孙公之位"，女者为"故祖朱门吕氏之位"。从明朝官员服饰规定来看，仙鹤表明朱椿孙为当朝一品文官②，同时，宗族图上也只有这两人画像，吕氏应为朱椿孙之妻。

有资料表明，如今研究朱熹和紫阳宗朱氏的人遍布全球。那么，祖上出过那么多文官名士的朱村朱氏，作为和朱熹同是茶院（府君）朱氏的后裔，能不能在当下乡村旅游大潮中搏击风浪，发扬紫阳宗朱氏诗礼传家、乐善好施的传统，再造辉煌呢？我们坚信，在重视文化产业开发的红杨镇政府的指导下，朱村人一定会不负众望。

---

① 同知：明清时期的官名。同知为知府的副职，正五品，因事而设，每府设一二人，无定员。

② 明朝文官绣禽，以示文明：一品仙鹤，二品锦鸡，三品孔雀，四品云雁，五品白鹇，六品鹭鸶，七品鸂鶒，八品黄鹂，九品鹌鹑。武官绣兽，以示威猛：一品、二品狮子，三品、四品虎豹，五品熊罴，六品、七品彪，八品犀牛，九品海马。杂职：练鹊。风宪官：獬豸。

大智大勇朱椿孙

如前所述，从明朝官员服饰规定来看，仙鹤表明朱椿孙为明朝一品文官，然因朱村族谱书籍损毁较重，并无有关朱椿孙其人记载，所幸名为《旌阳朱氏宗谱》的总谱保存完好。通过这本族谱，我们追根溯源，知道了这个村的朱氏和宋朝理学大师朱熹一脉相承，即紫阳朱氏。而通过一套旌阳凤山朱氏全谱，得以确定，红杨朱氏和旌阳（今旌德）凤山下的十八都礼村朱氏为同宗。

全谱记载说，朱椿孙随其祖父朱希颜从旌德迁到泾县枫坑，娶妻吕氏，生下五个儿子，分别名为朱德一、朱德二、朱德三、朱德四、朱德五。

朱椿孙死后葬在白山，而枫坑朱村正处于白山脚下。由于白山一直没有被开发，保持着原生态，因此朱椿孙、朱德一的坟墓始终存在，只是因为年代久远，水土流失和封堵，墓穴、墓碑均难以辨认。据村里多名老人回忆，他们都曾见过椿孙公、德一公的墓碑。

《泾县地方志》记载："紫阳桥，亦跨枫坑水。南隅二甲，朱德一建。"紫阳桥就在枫坑的朱村。据枫坑朱氏后人所言，《泾县地方志》记载不完全，跨枫坑水的另外两座桥——斗门桥、冷水桥也系朱德一修建，可见朱德一其其父朱椿孙家业之雄厚。另据族谱记载，朱椿孙的重孙朱兴昌后来迁至宣城北，再后来迁往沿官圩，即今日红杨镇迎官渡一带。如此看来，红杨朱村的宗图上有朱椿孙的画像就不奇怪了。奇怪的是，在朱椿孙之前、之后的明朝高官，《泾县地方志》均有记载，唯独没有朱椿孙的任何为官资料。难道是朱氏后人修谱时为抬高祖上身价故意为之？带着疑问，我们走访了多名枫坑朱村老人，终于揭开了这个谜团。

洪武元年（1368年），正月初四，朱元璋在建康（南京）登基称帝，国号大明。然元朝最后一个皇帝元顺帝并未就此服输，在皖南一带依然组织元兵对抗。当时，皖南明军首领叫肖康光，正是朱椿孙的侄女婿。肖康光进军皖南时，特丼请在泾县任县丞（相当于现在的县委副书记兼副县长）的叔岳丈朱椿孙提供粮草等后勤支援。因朱椿孙为明军提供保障有功，很快享受七品正职待遇。朱元璋到皖南视察战况期间，肖康光特意向他引荐了朱椿孙。朱元璋见到朱椿孙先是吃了一惊，随即龙颜大悦。原来朱椿孙天生一个巨人，身高足有两米三五以上，坐在地下都超出肖康光半个头。朱元璋笑道："肖爱卿，你的叔岳丈比朕的大将常遇春还要威猛，皖南之战，朕无忧也！接下来的战事，你不可独自抢功，应该让朱爱卿上阵冲锋了。"说完，朱元璋即满意地挥挥手："你们退下吧，朕要回建康了。"

君无戏言，皇帝一开口，肖康光哪敢不从。这可苦了朱椿孙了，他虽身形巨大，却丝毫不懂武功，怎么办？

朱椿孙首战之地便是沿官圩，那里驻有三千多元兵精锐。朱椿孙率军赶到青弋江下游后，正苦苦思索破敌之策，忽见两岸杨柳依依，顿时计上心来。他立刻找来木匠，打制了一把十八斤重的杨树"刀"，刀把长两米，刀身宽一尺半，再用银色油漆涂亮刀身，以黄布条裹住刀把，那大刀看起来不但沉重异常，且寒光闪闪。

为使元兵更加相信自己神力惊人，朱椿孙又找来一块巨石，以化石药水浸泡后悄悄送至两军对垒之处。第二天，双方将士排开阵势，朱椿孙催马来到那块大石旁，右手举刀大喝一声："兀那鞑子！不怕死的来与我杀几个回合！哇呀呀呀……"吼罢，将刀把倒竖，狠狠往那块巨石上一顿，只见巨石立刻四分五裂。元兵一个个面面相觑，元将更是惴惴，我的妈呀，此人这么高大，又如此勇武，简直就是天神下凡嘛！那大刀只怕有几百斤重，不要说被砍到，就是碰上也得死啊。

朱椿孙见疑敌之计奏效，乘势又是一声大喝："你们不来，我可要杀过去了！杀呀！"抢起大刀就冲了过去。他本就人高马大，声如炸雷，元兵将领吓得赶忙拨马就跑，身后队伍顿时大乱。明军就势一鼓作气冲上前去。这一仗，朱椿孙居然大获全胜。

朱元璋得知朱椿孙勇挫皖南元兵后，高兴得连声赞道："朕果然没有看错人，朱爱卿和常遇春将军不相上下，特加封建威将军，领一品侍卫。"

朱椿孙得知皇帝要加封，赶紧上奏道出实情，并表明心迹："罪臣徒有其表，实为一文职小吏。只是万岁开了金口，才不得已虚张声势，没想到竟然奏效，这全在皇上龙威所致。罪臣已犯有欺君之罪，如能蒙圣上开恩已是万幸了，贪功冒领则万万不可。特叩请圣上恩准我告老还乡。"

朱元璋看了奏折哈哈大笑："活宝！活宝！人说大个子不呆是个宝，朱爱卿为人老实诚恳，立下奇功却不贪富贵，实在难得，他就是我大明的活宝！众卿做官为人当以朱椿孙为榜样。"随后，朱元璋下旨，赐朱椿孙蟒袍一件，回乡养老，可以继续按照一品文官待遇领取朝廷俸禄，但不得列入朝廷官员名册。这样，准椿孙就成了明朝唯一不在编制内的高官，这也是《泾县地方志》没有关于朱椿孙这个一品大员记载的原因。

其事说来颇具传奇色彩，但枫坑朱村老人皆言之凿凿，提起椿孙公，都露出一脸的自豪。

文化 红杨

JIANGPAN GUSHU BIEYANGHONG

记住乡愁／戏曲流芳

第二辑

记住乡愁

如今，有些人离开了农村老家，进城生活。也许是因为喧闹的城市中少有他们的亲人或朋友，因此他们的乡愁愈浓。

在农耕时代，村陌、炊烟、石磨……无一不是我们的乡愁，无论我们身在何方，故乡的斜阳、明月始终照耀在我们的心头，指引着我们归乡的路。

乡愁中，最令人难忘的，莫过于家乡的食物、家乡的文化。红杨古时属"吴头楚尾"，吃有鱼米，穿有桑麻，江南饮食文化在这里得以淋漓展现。

温婉美丽的青弋江，是红杨人的母亲河，千百年来，滋润了河畔田园，也哺育了岸边文化。

饮啖一事，关乎人们日常生活，有着太多的内容，只能逐篇分而叙之。民俗更有着丰富的内涵，也只能集而概述小部，分而详述大成。

民俗是约定俗成、世代积累、长久稳定的传统，往往超越历史阶段而存在，且延续至今。红杨民俗，反映了江南的民俗文化传统，我们可以在这里领略先人们的生活品质。而那些风俗禁忌，也寄托了红杨人的良好期盼。

红杨圩区过去因渔民较多，吃饭时，忌称"盛饭"，而称"添饭"，因"盛"与"沉"谐音，说"沉"会"沉船"，同时吃鱼时给鱼翻身忌说"翻"，要说"挑"或"叨"，也是怕"翻船"的意思。

"不怕坟前千人走，就怕坟后有人溜。"红杨人忌祖坟后面有路，认为坟后有路会将"龙脉"踩死、踩断。随之也有关于风水的禁忌，不论已经出嫁的妇人还是待在闺中的女娃，家中老人去世出殡时，一律不得随同送葬队伍去坟地，不能把娘家好风水带去了婆家或是未来的夫家。女子不准上坟当然是迷信，但在过去的红杨，却是必须遵守的规矩，也算是人们对于财富不外流的一种期盼。期盼的还有"改吉"民俗，村里一旦有人家遭了火灾，必将各家盛水器具集中到一块，先由村中长者挨家挨户泼一碗水，然后由请来的和尚念诵一段避火经文，最后宰杀一只公鸡以血祭拜火神后，各户才能领回器具。

每年早稻米上市的时候，很多地方都有"吃新"的习惯，随之而来的有很多庆典方式，红杨人搞得格外隆重，从六月初五开始连续三天都沉浸在收获的喜悦之中。第一天是龙舟赛，彩绘的龙舟，整齐的着装，如潮的人群，热烈的场面令人热血沸腾；第二天是接观音，新米收到家了，要请大慈大悲的观音菩萨尝尝，以求佛佑苍生；第三天是"打教（祈福）"，拜神农，祭水神，期盼年年好收成。

作为传统文化的重要载体，地方戏承载着地域的民风习俗，为这个地域的大众所喜闻乐见。红杨戏曲，既有外来戏种，也有地方小戏。

今天的红杨，更有一个激情四射的新文化——红杨山汽车越野赛，拼搏进取的运动正是今日红杨人建设美好家园的精神写照。

走进红杨，徽风古韵扑面而来，你会陶醉在温润的人文气息中，总觉得一切都似曾相识……可以说，记住了红杨的乡愁，就记住了江南的乡愁。

民俗纷呈

　　"靠山吃山，靠水吃水，一方水土养一方人。"故土是根，乡情难忘。红杨这块土地养育了我的祖祖辈辈，其民俗风情有一个流传和发展的漫长过程，最后逐渐形成了较为固定的、具有地方特色的风俗习惯，并成为人们普遍遵循的规矩。当然，有些规矩现今大都没人再守了，时代在变，人们的思想观念也在变。老规矩的传承、变革乃至废弃，亦都是情理之中的事。不过，存在即合理，那些过去存在的习俗自然有其一定的价值。著名作家汪曾祺先生认为，风俗是一个民族集体创作的抒情诗。风俗就是把生活中的诗情用一定的外部形式固定下来，并且通过互相交流，达成默契；风俗是一个民族的返老还童丹，常"吃"着它，可以永远处在旺盛的充满希望的童年。

　　有人认为，民俗文化是肤浅的、表象化的。这种认识显然是片面的。的确，民俗文化有其庸俗甚至愚昧的一面，但更多的还是百姓生活智慧的结晶。比如红杨的那些年灯，称其为艺术也毫不为过。实际上，京剧、越剧等这些国粹最初也是来自民俗。此外，在一些经济比较落后的地方，村民们能和睦相处，就是因为有村民们仍默认和遵守的习惯、道德规范和民间信仰。这些习惯、道德规范和民间信仰，其实就是一种民俗。

红杨文化是典型的江南文化，诸多民俗反映了过去、现在江南人的生活，也维系着红杨人难舍的乡情和庄严的乡规。在乡风民俗被市场经济下的多元文化逐渐弱化的今天，我们重提那些曾陪伴过我们童年的乡风民俗，能不能如一曲曲悠远的长调，唤醒游子对家乡的思念、追忆和热爱呢？

从民俗的视角透视挖掘世代传承的传统文化，正是汪曾祺的独特民间立场下的独特创作方法，也是当今乡村文化振兴的一条重要途径。所以，来红杨就要了解那些纷呈的民俗。

｜ 传统婚俗情趣多

自汉高祖刘邦称"赤帝之子"以后，红色就成了喜庆的象征。所以，在红杨镇乡民看来，红杨树之红，不仅在于赤色树叶，更有花前月下、日子红火之意。

农人习惯在农历年底操办儿女们的婚事。"看人家"（相亲）、"定日子"（确定婚期）、"送日子"（婚前男方到女方家送聘礼并商定结婚事宜）等三套传统婚俗流程大多在这段时间敲定，短短一两个月最具热闹氛围，程序有些繁杂，但情趣颇多。

在父母之命、媒妁之言的年代，农村青年人订婚之前，两家都要请一个"周公"（媒人）。尽管周公事先已经介绍过双方情况，但女方亲朋还是要到男家考察一番，即所谓"看人家"。男家少不了设宴款待，进出门时都要燃放鞭炮，一同来的小孩还要给一个红包。酒足饭饱之后，女方父母会亲自询问男家有关情况，中意了，客套几句："不开亲是两家，开亲是一家，打扰你们了。"男方父母赶忙笑答："应该的，应该的，姑娘养到这么大给了人家，做父母的哪有不操心的道理。"寒暄之后，双方确立"定日子"的时间。

"定日子"在女家举行，照例一顿酒饭，双方在周公的参与下，敲定聘礼和嫁娶的日期。经过"看人家""定日子"后，男女双方就可以相约上街购物、照相、玩耍。

随着婚期的临近，男方在周公的率领下，备上聘礼，到女家商定结婚的相关事宜——"送日子"。聘礼中必有一雌一雄两只鸡、猪腿及其他酒肉和衣料等，礼品种类均为双数，意为好事成双。敲定的事项大到酒席，小到新娘红盖头、怀镜、搭脚糕等，细致入微。

日子送过后，女方准备嫁妆，男方准备新家具，装饰洞房。被褥至少有两铺两盖。头天晚上要请一个本家的未婚男青年陪新郎睡一夜，叫做"压床"，所谓"童男压床，子孙兴旺"。这之前有时也会增加一个小插曲，一般是双方偷食了禁果，女的怕肚子大了难看，派娘家人做一对糯米粑粑送到男家"催婚"，意思是"两个团圆粑（吧）"。男方自然心领神会。

婚期定下来，双方父母开始给亲朋好友发喜帖。不论路途远近，都要请年轻腿快的晚辈分头送到。收到喜帖的人家都会随礼送上一个红包。乡下人情往来不重，多量力而行。喜宴是连续两天流水席：第一天称为"待媒酒"，招待媒人之意，第二天称为"正酒"。主家一场喜事办下来最多也就保个本，喜宴承载的是浓浓的乡情。

"待媒酒"名为感谢周公，但实际上此时双方家里最尊贵的客人是号称亲戚之首的"长辈大娘舅"，没有舅舅的由身份相当的长辈代替，座次是第一桌的首席。

"待媒酒"开席之前，双方都要在家沐浴更衣，父母长辈都会包上"洗澡钱"。菜肴中枣子和莲子必不可少，意在期盼新娘子进门后早生贵子、接连生儿子。

次日一大早，男家屋内屋外就挤满了迎亲的人群。一顶大花轿摆放在门前场地上，轿杠和绑绳全部染成红色。轿夫多为新郎的平辈表兄弟，或两人或四人。八抬大轿是官轿，接亲是不能用的。

在周公的指挥下，接亲的分工合作，有专人挑箩筐，里面放有鞭炮、铜镜、柏枝叶、"欢头"（圆形炒米糖）、红蛋、枣子、一对方片糕。铜镜就是怀镜，也称"照妖镜"，是给新娘子揣在怀里避邪的，希望一路顺风嫁到婆家；柏枝音同"白枝"，意为白头偕老、开枝散叶；"欢头"即欢欢喜喜、团团圆圆、甜甜蜜蜜之意；方片糕是用来给新娘子上轿后垫脚用的，又叫"搭脚糕"，象征"高去高来"；红蛋称作"喜子"，意为喜得龙子。

接亲队伍中有一位新郎的晚辈小男孩，专门负责拎一件特殊的嫁妆——"马子桶"。这玩意虽是便器，结婚时却被称作"子孙桶"，婆家会在里面放上五到十元的小红包、一把筷子（意为快生儿子）、一块新手帕和喜糖、蜜枣之类，可谓满桶都是宝，小孩子大多乐意接受这个光荣又实惠的任务。所有人马到齐后，吃完早饭，一阵鞭炮声响，浩浩荡荡开向女家。

婆家忙着迎亲，娘家也没闲着。提前几天就开始准备嫁妆了：两铺两盖被褥，四角放有花生和红枣；锦绣的被面和被罩花花绿绿，龙凤呈祥；枕巾、枕套上绣有喜鹊闹梅、肚兜胖娃等图案；细瓷茶具镏有金边；开水瓶红绿双配；梳妆镜红边镶框；盖头巾子大红镂空……大小物件一应俱全，贴上红纸喜字。新娘也在几天前请来附近有名的裁缝定做婚服：大红小袄、夹衣夹裤云盘扣子朵朵，领口、袖口、衣襟红边滚滚，绣花鞋色彩斑斓……新郎的衣服也一并给缝制了，可谓"身未嫁过去，心已向婆家"。

迎亲的队伍进到村口时，震天响的爆竹一声接着一声逼近，娘家人赶紧关上门，没有足够的红包、没有放够鞭炮是不会开门的。很快，一个红包从门缝里塞进去，门还是没开，继续喊叫，继续放鞭炮，循环往复几个回合，再经几次讨价还价，娘家人这才慢腾腾地开门迎客，敬烟递茶，东拉西扯一番。不论路途远近，娘家人都要设宴招待迎亲的队伍。

"早发早发，早早发财"是农村人嫁姑娘的习惯。有时饭还没吃完，娘家人就一声令下："发嫁了！"迎亲人即使没吃饱，也得赶紧放下碗筷各司其职，所谓"抬头嫁姑娘，低头讨媳妇"。出发前，婆家人一再叮嘱，一定要尊重娘家人的习惯。此时，喜房里已经传出哭嫁声。哭嫁在有的地方演变为一种民歌，但红杨人却是真哭，娘哭爹眼红，兄弟姐妹在一旁也跟着抹眼泪。双方周公和一些女性长辈笑着劝解："好啦，大喜的日子差不多就行了，以后常回娘家看看。"新娘这才忍着泪花划几口面条，仔细倾听娘亲的几句贴心话。

室内哭嫁声未止，室外已经开始发送嫁妆了，一件嫁妆一挂鞭炮，集中在大门前场地上，绑好、捆牢，坐等新娘上花轿。新娘须由自家兄弟背出来送上轿子。如果新娘是独生女，也可由表兄弟或平辈的本家弟兄代劳。新娘顶上红盖头，呜咽着趴在送亲人的背上，绕行堂屋里方桌一圈再上轿。双方同时点燃鞭炮，震天声响，烟雾弥漫。

随着娘家人一声大喝："起轿了！"轿夫迅速扛起横在轿杠之间的扁担来回往返几次，叫做"回笼"，体现新娘对家门的不舍。此时娘家会派一个未婚的小伙子抓住轿杠一同被抬起，叫做"压轿"，不见红包不下来，既体现娘家人对新娘的不舍，又讨个好彩头。

"大姑娘上花轿，脸哭心里笑"说的是新娘进了轿子就不能再哭了，至于笑不笑，只有天知道，她在轿子里，谁也看不到。

按照"东来西走，不走回头路"的规矩，进村和出村的路径不能重复，迎亲队伍需要另辟捷径赶回婆家。

腊月里办喜事的人家多，迎亲途中会出现"喜冲喜"现象，即两家娶亲的队伍迎面相碰，若沿路正好是南北走向，农村人以东边为大，两家开始横着轿子"抢大边"，互不相让，有时甚至会引发激烈冲突。此时双方长辈会出来交涉，协商的结果一般是走大边的将轿子放低，走小边的将轿子举高，一方大，一方高，这就扯平了，双方就此握手言和。若是遇到发丧的队伍，迎亲的则乖乖站在一旁让道。一来以死者为大，二来"棺材棺材升官发财"，也是一种好兆头。遇到天气不好的时候，婆家会在大门西侧挂起一面镜子，以此代替太阳冲减迎亲队伍迟到的不吉利。

轿子到了婆家门口，新郎的母亲需要回避一阵子，意思是避免和新人"迎头相撞"，否则就犯了忌，以后婆媳关系就不好处了。民间传闻花轿娶亲时有喜神沿途护佑，新娘才能顺利嫁到婆家，所以落轿后，还有个"退轿神"的仪式。本家长辈领着新郎奉酒敬茶，高唱退轿歌，直到把那不请自来的神仙恭送出门。

在踏进婆家门槛之前，新娘双脚是不能着地的，婆家派出一个喜娘手持两方红布铺在地上，再将新娘从轿里挽出。新娘每跨一步，喜娘立刻捡起后面的布再铺到前面，口中念念有词："一代传十代，十全十美！十代传百代，百子千孙……"一直念到"万万代"。到得门槛前时，新娘暂时驻足，要行"跨火礼"了。新郎新娘一同跨过火盆，意为烧去一切不吉利的东西，小夫妻的日子越过越红火。

进入家门后开始拜堂。司仪高声喊起："一拜天地，二拜高堂，夫妻对拜！"新郎父母早已正襟危坐，接受跪拜。屋内拜堂，屋外撒糖，专人往地上撒一大堆喜糖让人们哄抢，嬉笑哄闹声不断。随着一声高喊："送入洞房！"新娘被呵护着挽进洞房。

笑足了，抢够了，人们开始各就各位，享受"正酒"晚餐。"正酒"中有一桌单独安排在洞房里，参加人员为新郎新娘及其父母、伴娘和拎子孙桶的小孩。开席后，新人首先要敬双方父母的酒，接着再喝交杯酒，最后挨桌敬客人。此时，双方父母通常会弄一些凉开水帮助女儿女婿蒙混过关。

酒席吃完还有一个重头戏——闹洞房。一批男女青年拥进新房，嬉闹起哄，出些刁钻古怪的项目为难新人，常常弄得新郎低头不语，新娘面红耳赤。伴娘要是长相不错，就成了"众矢之的"，出现过分尴尬的场面时，长辈们会出面呵斥，一直闹到深夜，方才散场。一些"变大爷"（调皮的男青年俗称）还不肯罢休，在新房窗下垫几块砖头偷听，美其名曰"听房"，最后被老年人揪着耳朵提溜走。

第二天早上，新娘要完成进入婆家最后一道程序——敬茶：托起两杯糖茶拜见公婆，宣告正式进入家门。

新娘出嫁后的第三天，夫妻双双带上一堆礼品返回娘家，叫做"回门"。娘家将部分回门礼分送给亲朋邻里，意在告诉大家女儿在婆家很受欢迎，然后开始杀鸡款待女婿。

在流行现代婚礼的今天，红杨人却返璞归真，青年人结婚时常采用传统婚俗，令人耳目一新。中式婚礼似乎又开始受到青睐，这不仅是红杨人追求婚礼的个性化，更是"传统即时尚"理念在红杨土地上生根发芽的表现！

礼敬高歌退轿神

古老的村庄自有古老的习俗。在红杨周家大村附近有一口水塘，塘上有一座"洗礼桥"，村里人家婚丧嫁娶等相关仪式多在此举行，其中极喜庆又富有神秘色彩的"退轿神"仪式广为人知。

退轿神这一习俗，多流传于安徽宣城、南陵、芜湖等地的农村地区。具体兴起于何年代已无可考，据口述者们推算，最迟应该出现于清朝。

传说用花轿娶亲时沿途有轿神（也称"喜神"）护佑，所经之处，妖魔鬼怪不敢靠近轿身，因而新娘才能平安嫁到婆家。

神灵虽然不请自来，但需要一个欢送的仪式。"退轿神"就是在新娘接到新郎家门口后，首先祭拜轿神，再用一定形式让其退去，然后新娘才可下轿。

仪式主要有祭祀、高唱退轿歌两项。花轿停放在堂屋门外，轿门朝屋，由喜娘搀起新娘并让其转身背朝外站立轿内。

接下来，首先入场的是新郎，手捧装有祭品的托盘放于轿前。盘内须有"三荤三素"，一杯香茶，一壶清酒，一对由新郎娘舅恭贺的足斤长红礼烛。三荤有猪肉、鸡、鱼，三素分别为象征长命百岁的面条、寓意步步高升的方片糕及寓意早生贵子的红枣。红烛一旦点燃，就不可吹熄，拜堂后由新郎新娘共同捧入洞房，意为红红火火，长生不息，永远相伴。

新郎恭恭敬敬地放下托盘后，燃起喜烛，焚香三叩首，向上苍祈祷。然后由专人现场宰杀一只红毛公鸡，滴鸡血于花轿一周。鸡血撒轿完毕，新郎躬身对着花轿敬酒献茶三巡。接下来由宗族遗老手捧装有茶叶米的小碟，反复撒于轿顶，同时口中念唱退神词，恭请轿神退位。

祭祀结束，到了"退轿神"仪式的高潮，由宗族遗老率众人高唱退轿歌，铿锵有力、气势磅礴的粗犷之音回荡在乡村陌上。歌词较长，既有感恭送神灵之篇，也有春祈秋报之章，大致为三部曲：一是先退五方主神；二是再退本地各路神仙；三是申明自己的住址、姓名和新郎新娘姓名，以表谢意。

词曰："手捧五米（茶叶米）来撒开，新娘轿里站起来。伏羲神通浩大，圣德昭彰，凡友祈求，必蒙感应。一心焚香拜请：东方青帝退轿神仙，西方白帝退轿神仙，南方赤帝退轿神仙，北方玄帝退轿神仙，中央黄帝退轿神仙，五方五帝退轿神仙。轿前轿后，轿左轿右，轿前童子，轿后娘娘，扶轿施去。一心焚香拜请：本县城隍，家堂门神，社令灶仙。在此三岔路口，鸣鼓响锣，一路而来，爆竹耸天，回空惊动举旗。桥梁渡口，河公水官，神堂古庙，神姑娘娘，当方土地，把关将军，各路神仙，开壶出现：一樽，二樽，三樽，一别。礼不再拜，酒不再斟；还有金钱纸马，一并火化；后有高冠笼鸡一只，对轿另祭。今居江南安徽省芜湖县某某乡某某村居某某，信士弟子某某，迎娶某某为妻。今年今月即日。不敢久留圣驾，一举速退。他方有请，有堂则归堂，有庙则归庙，无堂无庙各归龙宫宝殿。"

最后，众人一起转身朝向新郎新娘，唱出恭喜歌："轿神已别万事吉！伉俪情深创家业，五子全登科，富贵荣华双双列！"

乡民乾坤大，神灵心中藏。从歌词结尾可以看出，退轿神寄托着红杨人的美好愿望，可谓虔诚福慧自占尽，鸳鸯修到做神仙！

一年四祭

祭祀文化是我国传统文化的重要组成部分，纷繁浩杂，底蕴精深。按照祭祀的主体，祭祀有官方和民间两类。民间祭祀又有团体祭祀和家庭祭祀两种，区别在于前者针对的是得道成仙的一方大神，后者主要针对自家祖先以及灶神、山神、土地神等与百姓日常生活相关的小神。

当今，红杨的家庭祭祀以祭祖为主，但各村的祭祀时间、地点、方式不尽相同，很难一一赘述。唯有岁末腊月二十三过小年祭灶王是共同的习俗，就是这个日子也是在"北三南四""官三民四"的基础上达成的统一。

相对灶王爷在人间的受欢迎度，土地公公、山神的日子就难过多了，过去深山大川的山神庙、田间地头的土地庙现在很少见到。而先人们在子孙日子红火之后，也跟着沾了很多光。

祭奠祖先的场所、祭品、方式、次数因地域不同而异，可谓各地各乡风，但有一个共同点：按照传统祭祀文化的要求，每次祭祖时都应该宣读祭文，可是这项内容现在已被省去。当然，省去这项内容的人们自有道理，祭祖本来就是一个形式，活人做给活人看的，表示的是一种纪念和精神寄托，只要心意到了就可以了，祖宗不会太计较内容的详略。红杨人就是这么认为的。在清明、七月半、冬至、除夕四次祭祀祖先的活动中，内容上既有对老规矩的传承，也有新时期的改革。

清明飘钱

清明节是中国两千多年来民间祭祀的传统节日，需要到亲人坟前表达哀思。

清明祭祀根据活动的内容有不同的称谓，有的叫上坟，有的叫扫墓。红杨人清明祭祀时，一般都会带上挖锹、砍刀和折来的几枝嫩柳，拎起一只大竹篮，里面放有一碟豆腐、一碟鱼等酒食果蔬，以及纸钱、鞭炮等。

豆腐和鱼之所以成为必备贡品，蕴含着红杨人的期盼：请求祖先保佑后代人人"都富"，"年年有余"。纸钱分为焚化的和挂坟头的两种。焚化的纸钱主要是冥币和裁剪成大小一致的黄表纸，这些都可以买到，先人也不会见怪。那挂坟头的就需要亲自动手剪出来了，不要以为凡事都可以请人代劳，此纸钱非彼纸钱，那是先人拿去造房子垫墙角用的，没有亲人的味道，他们是不会接受的，挂了也白挂。

祭拜时，将贡品放在亲人墓前，点燃纸钱，斟满三小杯酒洒在坟周，然后用挖锹为坟墓培上新土，修整墓身。坟有"葬坟"和"丘坟"两种："葬坟"就是土垒的坟包，"丘坟"则是用砖瓦将坟墓砌盖成房子形状。丘坟一般不需要修整，打扫打扫即可。葬坟因为系土堆成，长年累月，长满了杂树野草，需要连根清除，还要挖出两块一大一小，五寸左右厚，并带有草皮的圆形土块，将有土的一面合在一起盖在坟头，如同一顶清朝的官帽，这帽子戴上了坟头，"添土圆坟"方告一段落。

修整坟墓后，在坟头插上芝麻秆，挂出用白纸剪成的钱串。芝麻秆上挂出花朵一样的纸钱，寓意"芝麻开花节节高"。一阵清风吹过，纸钱飘飘荡荡，在荒野处告知人们一个孝道："有儿坟上飘白纸，无儿坟上草树青"。所以，红杨人认为，一座坟头，清明有纸钱在飘，是一个家族后继有人的标志。纸钱飘得越多，说明墓主家族人丁越旺。若坟头空空荡荡，啥也没有，那就悲哀了，后人断根绝代，逝者已成孤魂野鬼也！

祭拜、圆坟、飘钱，最后放鞭炮，这一切都在静默无声中进行，是为"闷声大发财"。而叩头时则要口中念念有词，先人不会白白享受供奉，他们会保佑全家平安，孩子学业进步，大人升官发财。

所有程序结束，大人再领着孩子——指认坟内的死者身份，教育后人不可数典忘祖。祖宗祭完了，返程或踏青可随意，但在进家门之前，需折柳冠顶，否则会被人笑作"清明一次不戴柳，来世就要变黄狗"。

"清明时节雨纷纷，路上行人欲断魂"。除非万不得已，很多身在外地的人都会在清明节期间赶回老家"飘钱"，有的在清明前三天，有的在清明当日，也有的在清明后七天，只要合乎"前三后七"，都不算违规。

正如有人说，祭祀只是一种寄托对先人的哀思，缅怀先人音容笑貌的一种形式，甚至是心灵深处赎过的表现。再长的鞭炮，再多的纸钱，再隆重的仪式也唤不回亲人，人死了，这些都是虚无缥缈的东西。所以，活人做给活人看才有意义，长辈们需要的是在世时的尽孝，哪怕只是喂一口饭，洗一把脸，梳一次头，说一次心里话，都会像暖流一样流过彼此的心田。与其"白烛泪，纸钱飞，点点滴滴化尘灰"，不如"长相伴，共茶饭，时时刻刻孝为上"！

七月半拿饭

传说农历七月十五这天，地府鬼门大开，众鬼魂会被放风在人世间逗留几天，享受阳间子孙们的供奉。此日即为鬼节，家家户户都要祭祖，红杨人也不例外。祭祀方式就是白天在家里摆上一桌丰盛的酒宴，同时焚化一些钱纸。这种方式称作"拿饭"，意为拿出酒饭孝敬祖先。七月正是农忙时节，尤其是过去的"双抢"（指抢收、抢种），很多人都累得人瘦毛长，脸如黑炭，吃一些新鲜的酒菜来补充营养增加体力，无论从哪方面讲都能说得过去，何况还能挂个祭祖之名。所以，祖宗"享用"过后，再把酒菜端回灶屋重新加工加工，一顿饕餮大餐走进肠胃，由此，"拿饭"又被戏称为"明为祭祖，实为活人加餐"。

红杨农家房屋多为江南民宅的典型代表，坐北朝南，正对大门的墙壁下方有一长条案桌，称作"书几"。书几下方摆有一张四四方方的八仙桌。民间以竖为阳，以横为阴，阳对人，阴对鬼。所以拿饭前，事先要将八仙桌移位，将桌面的纹路由竖改为横。

桌子移位后，在书几上点蜡上香。蜡烛是古人用来照明的，鬼魂见

民俗纷呈

到烛光，就能看清回家的路。不过，这蜡烛不能瞎点，颜色一定要有所区分，要根据先人去世的时间长短来选择。拿饭时若先人过世不久，须用白色蜡烛，方能表示对死者的尊重和悼念。白色代表着纯洁和凄清，同葬礼上披戴白色孝帽、举白色幡旗一个道理。若先人已经过世多年，则须用红色蜡烛。民间传说，人死只是肉体消失，灵魂并未散去。过了多年，活人死人都已释怀，说不定死者早就投胎转世到更好的人家了，何不来点红通通的生气，寄托一种新的希望？上香，则是因为民间传说鬼魂喜以香为食。所谓"人为一口气，佛为一炷香"，鬼魂也食香，概是所有不食人间烟火的灵异都以香为美食吧。

　　拿饭时，八仙桌的下方是没有凳子的，要空出一方座位方便祖宗进出。碗筷、酒水、酒杯、菜肴按照三的倍数摆放。筷子需要将头部朝里，方便祖宗顺手"夹菜"。碗筷、酒菜等摆好后，再添六小碗饭上桌。此时的添饭叫做"抛饭"。首先将米饭盛到碗里，一手扶着碗边，一手托住碗底，抖动手腕将米饭抛向空中翻转过来再接住，饭团就如同圆球一般。若一次没抛圆，需再抛，直至成圆。祭祀时，万事讲究吉利，米饭呈圆形象征圆满，祖宗也会高兴，从而加倍保佑后人。

　　所有准备工作就绪，开始恭请祖宗前来就餐。所谓酒过三巡菜过五味，先后要斟三杯酒水洒在地上。待祖宗"酒足饭饱"之后，再焚烧纸钱以供其在阴间消费，最后燃放鞭炮恭送出门。祖宗伺候好了，野鬼也不能不管，还要"撒野饭"。每样菜里夹出一小块，再抛一小碗米饭，带一匝纸钱到野外，给那些没有后人的孤魂野鬼享用，防止它们心生嫉恨前来捣乱。

　　至此，拿饭程序全部结束，收拾碗筷，桌子回位，酒菜加工，活人加餐开始。

冬至备衣屋

　　冬至，一年当中白昼最短黑夜最长的日子，不仅与寒冷有关，在红杨人看来，更与失去亲人的伤痛有关。因此冬至，要去亲人的坟前祭拜。

与清明、七月半不同，冬至祭祀时，红杨人首先考虑的是天气寒冷对逝者带来的困窘，祭奠的方式以扎造并焚化纸衣纸屋为主。可能是女子对父母在嘘寒问暖方面比男人细心的缘故，逝者若有女儿，这份差事自然落到她（们）的头上；没有女儿的，侄女或在世的姐姐妹妹也会主动承担起这项任务。

因为纸衣纸屋，需要提前准备订购，所以这种祭祀方式又叫"备衣""备屋"。每年冬至前几天直到冬至，销售祭祀用品的店铺生意都会很火爆。随着生活水平的不断提高，已经没有人在乎为死人多花几个钱。

纸箱内的冬衣都是单数计，三五七九不等。纸屋也叫"灵屋"，现多为两层以上的"楼房"结构。有的还在"屋"内"安排"了丫鬟、用人、厨子等服务人员，期盼先人在地下可以享受老爷般的生活。

纸衣、灵屋都备齐了，贴上封条，条文曰："阳上孝男（女）XXX瑶坛命工织就冬衣X件X箱寄地府有名亡魂X公（女）XX收执。"印鉴为"灵宝大法司"。灵屋封条书写的内容相对较多，曰："修阴此冥，祭奠生方，普荐存亡，投文阳上孝男（女）XXX瑶坛命工建造灵屋一堂，上下X层共X间，命车夫力士押送夯抬，送东岳泰山仁圣大帝台前，转地府十王殿下有名亡魂X公（女）XX收执。"同样盖上"灵宝大法司"的印鉴。看过《封神演义》的人都知道，东岳泰山仁圣大帝就是黄飞虎，死后被姜子牙封为专管人间祭祀的一方大神，道场设在泰山。而灵宝大法司则是负责祭祀的一个神界机构。十王殿指的就是阴曹地府，因为阎王共有十名，又称为十王殿。凡此种种皆为民间传说，也算是对所有祭祀事物的来龙去脉有个交代。

衣屋可以一同焚化，但要逝者的亲人手持一把火叉在地上画一个圆圈，将纸衣、灵屋放置于圆圈中心，点燃后，用火叉按住灵屋顶端，使其在燃烧的过程中垂直下降，这样灵屋到了阴间就不会倾斜。火叉因长年累月在灶膛的火堆里锻炼，阳火旺盛，孤魂野鬼便不敢前来抢夺。

墓前，冥币、纸衣、灵屋在火苗的跳跃闪动中渐渐化为灰烬，一阵山风吹过，四处飞扬飘荡……去了，去了，一切都去了。生者也该回去了，生死两茫茫也好，无处话凄凉也罢，该去的总会去的。当然，该来的一定会来的，因为冬至到了，年的味道也渐浓，大年三十再"拿饭"祭奠先人。

除夕供奉年夜饭

红杨人在除夕有一个习惯，那就是祖宗先吃，活人后吃。谢天地、接回灶神之后，将年夜饭的酒菜端上桌，按照七月半拿饭的模式恭请祖宗就位，先行享用。

除夕祭祖程序有先后，不可颠倒。恭请祖宗进门后，不能立即燃放鞭炮，也不可马上就焚烧纸钱、纸马、元宝等祭品。年夜饭要慢慢吃，祖宗也一样，要等上一段时间，待祖宗吃饱喝足，在香火燃尽后才能烧纸钱等，烧完再燃放鞭炮。如果祖宗刚进门纸钱就烧起来，鞭炮就响起来，这会让祖宗不高兴，供了也白供。祖宗在享用祭品时没有时间收钱财，顾了收钱又吃不好，刚一伸手拿钱又被鞭炮给炸得吓跑了，结果是吃也没吃好，喝又没喝好，钱也没拿着，你说祖宗恼不恼?!

等祖宗吃过后，纸钱烧完，鞭炮放结束，由家中年龄最长、辈分最高者领队，后面按辈分大小依次排序，一干人马呼啦啦跪倒在八仙桌前，挨个叩头作揖。领头的老者还有任务，要念祖宗恩德，要向祖宗交待，和祖宗交流，向祖宗祈福，祈求保佑孩子们万事如意，最后恭送祖宗出门。祭祀好了祖宗，桌子恢复原位，一家人就可以开开心心地吃团圆饭了。

清明飘钱，虽有缅怀逝者的忧伤，但满目皆绿、生机无限的氛围还是给人们提供了一个释放心情的机会，逝者安息、生者奋发之感还是会油然而生。七月半，在这个号称鬼节的日子里，伤痛的心情会被抢收抢种、一派忙碌的景象冲淡许多。除夕供奉年夜饭，喜庆的年味多少都会减轻人们的思亲之痛。唯有冬至祭祀最令人伤感，逝者的坟旁枯草丛生，一阵肃杀的寒风吹过，满目萧条凄冷。想到自己的亲人就在这乱石腐土中埋骨，近在咫尺却阴阳相隔，悲痛之情难以抑制。

"去秋三五月，今秋还照梁。今春兰蕙草，来春复吐芳……"红杨一年有四祭，祭祭都是江南红豆相思苦，祭祭都是盼望花开一忆君啊！

｜ 秧田粑粑开秧门

开秧门不是个新鲜事，全国各地都有，但知晓其内涵的人并不多。民俗多源自劳动生产。拔秧、插秧是个技术活，内行人拔秧时，把秧苗握在左手，拇指一拨拉，秧把子就像纸扇一样，根部交叉，头部舒展，完了用缚秧草一扎，秧苗上下就会开出一个个小口来，像一扇扇小门，这便是人们所说的"秧门"，拔第一把秧就叫"开秧门"。如此，栽秧时分离苗棵就容易多了，右手很方便地接过来，插得又快又均匀。而生手拔秧是开不了秧门的，秧把子乱糟糟地捆作一团，栽的时候分秧很费劲。所以，红杨人开秧门专指拔秧还是有道理的。

开秧门的时间不固定，凡是年后首次拔秧都可以叫开秧门，不过田主第一次下田的位置是有讲究的。为了不在"太岁头上动土"，事先要查一查老皇历，明确当年太岁所处方位，从反方向进入秧田拔起第一棵秧苗。下脚顺序为先左后右，民间有左顺右反之说，从左到右象征事事顺利。

为了祈求神灵保佑五谷丰登、风调雨顺，红杨农家在开秧门这天都要举行一个祭拜仪式，供奉"秧田菩萨"，即农耕鼻祖神农氏，这和其他地区祭拜一方小神土地公公有所不同。主要供品就更有地域特色了，是用发芽的稻种做成的"秧田粑粑"。清明节前后浸泡稻种催芽，留下十几斤发芽的稻子做粑粑，所以秧田粑粑也叫芽稤粑粑。

秧田粑粑可谓一道传统美食，但做起来有些麻烦。用石磨初次去壳，这与带水磨米粉、磨豆浆不同，是干磨，磨出来的是稻壳、米粒和碎米的混合物。先用簸箕簸掉大部分稻壳，再用不同型号的筛子一层层地筛出米粒，最后再加水重新磨成潮湿的米粉，搓捏成圆圆的粑粑上蒸笼或用香油煎熟，加不加馅则依各人口味。也有的人家喜欢煮饭时贴在锅边，米饭好了，粑粑也就烤熟了，其中一面还结起厚厚的硬壳，嚼起来非常香。发了芽的稻米含有较多糖分，因此秧田粑粑既香又甜，很爽口。同时它还是个时令性食物，只要有人开始做秧田粑粑，人们就知道，要栽秧了。

拔秧、插秧是大忙，为便于互相帮忙，很多人家便相约排定开秧门的日子。一旦日期定下来，先在田埂上搭建一个简易的神龛，摆上秧田菩萨的画像，放三个秧田粑粑和其他供品，焚纸烧香，三叩九拜，最后燃放鞭炮恭送菩萨归位。

主人家首次下秧田须轻手轻脚，不能弄出较大的水声。说是水响大了，神农会认为拔秧人摔倒，就会过来搀扶。菩萨心肠很好但是力量太大，这一"搀"，就将拔秧人的手腕搀得又肿又粗，好久都干不了农活。

插秧环节也有讲究。秧把子按顺序抛到水田里，叫做"抛秧"，这时最忌讳抛到插秧人身上，要是被秧把子打中，就是"遭了秧（殃）"。遇到这种情况，主人家赶紧说出一大堆吉利话，念叨着请秧田菩萨消灾去祸。

一块田的秧插完后，几名插秧人开始揪住田主，分别抓一把烂泥往其身上糊，称做"糊仓"，是一种祝福主人家粮食满仓的仪式。主人假装逃跑，大家追赶，最后"无奈"地被捉住，身上涂满烂泥。一时间，田间欢声笑语一片。

开秧门这天，主家的中晚餐伙食都很丰盛。秧田粑粑是主食，菜有鸡鸭鱼肉等八大碗。拔秧、插秧都是辛苦的农活，当然要盛情款待前来帮忙的人。一天共吃四餐，干到下午三四点钟时，大家都有些饿了，此时主妇会挑来两只大筐，装有一大撂秧田粑粑、一大罐子"五香蛋"和几盆菜肴酒水，插秧人就坐在田埂上开吃，喜欢搞一杯的也可以小酌一下，称作"吃接力"。

插秧机发明之前，秧门一开，就有的忙了，尤其是田亩较多的人家，天不亮就要下田拔秧。俗语有云："十年难学个种田佬。"这拔秧也是有学问的，双手须贴着地面，否则会将秧苗扯断，还得几根几根地拔，一抓一大把，不但容易弄断秧苗，根部的淤泥也不易洗净。清洗淤泥必须垂直上下，放倒了洗也容易折断秧苗。春寒料峭，有时还有倒春寒，开秧门时水温还很低，拔秧人常常冻得双手通红，不过比夏天拔秧略微好点，起码没有蚊子叮蚂蟥咬。

插秧更是一门技术活。记得我刚学插秧时，父母首先教我如何分秧。老手开了"门"的秧棵好分，要是不走运，抛在身边的正好是一把生手拔的秧，那就受罪了，撕扯半天都分不开，插秧速度自然大打折扣。

插秧，倒退才是前进，按照六棵一行，胯下两棵、左右各两棵依次插入，边插边往后退。力道要掌握好，须插得不深不浅，插深了，用力过大秧苗就容易折断，插浅了，一阵风吹来又飘出了水面。

说起来容易做起来难，生手插秧速度很慢，六棵秧苗始终摆不均匀，不是这边宽了，就是那边窄了，插得既不整齐又很吃力，隔不了几分钟就要伸伸懒腰。速度一慢便被两边的人追上来夹在中间，俗称"关鸡笼"，手忙脚乱之下只好交换位置，称作"让趟"。过去农家的孩子没有现在这么金贵，不仅所有农活都要参与，干得不好还会挨骂。我初期插秧就因多次让趟被讥讽为笨驴，无奈之下，只好向高手们请教。

为了使秧苗插得整齐均匀，事先需要拉线。齐整的水田拉线相对简单，但有些田块并不规则，尤其是山区的农田大多七弯八拐，很难拉线定格，不过没关系，经验丰富的插秧师可以大显身手。要说高手在民间一点都不假，再奇形怪状的水田，秧师们都可以把秧插得笔直。

记忆中，秧师大多是尚未成家的年轻人，除了头脑聪明之外，手脚灵活、体力充沛也是主要因素。而能称得上秧师，绝对是农家子弟的殊荣。在那刨土为食的年代，有一手插秧绝活，不仅处处受人尊敬，终身大事也顺当了不少，有姑娘的人家，早就盯上了。年轻的女秧师就更吃香了，门槛也不知被媒婆们踩平了多少回。所以，少年时代的我，最崇拜、最羡慕的人莫过于秧师。

多请教还是能取得真经的，经过多名高手的指点，我终于明白，插秧时，两只脚不能分得太开，须始终保持平行，脚步往后退直了，秧也就插齐了，要想插得快，只有一个办法，勤加练习。秧师，就是这么练成的。

"布谷声声劝早耕，春锄扑扑趁初晴。"开秧门的日子里，常有布谷鸟"嘎咕嘎咕"的叫声，听起来很像"哥哥哥哥，拔苗插禾"，这鸟儿的名字也是来源于此。鸟都在催生产了，哪能不抓紧呢？

昔日农村，开秧门是大忙和辛苦的开始。如今，随着机械化的普及，面朝黄土背朝天、低头弯腰载秧苗的日子一去不复返了，但民间开秧门的习俗还一直在传承，红杨乡下吃秧田粑粑的习惯也一直不变，至今还有"秧田粑粑开秧门"一说。有的地方还在这段时期专门举行开秧门仪式，举办手工插秧技能大赛，成为传递春耕秋收的农事信息和农家生活体验的旅游项目。用一句时髦的词语来形容，这也是对几千年农业生产的不忘初心吧。

那么，对我来说，常忆秧田粑粑开秧门，应该也是一种不忘初心了。

上梁大吉

各地各乡风，上梁并非红杨独有，但各有其特色，各有其讲究。

在农村，传宗接代是人生头等大事。筑巢才能引凤，安居才能乐业，恐怕没有哪个姑娘愿意和一个脚下无寸土、头上无片瓦的人过日子，盖房自然成了娶妻生子的先决条件。房子大小、高低、结构、用材因家境不同而存在差异，但事先的地基选择、房子的朝向以及开工前的

"动土"（奠基）、"上梁"等程序却关乎凶吉，须认真对待，精心准备，尤其是上梁，更要搞得隆重而又喜庆。

过去，无论是土墙草屋还是砖木瓦房，多为尖顶结构，必有一道木质大梁支撑屋面，既是分水岭又是承重柱。文人总能应物造词，"栋梁之材"原本指的就是房屋大梁，"挑大梁"的最初含义也是突出屋梁的作用。

屋梁不只一根，还有和大梁平行的檩子，俗称"横条"，一般为八根，加上大梁，两边由下往上数都是五根，总共为九根。"九五之尊"在这里还是突出大梁的作用，两边数出来的数字相加又是十，自有八九不离十之意，意为大梁架好之后，房子也就盖得差不多了。

过去的木匠做手艺很讲究，木材之间的联结都要做出"榫头"。榫头有公母之分，母榫就是在木材上凿出或圆或方的孔，公榫就是在另一根木材上做出楔头，分别涂上白乳胶，插进去严丝合缝，牢固又美观。如今的木工基本不做榫头，扑哧扑哧一顿枪钉打进去，虽然方便快捷，但结实程度和技术含量却差了很多。

平行排列并垂直联结每根屋梁之间的木条是"椽子"。大梁和横条依次架好后，将椽子公榫和屋梁等距离的母榫连在一起，屋顶框架就搭成了。

上梁就是将房屋的大梁架上两端墙顶。"上梁不正下梁歪"，大梁必须够粗、够长、够直。为了能选出合格的大梁，主家往往带着木匠跑好几趟木材市场，即便如此，也不一定能买到中意的，索性就到山上去"偷梁"，高大笔直的杉木成了首选。正常情况下，别人家的木材肯定不能偷伐，但红杨人对这种偷盗却有睁只眼闭只眼的习惯，即使被现场逮到，也不会发生什么过节，偷梁者拿出一对糕，主家讨了个高高在上的吉兆，也就一笑了之，除非双方真的结过什么"梁子"。

确定了栋梁，接下来就要"动梁"，也叫"壮梁"，非黄道吉日不可行。屋主事先封一个小红包，恭请木匠师傅动斧，称作"墨礼"。师傅收下红包后，开始量定尺寸，削掉树皮，用墨斗打出墨线，锯掉多余的部分，两头做出榫头，梁材就"出"来了。

出梁之后是"开梁窗"，在大梁正中心凿出一个小方孔，封入茶叶米。梁窗谐音"粮仓"，意思是为屋主打开了粮仓，以后家里粮食可以堆到屋梁那么高。

开了梁窗就要"披梁袍"。用红布包一双筷子、一支毛笔、一方砚台、一本当年的历书，用黄丝线拴在梁的正中心，钉上一个金色莲花图案，图案两端再钉几枚铜钱。其中含义很多：一双筷子意为双喜临门；毛笔和砚台预示屋主的后代通文懂墨；黄丝线拴梁暗喻金龙盘柱，家门兴旺，能出大人物；莲花是佛教的象征，金莲表示日后自有佛祖护佑；铜钱也是表示屋主将来家财万贯，钱币码至屋梁高；历书则用来记录房屋的建造年代。

披梁袍时，木匠师傅边干活边念叨："大红绸子长又长，鲁班弟子包栋梁，栋梁本是青龙身，虎踞龙盘是华堂……"此时和屋主关系比较近的亲朋好友都买来一匹红布系在梁上，称作"披红挂彩"，红布系得越多，说明屋主人人缘越好。

梁袍加身后，屋主宰杀一只大公鸡，木匠师傅在图案上抹几滴鸡血，叫做"镇倒星"，说是上梁的时候会有"倒架鬼"前来作乱，鸡血将会引来管住那鬼东西的神灵。虽有迷信色彩，但也是对一切顺当的期盼。同时，"雄鸡"谐音"雄起"，从此家业中兴。

大梁、横条、椽子全部完工了，开始确定上梁的时辰，不仅要明确吉日，还要确定吉时，准确到何年何月何日几时整。请风水先生当然要花钱，研究过皇历的老学究开始吃香了，接过递来的茶杯，掰着指头，摇头晃脑地很快算出良辰吉时。屋主随后对外宣布，下请帖通知亲朋好友前来观礼，预备流水席款待工匠答谢亲朋。宴席必须在尚未完工的新屋内举办，叫做"进屋酒"。若是遇到下雨天，则在屋梁上搭起塑料布或油毛毡。收到请帖的人家都会送上一个红包随礼。

良辰吉时一到，上梁开始。在大梁两端各挂两块红绿布，由四名年轻的木瓦工两人一头抬起大梁，分别踏着两架梯子向屋顶上爬去。抬梁上梯时，一般是一头先上，使之有一定的倾斜度。农村房屋大多坐北朝南，东西方向对应的分别是"青龙"和"白虎"，按照传统，"白虎"要略低于"青龙"，所以东边抬梁的要先上梯。也有的人家喜欢大梁平平稳稳往上抬，此时"青龙"和"白虎"就平起平坐了。上梁时要是下一点雨，屋主会非常高兴，淋雨意为"得水"，号称"良（梁）辰吉时天下雨，将来生活好富裕"。

大梁上升时，抬梁的、安梁的都要唱《上梁歌》。一边唱"左脚跨过千年梁"，一边回应"右脚跨过万年基"，合唱"千年梁来万年基，子孙满堂好福气"。接着，大梁每往上移动一截，都有相应的唱词，围观的人也跟着应和："步步高升今日升啊！""今日升啊！""吉星高照明天照啊！""明天照啊！"

主持上梁仪式的必是两名老木匠，事先分别站在墙顶两端，腰扎红布条，别一把斧头，待大梁抬到跟前，伸手接过慢慢移至墙顶，再用一些水泥砂浆将其固定好。屋下顿时鞭炮齐鸣，木匠师傅开始把早已准备好的糖果、花生、点了红绿的小包子，以及涂了红的八角形福禄锤往下撒，这便是"撒梁糖"，又称"抛梁"。糖果、点心、福禄锤纷纷落下，地面人头攒动，哄抢不止。师傅有时为了逗乐子，时而抛向左边，时而抛向右边，抢梁糖的人群跟着忽东忽西地欢呼雀跃。屋主也开始四下递着香烟，一脸的喜悦之情。撒梁糖有"天上财源滚滚下，人间至善是东家"之意，抢的人越多屋主越高兴。大梁安放好后，木匠师傅还要骑在上面继续唱一阵才结束。讲究的人家此时还会摆起香案，挂起一幅"青龙扶玉柱，白虎架金梁"的对联，家主跪地叩头，神情严肃虔诚。

抛梁结束，所有人员退出新屋，让太阳照一照大梁，叫做晒梁。"晒梁、晒梁，大梁闪金光，银子满稻仓"，若是雨天，照淋不误，"得水即得财，富贵年年来"，怎么着都好。可喜可贺的大事，用什么来庆祝？开吃进屋酒！

光阴似箭、日月如梭，随着社会的进步和城市化步伐的加快，很多村民搬进了公寓式住宅，即便自建房屋，也是在规划许可范围内建起的平顶楼房。屋顶不是预制板就是混凝土，尖顶老宅几乎成了文物。屋梁已经退出舞台，上梁仪式渐渐远去，不过类似的庆典依然存在，"上梁大吉"改为"封顶大吉"，包括政府的办公楼、企业厂房也是如此，封顶时都会举行一个庆祝仪式，红绸猎猎、彩旗飘飘。

经历过上梁场面的人们如今谈论起来或多或少都有些留恋和不舍，除了对岁月逝去的伤感外，也有对过去上梁、偷梁、吃进屋酒时邻里之间融洽关系的怀念。

绕梁的余音，远去的乡愁啊！

冬至酿来米酒甜

"卖甜酒啊，卖甜酒哎……"这熟悉的叫卖声，如今一年四季都可以听得到。

甜酒又称米酒、酒酿子、醪[láo]糟，用糯米加酒曲酿成，全国绝大多数地方都有生产，可以说，凡是出产糯米的地方，都有米酒产出。

香浓味美、甘甜可口的米酒深受人们喜爱，同时还是不可多得的补品，药用价值也很高。寒冷的冬天，将熬熟的红枣、枸杞放入米酒加热，喝下去五脏六腑都是暖烘烘的，健脾开胃，补气养血，尤其对关节有好处。在我的老家红杨，哪家媳妇生产了，婆婆必烧一碗米酒加鸡蛋给她吃，说是可以下奶。米酒能不能下奶我不得而知，但有两个现象颇有趣。凡是经常吃米酒的产妇，婴儿的脸蛋始终红润润的，闻到米酒就会咧着小嘴笑；笑的还有爱美的女士们，不知谁发现，常食酒酿鸡蛋可以丰胸，米酒加蜂蜜调制后敷在脸上便可以嫩化肌肤，于是，一个个趋之若鹜，乐此不疲。

随着生活水平的不断改善，如今不论春夏秋冬，人们都可以随时喝到米酒，但在没有电冰箱的过去，农村人只有在每年冬至后的腊月才有机会享用。一来平时农事繁忙，没有时间做米酒，二来热天做出的米酒也不易保存。

酿米酒在红杨称作"做酒"。一个"做"字，蕴含着许多的辛苦和一定的技术。首先得有酒曲，过去生活拮据，每一分钱都要计算着花，酒曲一般舍不得买，都是自制。

祖母在世的时候，每年八月间都要到房前屋后砍一些叫做辣蓼草的野蒿做出当年的新酒曲。辣蓼草系一年生草本植物，生于近水草地，或流水沟中，或阴湿处，生命力较强，夏日太阳暴晒后会发出刺鼻的辛辣味。村民除了用它来做酒曲外，一般都是砍掉当柴火。在红杨的乡下，有句俗话叫"八十岁奶奶砍蓼蒿，一天不死一天还要烧"，这蓼蒿说的就是辣蓼草。

祖母砍回辣蓼草后，摘取上部带白色的嫩茎叶，然后洗净、晾干、切碎。再选取一两斤大米用温水泡个几十分钟，滤干水，倒进擂钵（小石臼）里边舂边过筛，筛出的粗粒再倒进擂钵里舂，循环往复，直至大米全部成为粉末，再将切碎的辣蓼草叶和米粉拌在一起，加入几粒往年剩下的陈酒曲舂碎、舂烂、舂匀，搓成一颗颗小丸子放到筛子里，轻轻团动，再盖上较厚的干净毛巾。经过一天一夜的发酵，揭开毛巾时，每个小丸子都长了一层细细的白色绒毛。闻一闻，如果有香味发出，表明新酒曲已成功制出。最后一道工序是晒曲，很关键，也很讲究。开始的2~3天每日晒半天，再阴干半天，以后整天晒，连续一个星期左右。晒干的酒曲用针线穿起来挂在墙壁上，保持通风干燥。

过了冬至，祖母开始泡糯米。先用筛子仔细地筛出杂质，再淘洗干净浸泡。一般是头天下午泡米，第二天上午用一个叫"甑子"的小木桶将糯米蒸熟。其间不时拿出几粒糯米饭捏一捏，以便掌握火候。一旦蒸好了，马上熄火将糯米饭倒进事先准备好的几个大钵子里，用筷子挑拨散热，将饭粒松开。待温度降至不烫手时，加入少量凉开水搅拌。此时最需要注意的就是不能让饭粒沾到油，否则米酒会发酸。所以每次做酒前，祖母都要将灶台和蒸米的大铁锅反复洗刷干净。水也必须是凉开水，加入生水米酒也会发酸。

加水搅拌后，祖母按照十斤米一斤曲的比例撒上磨碎的酒曲粉，然后用锅铲的手柄在糯米饭的中央捣鼓一个圆圆的深孔，盖上钵子盖，再用厚棉絮裹严实，放进稻草堆里捂起来。至此，做酒程序基本结束。

一周以后，打开钵盖，就会看到糯米中央的小圆孔里有满满的米酒汁，饭粒漂浮，香气扑鼻。这期间祖母天天看守着几个大钵子，怕馋嘴的我们中途偷喝而弄坏了她的酒，并反复劝诫我们："别着急，等出酒了，有你们喝的。"也难怪我们馋，那时，饮料对农村孩子来说几乎是可望不可即的奢侈品，唯有甜甜的米酒才是最好的饮品。

出酒那天，祖母首先舀出两小碗递给早已迫不及待的我和哥哥："来，宝宝哎，喝一碗，慢一点，别呛着！"我们接过碗一饮而尽，很快一股暖流涌遍全身，脸也开始渐渐发烧，红得如同熟透了的苹果。祖父和父亲则用一块干净的白纱布过滤掉酒糟，兑上一些烧酒，留待除夕年夜饭时饮用，称之为"糙米酒"。酒糟也不会倒掉，这玩意用来腌制各种腊货都可以"糟"之，风味独特得"一团糟"。

别看米酒的度数不高，要是喝多了，醉起来比白酒还要厉害。记得有一年我和哥哥嘴馋，偷偷多喝了两三碗，一整天倒在床上昏昏沉沉，四肢无力，茶饭不思，当时把母亲都急哭出了声。自那以后，我们再也不敢多喝了。现在想来，少年时的不懂事给大人带来多少忧虑和担心。

祖母已去世多年，我们也有十几个年头没有喝过她老人家做出的米酒。虽然现在超市柜台里摆满了五花八门的米酒，平时也有人上门叫卖，却总喝不出祖母做出的那种口感。也难怪，有老人的慈爱，有亲人的味道，这样的米酒，纵是酒神也酿不出来。所以，如今每端起一碗米酒，祖母佝偻着驼背在灶屋里忙前忙后的身影便倒映在那清清的酒水中，我的眼眶也就不禁潮湿起来，酒未入口泪先流！

时光荏苒，冬至又至。按照过去的习惯，老家又到了忙着做米酒的时节，但村民已陆陆续续搬进公寓式住宅。青年人大多外出打工，留守的老人儿童屈指可数。那种甑子冒热气、米酒户户香的场景已经远去，我们对家乡的米酒也只能在记忆中流连。幸有少数放不下传统手艺的老年人，仍在冬至时节传承着这份现代人看来略显神秘的酿酒活，儿孙们也都非常喜欢。此时的米酒，承载的便是浓浓的亲情。因而，有人说："家里的米酒味道就是正宗，不像外面卖的酒有时还掺水，价格贵而且味道还不好。"

的确，自家亲人做出的米酒，一碗碗酒，一份份情，无论何时何地，总是那样的甜……

┃ 红杨年味

每年进入腊月之后，红杨的年味便越来越浓，尤其是西河古镇，一年一度的"年货节"拉开序幕。狭长的老街上，车水马龙，人山人海。家家张灯，户户结彩，平时不怎么出摊的商贩们也早早在大街两旁摆满了过年的商品，有铺地而放的春联，有大大小小的中国结，有各种各样的烟花爆竹，有琳琅满目的糖果糕点，等等。菜市场里更是热闹非凡，卖菜的小贩不停地吆喝着菜名，买菜的不停地讨价还价。走在街上置办年货的男女老少们，一个个衣着光鲜，喜气洋洋。人们挎蓝提兜，在拥挤的街道上挤来挤去，有时一天要赶集两三趟。总之，不把春节期间需要的年货买齐是不会罢休的。因为，在这里可以买到各种需要的年货，可以尝到各种乡野美味……

新建的红杨集镇也是如此。年货如潮，人流如潮。"店外店"把宽敞的路面夹成了一条单行道；乡村陌上，私家车、摩托车、电动车，装载的除了年货还是年货，人们的话题也多是互相问问家里的孩子回不回来过年，什么时候到家，年货备得如何；银行大厅，坐满了等待存钱取款的人；服装店，试衣者对着镜子转来转去。

时代在变，年味也在变。杀年猪、熬糖稀、做糖、拓团子、磨豆腐，这些昔日的场景已经很少见到，菜场、超市都开到家门口了，什么都能买到。漂亮的宅屋、雪白的墙面不再需要童颜老翁、红兜胖娃、肥桃美鱼的年画了，装点的是名人字画。室内室外也要有几束鲜花、几个盆景才有过年的样子。

删繁就简的生活并不排斥传统文化。所以，灶王依然吃香，他老人家不能白享供奉，要"上天言好事，下界保平安"。"尘"与"陈"、"灰"与"晦"谐音，掸尘的除陈布新之意不言而喻。窗帘被褥"面子""里子"无需用米油过浆，交给洗衣机就行。卫生也可以请人代劳，专业的保洁公司肯定能搞得亮亮堂堂，新年气象十足，唯往年贴春联留下的糨糊点、胶布斑清理起来有些麻烦。

美食留了很多老年味。岁末腊月，鱼塘承包户们开始用网捐鱼了。一时间，抓鱼的、买鱼的、看热闹的人群挤满了塘埂。当鱼群摆打着尾巴鳞光闪闪地浮出水面时，喝彩欢呼声不断。不论买多买少，买大买小，都要选择一条斤把重、尺余长的鲶子做成"碗头鱼"，从年三十起一直摆到正月十五，意为"年年有余"。主妇们从《舌尖上的中国》学来一门新厨艺——做羊糕。寓意喜气洋洋、步步高升的羊糕，正是年夜饭中不二的佳肴。

滚龙灯、板龙灯、采茶灯、罗汉灯都在复兴，最多的要数跑马灯，"万马奔腾"是对一年事业欣欣向荣的期盼。"台上三分钟，台下十年功"，出灯之前是要练灯的。练灯期间常闻炸圆子的味道，伴以锣鼓，热闹非凡。

老话没错，"嫁不完的闺女，忙不完的年"，只有年底才能集中精力操办儿女的婚嫁。颠簸起伏的花轿、来来往往的车队平添一份喜庆色彩。

最该说一说的是"人类大迁徙"。"有钱无钱，回家过年"，为了生计在外奔波的农民工，哪怕步行也要赶到家，亲人正翘首以盼。一年在外的艰辛也好，收获也罢，只要回来吃个团圆饭，都是平安之报。于是，一个个背起大包小包、拎着行囊皮箱奔向车站、机场，顶风冒雪，排队购票。候车室内，待机厅里，人山人海，蔚为壮观。老家在附近城里的上班族，也开始搬东运西准备回乡下和父母团聚了，家门口的春运车一样人满为患。交警开始忙得团团转，一切为了平安，一切为了过年。

在红杨，年三十动刀是禁忌。"二十七八，杀鸡宰鸭"，处理干净后留待除夕上午烹饪。一切就绪，进澡堂的进澡堂，烧浴锅的烧浴锅，洗去一年的邋遢，换上干净的衣裳。

除夕上午，每人一碗老鸡汤先垫个底，贴好春联后开始忙着准备年夜饭。春联和横批都是按照从右到左的顺序，请"福"进门则另有讲究。正门庭上的"福"要倒着贴，意为福到门口了，室内需要正过来，"福"已走进家门。关于春联，有个约定俗成的习惯——"门对子上了墙，万事年后再商量。"欠债的人家就不用担心再有人上门讨债。

传承的还有年夜饭前祭祖，给孩子压岁钱。"先人"享用后才可以吃团圆饭，不论是耄耋老者，还是襁褓中的婴儿，都要上桌。除夕有"祟（岁）妖"找小孩子的麻烦，但此妖怕钱，孩子有了压岁钱便可压住"祟根"。叫"根"的还有锅巴，饭后，铲起一块锅巴吊在厨房顶，是为"饭根"，家中的粮食就永远有根。同时，在烧红的铁块上浇香醋，每个房间都要"打香头、除晦气"。该干的都干完了，喜欢搓两圈的男人们开始邀几位麻友挑灯夜战，女人们则煮起茶叶蛋，备好初一的早点和小菜。小孩子早在屋外燃起了烟花。

禁放之前，春节联欢晚会是很难看到头的，尤其是新年钟声倒数时，性急的人家等不到最后一秒就已经开了"财门"，炸起了爆竹，有的爆竹声音贼大，震得窗户玻璃沙沙响，那时打电话祝福是听不清的，只能靠短信和微信。不过，禁放虽是好事，却也淡化了一些年味。

尽管除夕是个不眠之夜，大年初一早上还是睡不了懒觉，要拜年了。小孩子睡得再沉，也得喊醒，给长辈拎几包礼物，孩子荷包里也多出了几张压岁钱。从年初二开始，亲朋之间相互拜年……

由此看来，红杨的年味也就是人情味，在年年岁岁、岁岁年年中一次又一次熏来熏去……

杀猪过年自有经

杀猪过年是全国通行的习俗，红杨自然有之。而关于杀年猪的文章，网上也有不少，实在难以写出新意，加上时间久远，记忆也很模糊，好在干过杀猪匠的父亲还不算太老，父子二人两杯小酒下肚，一个问，一个答，倒是可以把逝去的场景白描一番。

"师傅上门笑盈盈，开头要念杀猪经。辛苦把你养出栏，要你皮肉理应当。早归西天早交代，下世投个人中胎。"父亲说，这是他当年杀猪时必唱的"杀猪经"，尤其是杀年猪的时候。

进了腊月，乡下人开始忙着准备过年的一切。"大人望做田，小家伙盼过年"。我更开心，因为我知道，父亲在这个时节每天都要帮人杀猪，只要他用那根铁通条背起装满杀猪刀的篮子出门，晚上肯定有猪肉吃，还可以得到一只猪尿泡，吹足气就是可拍可抛的"篮球"。

那时请父亲杀年猪的大都是同村人，工钱给得不多，但主家晚上必会请我们吃一顿杀猪饭，最可口的要数那新鲜的"杀猪汤"：用猪肝、猪心、猪肺等猪下水和血旺、瘦肉一起炖制而成，也没有什么调料，就是加点盐、生姜、葱花而已，味道却是鲜美无比。过去，农家猪都是用米糠、山芋渣、酒糟喂大的，用今天的话来说就是"绿色猪""生态猪"，杀猪汤的味道还用说吗？

自父亲告别杀猪生涯后，我再也没有吃过那么可口的杀猪汤了。如今饭店里虽有这道菜，但我一直没有吃到记忆中的味道。当然，那时的杀猪汤也只有逢年过节才有机会吃到。所以，现在每到腊月，只要听到嗷嗷叫唤的猪声，不仅父亲要哼唱杀猪经，我也会想起那特有的年味。

杀猪不像宰鸡宰鸭那么简单，养了一年的肥猪至少有两三百斤重，垂死挣扎的气力非三五名壮汉不能降服。杀猪经也远远不止那几句，都是顺口溜，好听易记。"杀猪杀前胛，各有各杀法"，说的是刀功。一般比较大而肥的猪，都是从颈部进刀，小而瘦的则选择从耳后前肩胛处插进。由于杀年猪断不可补刀，所以不论哪种杀法，必须一次性要了猪命，甚至连刀把子都塞进去一大截。而尖刀一旦抽出来，猪血就像箭一般喷涌而出。这又有了几句杀猪经："猪血喷得高，红运当头照，东家杀猪过大年，风调雨顺好耕田。"

此外，猪内脏处理不干净肯定会人恶心，这又非杀猪匠亲自"打揽"不可。"轻运五指摘花油，快翻手腕抖猪粪"。摘猪油是细活中的细活，腹腔下的成块板油要顺手一点，粘在大小肠上的花油摘起来就麻烦了，要是不懂技巧扯通了肠子，猪粪就如同被高压气枪打出的子弹一般奔涌而出，既恶心又不吉利，主家的脸立刻拉成了马脸。那猪肠子是拎起来一大串，放下去一大摊，里面都是啥玩意就不用再说了。那玩意是靠手腕抖出来的，翻出一小截肠子口，抓起来对着粪桶抖动，很快，冒着热气的臭味熏得我们捂着鼻子往边上躲，但那玩意出来得慢，性急的杀猪匠往往边抖边用手捋，搞不好就把肠子捋破了。父亲自然没有过这种经历，但他徒弟闯过这样的祸。所以，父亲作为周边刀功好、会打揽的能人，这期间就自然受欢迎起来，主家都要提前预约排队，父亲则告知对方，提前一天不得再喂任何饲料，让猪排空拉尽，这样清理内脏就快捷多了。

杀猪经是父亲和他的徒弟们唱的，我自然没什么兴趣，不过，我心里也有一本因为杀年猪得来的经：就是在那生活相对拮据的年代，杀猪过年寄托着全家老小一年的希望，因为这天可以大快朵颐，让"草肚子"能有一次装满油荤的机会，哪管现场是否恐怖。看多了，场景也就记熟了。

每天天不亮，父亲就背着杀猪刀出了门，比父亲起得更早的是主家和前来帮忙的人，劈柴的、挑水的、烧锅的，都在忙前忙后，帮忙逮猪的也均严阵以待，只等父亲到场。

杀猪经不仅是顺口溜和屠宰技术，还是一种习俗。父亲上门后首先念叨几句恭喜主人的话，动刀之前再向四方拱手作揖，大意是自古就有杀猪这一行，非我独创杀戮，因为生计而恳请各位神灵宽恕。接着，赶到猪圈外对着哼哼哈哈的肥猪唱个喏，就是杀猪经开头那几句。

一切准备停当，父亲一声令下："开始！"几名壮汉高高挽起袖口，从猪圈里赶出肥猪，一人猛然抓住两条后腿，众人一拥而上，揪耳朵的揪耳朵，拽尾巴的拽尾巴，扯前腿的扯前腿，三下五除二把肥猪掀翻在地，接着喊一声"一、二、三！"七手八脚架到两条长凳上并牢牢摁住，凳腿上已系着两个打了活扣的麻绳，往猪后脚上一套，一人高声报告："中啦！"父亲抽完最后一口烟后，不慌不忙地口衔刀背，单膝紧紧抵住猪的后颈，左手抓住猪头上的鬃毛使劲往上拎，那肥猪就仰头暴露出了脖子。父亲从口中取下尖刀，对准猪的颈窝猛然斜斜地捅进猪的胸腔。主家赶紧将一个红包放进接猪血的盆子里，父亲在拔刀的那一刻顺手抄起放进嘴里咬住，这就是所谓的"封口费"，意为杀猪这件事只能做不能宣扬，虽然有些迷信，倒也为年味增添了不少色彩。

眼看猪血放得差不多了，父亲高喝一声："大家注意，要撑劲了！"提醒众人此时还不能松手，防止肥猪拼尽最后一口力气踹伤人，直到完全不能动弹了才抬下来。接着，父亲开始在猪的两个后蹄上各划开一个口子，用那根尽头像镶着奶嘴似的通条沿着口子推进去，翘动猪身翻过来搭过去，反复十余下，此为杀猪的"松皮"环节，也叫"通气路"，为的是便于褪毛。

所谓"死猪不怕开水烫"。众人把猪抬进一个盛满开水的大木盆里烫猪毛，边烫边给猪翻身，中途还要浇上添加的开水。十余分钟后，父亲开始带人褪猪毛。热雾腾腾中双手轮番上阵，很快便褪掉了长毛。

"长毛好拔，细毛难扫"。先要把猪身弄鼓，毛孔才能彻底张开，"吹猪"环节开始。父亲嘴唇贴着猪腿上的口子，鼓起腮帮拼命地吹气，边吹边用榔头敲打着猪身，那肥猪到后来就成了一个圆鼓鼓的"大气球"，再用红绳子将口子扎起来防止漏气。这样，扫毛刀扫起来就可以游刃有余了，但要留下一小撮鬃毛，因为后面要下"元宝头"拜各路神仙。年底了，要宰杀的牲口很多，白白净净的猪身不留下一撮鬃毛，害得神灵弄不清是啥玩意就不好了。

用扫毛刀把猪蹄壳子别下来，开始进入杀年猪的重头戏——"下元宝头"。让猪身四脚朝下趴在木盆上，主家对着猪头摆上香案，再在猪头上插一对红烛，作揖三次，鞭炮齐鸣后，众人跟着父亲高喝："大大猪头三，小小元宝王！今年仙家笑，来年步步高！"随后，父亲砍下猪头后捧至香案，交代主家，要过了午时方可拿下。那猪头眯缝着眼睛的神情，谈正衡老师曾有一个极其生动的比喻——"似要与人心叫板"。接下来，父亲用两只大铁钩将没了脑袋的猪身倒挂在一张木梯上，开膛剖肚，取出内脏。杀年猪事事讨吉兆，用梯子拦起猪身便是"节节向上、步步高升"之意。再后来，就全是父亲和徒弟们的活了，摘猪油、清猪胃、洗猪肠……

内脏清理完毕，用大砍刀将猪身一劈为二，叫做"砍边口"。按照杀猪经里的规矩，父亲除了得到猪毛、蹄壳和封口费外，还可以为自己割下一两斤肋条肉，用稻草筋串着往我手上一塞："走，送回家叫你妈腌起来。"其余的猪肉全部搬到案板上分割，叫做"批肉"。要是有人来买肉了，东家自会安排一个生意经，过秤、算账都不用父亲烦神，只管批肉便是。

这杀猪经念到现在，终于到了我们最想念的那本经了：在乡下，杀年猪有个约定俗成的习惯，关系不错的轮流做东，交流感情，增进友谊。用现在时髦的话来说，就是搭建了一个促进邻里之间感情交流的平台。

到了晚上，主家摆上几桌，打上自家酿制的糯米酒，请来父亲、帮忙的人们以及亲朋好友，这便是令人垂涎的"杀猪饭"。灶屋里，主妇早把那些不便腌制的猪下水和几刀好肉清洗干净，灶膛里柴火啪啪响，铁锅里开水咕咕地翻，另有几名帮忙的"大板奶""二板奶"（妯娌之间的称呼）忙着择菜、切菜、炒菜，很快香气四溢，十几碗用猪肉烹成的美味佳肴分别端出。众人开始推杯换盏，痛痛快快地大口吃肉，大碗喝酒，其间也必有一番"高谈阔论"，上至天文地理，下到趣事野闻，东家长、西家短，甚至把我们小孩赶走扯几句"妹妹钻草堆、哥哥翻墙头"的荤段子来，反正虚实没人较真，真假无人考证，图的是热闹，过的是嘴瘾，胡吹乱侃，哄笑不断……

此时，室外寒风凛冽，室内温暖如春，我们时不时弄出"啪"的一声鞭炮响，提醒着人们：要过年了……

｜ 做年糕

在年货欠缺的年月，红杨农家正月里招待亲朋时，能拿出手的零食主要就是四四方方的炒米糖、花生糖、芝麻糖，还有一些爆米花、米糖棍。岁末腊月，家家户户做年糖散发着传统的年味。

做糖之前先要熬出糖稀。山区水田少，旱地多，水稻产量不大，熬糖原料多用山芋，圩区则用大米。我是山区人，对如何用大米熬糖稀并不清楚，清楚的就是曾经的救命粮——山芋。这熬糖的山芋也是有选择的，粉红色、太过壮实的山芋淀粉含量过高，出糖量反而少。所以，每年山芋挖回家后，人们都会窖藏一些颜色有点青黄的用来熬糖稀。

开始做糖就意味着过年不远了，新衣服、压岁钱也从期盼渐渐成为现实，这段时间自然成为农村小孩子的快乐时光，但相应的辛苦也随之而来。"好炭炼好钢，好柴熬好糖"，松树根因油脂重、燃烧时间长成为最受欢迎的燃料。寒假期间，若无农活，孩子们都要到山上刨松树根。

用麦子发芽后产生的酶催糖，是流传已久的民间工艺。将装有小麦的竹匾放在灶台上，利用饭后锅灶的余热对麦子加温几天。待麦芽长到一寸左右，洒点清水用"擂钵"（小石臼）捣碎成浆，再用纱布包住挤出浆汁后，便可以着手熬糖了。

头一天，打开地窖掏出储藏了几个月的山芋，削掉皮和冻烂了的部分，洗净后切成碎块，大锅灶旁早已堆满了干柴，一切就绪只等干锅。

熬糖稀耗时较长，需要起早。很多主妇天不亮就起床煮山芋，村子

文化红杨

里四处飘溢着芋香。早饭后一家老小齐上阵。从屋梁上悬挂一个四角系上干净水纱布的十字架，下面放一只大木盆，盛出煮熟的山芋和汤水倒进水纱布里，如同洗山芋粉一般开始筛摇。汁水过滤出来后倒入大铁锅里掺入麦芽浆加热熬制。此时山芋的精华部分已成为热气腾腾的褐黄色汤水。灶膛里引着的松树根火头很旺，不一会，汁水便沸腾起来，不断鼓出小波浪。为防止烧结了底，女人们用葫芦瓢时不时搅动一下，顺便舀点给馋嘴的孩子们尝尝，算作挖松树根的奖赏。

随着不断加热，锅里的汁水渐渐变稠，冒出的香甜热气也越来越浓，糖稀的雏形开始形成。有经验的主妇们在搅动过程中不时用筷子挑出一点糖稀往锅里滴，根据挂丝的厚度判断熬制火候。傍晚时分，几大锅山芋汤水终于熬成了一锅浓稠的糖稀。熄火后，糖稀还要冷却一段时间才能盛出来，否则会烫炸了钵子。

"吻糖锅，滚糖果"是孩子们很乐意干的事。用锅铲铲下粘在铁锅上的糖稀，倒入一些脆嘎嘎的锅巴翻滚几下，捏成黄晶晶的锅巴团，每人分得一块，称之为"糖果子"。此时，一家人围着糖钵，啃食着硬邦邦的又脆又甜的糖果子，顺便用筷子或用小勺沾点糖稀品尝着甜甜的年味。那甜甜的味道里蕴含着一个道理：人生也如同熬糖稀，从平淡到成功需要经过很多的煎熬。.

有了糖稀，就可以做糖块了。做炒米糖之前，有个加工出"阴米"的过程。熟糯米阴干后便是阴米，再用铁砂烫出来就是炒米。糯米在农村虽不是稀罕物，但因其产量少，平时吃的也不是很多，加之木甑子蒸出来的糯米饭特别香，佐以腊肉口感更佳，因此蒸阴米也是孩子们兴奋的时刻。饱嗝不断、鼓腹而出后还没有玩耍的时间，要去完成大人交代的任务——揉阴米。糯米的黏性很强，稍微冷却后就要及时翻身揉碎，否则时间一长就牢牢地粘在器具上，抠都抠不下来。同时也要看守，防止鸟雀等偷食。

芝麻糖相对简单，淘净晒干炒熟后即可混入糖稀制作。做花生糖就辛苦多了，需要用手一粒一粒地将花生米剥出来，剥不了多久就会手指生疼，叫苦不迭。过去的人们不懂得花生衣的功效，只知道有些涩嘴影响花生糖的口感，所以花生米炒熟后还要去衣：放进筛子里不断筛摇，一边散热一边搓揉，一口气吹去，花生衣飞得到处都是，有时碎屑钻进鼻孔牢牢黏住，几个喷嚏都喷不出来。现在回想起来，真是做了出力不讨好的无用功，白白浪费了花生衣的价值。

炒米有了，芝麻、花生米也炒熟了，做糖正式开始。顺序一般是先做炒米糖再做花生、芝麻糖，因炒米糖量大担心糖稀不够。

炒米和糖稀的比例搭配很有讲究，糖稀多了不仅浪费还很躺人，炒米糖也很容易软化不便保存，需要有经验的大人来操作。记得本家有个"四爹爹"（即四爷爷）是当时村里比较出色的刀工手和调糖师，一到做糖的日子，家家请，户户接，那叫一个吃香。糖稀在加热过程中，四爹爹手握一把长柄锅铲不时在锅里翻搅，并提出铲子查看，熬到一定火候，再把炒米倒进糖稀里，撒上桂花米，迅速搅拌起来。锅灶旁已经搭起一条长长的案板，上面摆放着做糖的木制模框和用来压实的平底木槌。粘有糖稀的炒米在锅内很快被四爹爹捣鼓成一个大大的"米包"，接着又被快速地从锅内捧出，在左右手之间转来转去，最后摊在模框里。刚出锅的炒米糖松松软软地黏在一起，用木槌压平整后，再撤去模框，趁热用刀切开。切糖的时机须得把握好，太热时炒米糖过软容易粘刀，太冷时发脆容易碎，这又是一个需要经验加技术的活。四爹爹切糖是一场精彩的表演。只见他手起刀落，三下五除二切成一道道两寸来宽的长条，然后再横刀切成一片片正方形的糖块。糖块装入大口瓮里密封保存，吃时掀盖伸手即可探囊取物。至此，炒米糖才算是做出来了。花生、芝麻糖制作的过程也大抵如是。

讲究的人家年底有时还会做花生酥，其过程大体和花生糖近似，只是有个更细致的程序——捶花生。此时小小的擂钵显然不行，石磨也不可以，花生米弄碎后会出来很多油脂，磨不了一会就会打滑。过去没有粉碎机，用的是一把洗干净的木榔头和一块青石板。将炒熟的花生米倒进石板上的木框里，抡起榔头反复捶打成粉末状。粘有一层花生粉的榔头事后无需清理，自有小孩捧在手里舔得干干净净。

除了自家做糖外，腊月里炸爆米花和米糖棍子的匠人们也开始挑起担子送来浓浓的年味。敲一阵小锣、摇几声拨浪鼓后，找一处避风的场所，用几块碎砖破瓦搭个简易的灶膛，上面架起旋转式手摇爆米机，下面点燃干柴。烟雾缭绕中早已挤满了前来炸爆米花和米糖棍子的大人和小孩，手中的筲箕里装满淘洗干净的湿米或六谷籽。按照排队的顺序，匠人接过手倒进爆米机的铁罐子里，洒几粒糖精，拧紧盖子摇动手把，翻转烘烤。估摸着差不多了，取下铁罐稍稍冷却后开始泼水降温。随着"嗤啦"一声，师傅大声喊道："大家站远些！"戴上手套迅速拧开盖子，随即"嘭"的一声巨响，一团白烟直冲上天，米花便爆出来了。捂着双耳的人们喜滋滋又胆怯怯地靠上前来，账还没算清楚，小孩子就开始抓着爆米花往嘴里塞了。

炸米糖棍子的工具工作原理和炸爆米花的类似，后期用一台小型柴油机带动持续加温，湿米倒进漏斗里烧一阵后，糖棍如同挤牙膏一般源源不断从炸口出来，发出哔哔剥剥的声响，孩子们嘻嘻哈哈地能牵引出十几米长……

往事悠悠，多年过去。如今过年吃的糖块都是在超市或是糖坊购买的，做年糖只留在记忆中。如我，经历过那个年代的人，每逢岁末，做糖的场景还是会浮现眼前。松树根的"噼啪噼啪"声、糖稀沸腾的"咕噜咕噜"声、切糖的"咔嚓咔嚓"声、炸爆米花和米糖棍子的"砰砰啪啪"声，夹杂着孩子们的欢呼声，回荡在热气腾腾的灶屋里、村巷中……浓浓的年味，令人难以忘怀。

喜气洋洋步步糕

"不吃羊肉喝羊汤"的人我没见过，但不吃羊肉吃羊糕的人却有不少，我即如是。

羊糕可谓一道风味十足的菜肴，酥而不碎，鲜而不腻，香而不膻，这样的口感谁能不爱？更何况它还有个很吉祥的诨号——"喜气洋洋步步糕"。如豆腐，大家都富；如鱼，年年有余。所以，红杨人的年夜饭里一般都有羊糕。

味道的记忆始终有温度，尤其是记录着童年时光、承载着亲朋念想的那些食物，只要闻到，记忆便蔓延开来。

因祖母和母亲都比较讨厌羊膻味，家里从未养过羊，但邻村猫脸冲住着三位表叔，他们家每年都要放养几十只山羊，年底也都会做出很多羊糕。那时，亲戚之间的情感比现在要深，互赠年货是常有的事。父亲帮人杀年猪挣来的刀工肉多了，祖父就叫我拎几斤送给表叔们。作为回馈，他们也会包几斤羊肉和一些羊糕给我带回家。因多次见他们刻羊糕，耳濡目染之下，我竟也掌握了，虽未亲手操作过，但足可以用文字白描一番。

至于做羊糕为什么又称"刻"羊糕，系因有一个压制羊肉的过程，红杨土话称压为"刻"，如果身上被什么东西压住了，会叫着说："我被'刻'得架不住啦。"

刻羊糕说难也难，说易也易，关键在于经验。

首先是羊肉的选择。肥了过于油腻，刻出来的羊糕不好吃，瘦了过于疏松，羊糕很难刻成。而五十斤左右，两三岁的公山羊正符合要求，其肉为最佳原料。其次要"过汤"，通过水焯去掉羊肉的血污和膻气。最后要加猪蹄熬制，因猪蹄的表皮里含有一种胶体成分，这种胶体溶解于羊汤，冷却后便凝固成果冻状。羊糕在吃的时候才蘸佐料，熬制羊肉时只放稍许食盐即可。熬制的时间和火候需得掌握好，时间长了，羊肉太烂刻出来的羊糕没有筋骨；时间短了，又出不了羊肉的鲜味。三位表叔中数二表叔刻出来的羊糕最好吃，他最有经验。在熬制的过程中，二表叔时不时揭开热气腾腾的铁锅，用筷子戳一下羊肉观察熟烂程度。

羊肉熬制好了，接下来就是剔骨。剔骨看似简单，却关系到羊糕能否刻成和最终的口感。带有骨头的羊肉是刻不成羊糕的，哪怕一丁点骨头渣也会使羊糕碎裂。即使在寒冷的冬天，刚出锅的羊肉也是非常烫手的，而剔骨又需要赶在羊肉冷却之前完成，因为冷硬以后骨肉就难以分离了，这就需要剔骨人有着庖丁解牛般的熟练程度，很快将羊骨头、羊油和羊肉分离开来，并把羊肉撕碎。热气蒸腾中，二表叔手持一把剪刀，飞快地将羊肉在手里翻来搭去，片刻之间，骨是骨，肉是肉。

剔骨后，就到了"刻肉"的环节。将碎羊肉放进一个木制的模具里，用一个平底的木槌反复将羊肉压实压平，此时的羊肉变得又冷又硬，羊糕雏形已经形成，但还不是真正的羊糕。

最后一道工序是将随同猪蹄一起熬制出来的汤汁再次烧开，加入老姜米等配料，沿着模具四周向中心浇到羊肉上，撒上一层细碎的葱花。羊肉再次遇热变软，汤汁慢慢往羊肉内部渗透。放置一夜后，表面上的汤汁凝固成一层"白霜"，至此，富有弹性且晶莹剔透的羊糕终于"糕（搞）定"。

羊糕吃起来很方便，切片装盘，调好佐料就可以大快朵颐了。来了客人，分分钟便能上桌。

当然，除去技术层面，羊肉的质量也至关重要。你要是用那肚子拖到地面的肥绵羊肉刻羊糕，恐怕没有多少人愿意动筷子。西河的羊肉，弋江三老太的羊肉为什么好吃？做法并无特别之处，主要是选用了那些啃草皮的山羊之故。

关于羊糕的由来，民间虽有一些传闻，但都无从考证。唯一有资料记载的版本也不知属于哪朝哪代。说是过去有一位卖羊肉的周姓老伯，听闻苏州皋桥头地区的生意好做，就在年关时节挑着担去那里卖羊肉。谁想皋桥头人流太过拥挤，根本无处摆放炭炉。比时，一顶官轿缓缓路过，众官差一路吆喝着驱赶行人，周老伯就跟在轿子后面，想着等官轿过去可以腾出空间，见缝插针地摆摊，却被官差发现了这个尾随者，一脚踢飞了羊肉担子，可是羊汤没有流出来。原来天气寒冷，羊汤全都结了冰覆盖在羊肉上，其状如糕。轿子里的大人看得好奇，就将老周叫到跟前问这是何物，老周答曰："是羊汤。"大人说："这怎么是汤呢，明明是糕嘛!"老周很机灵,随即附和道:"大人高见!是糕!是糕!"一心想着高升的大人闻言喜出望外,便要了些冻结的羊汤羊肉来尝,这一尝便尝出了人间美味,那冻结的羊肉居然更加可口。加之快要过年了,处处充盈着年味的喜庆,糕与高同音,官员遂笑着说:"羊糕不错,羊糕好吃。"从此当地便有了在寒冬腊月做羊糕的习俗,继而流传开来。

现在,电冰箱早已进入千家万户,羊糕一年四季都可以刻得出来,但口感始终比寒冬腊月间利月自然温度冷却羊肉刻出的要差。仔细想想也就明白了,冰箱速冻是温度骤降,而非自然冷却的逐渐降温,因此羊肉的鲜味流失更加厉害。这就如同蔬菜大棚里的反季节蔬菜,总是没有自然长成的时令蔬菜好吃是一个道理。自然的,才是最好的。

过年了,吃一块应景的羊糕,喜气洋洋,步步糕(高)升!

掸 尘

年前打扫卫生的确是个好习惯,要过年了嘛,当然要搞得干干净净,何况这还是个流传已久的老传统。红杨人当然也不例外。《吕氏春秋》记载,尧舜时代就有这个风俗了。不过一开始只是祭祀所需,神灵肯定不喜欢邋遢,掸尘就成了前提。

"尘"与"陈","灰"与"晦"谐音,掸尘也就有了"除陈布新"之意,正好对应了新年的要求,把一年的污垢、晦气、霉运乃至贫穷统统扫地出门,不亦乐乎?于是,传来传去,最后把日子也定下来了,"腊月二十四,掸尘扫房子"。

今天,那种大梁连木椽、油毛毡上盖瓦片的尖顶老房已经没有了,取而代之的是公寓套间,还有豪华别墅,屋子里自然很洁净,但不论是否有尘可掸,过个干净年的习惯还是一成不变,条件好一点的索性花上几百元钱将任务交给了保洁公司,怎么着也要把家里搞得亮亮堂堂的。

时光如白驹过隙,转眼之间,又到了忙年的时节。儿时在老家掸尘的场景又浮现在眼前。

那时，掸一次尘就是脱一层皮。很多家具都要搬到屋外，天气预报又不太准，有经验的祖父晚上还要夜观天象，两方面结合，才可以确定掸尘的时间。"星星密，雨滴滴；星星稀，好天气。"一旦日子定下来了，头天晚上即开始准备掸尘工具，收拾整理家什，第二天天不亮就要起床，一家人齐上阵，忙个不亦乐乎。

我们首先是帮助母亲和祖母拆被子、下窗帘。过去，盖被、垫被都是棉线缝就，被套也是由一块"面子"、一块"里子"缝钉而成。当时还没听说过洗衣机，清洗全靠手工，将所有衣物和窗帘抱到澡盆里"过浆"。过去衣被棉织品居多，易起皱，熨斗也还没有普及，为了洗涤后依然平整、挺括，要浇上"银汤"（米油）。母亲下塘后，父亲开始带着我们将桌子板凳、锅碗瓢盆以及杂七杂八的农具统统搬到屋外的场地上，太过沉重、不宜搬动的则移动一下方位，腾出空地方便打扫，再用旧床单和报纸蒙住遮挡灰尘，同时将前后门下掉，洒水湿润，清除上一年贴春联后留下的糨糊斑。中途还要应着母亲的呼唤跑到池塘边帮忙将洗好的被子拧干水，我们还小，常常架不住大人的拧动而脱手，衣物便掉落在地上，母亲只得返工。

搬运家具的过程虽然很累，倒也有些乐趣。平时找不到、以为丢失了的小东小西往往会在犄角旮旯里"现身"，有时还会滚出几枚硬币或小毛票，给人一阵惊喜。

等到将该搬的全部搬完，已是日上三竿了。草草吃完早饭，父亲戴上草帽，蒙上口罩，穿起破旧的衣服，举起一根顶端扎有竹丝把的长竹竿，仰起头，眯着眼，从堂屋到房间，由过道迕灶屋，对着所有墙壁、屋顶、房梁、椽子一通猛扫。一时间，蜘蛛网、灰尘满屋乱窜、尘土飞扬，继而纷纷落地。很快，父亲的草帽顶上、衣服上、脸上挂满了丝丝缕缕的尘埃，整个一个灰头土脸，只剩两只眼睛骨碌骨碌转，鼻子和上唇之间挂着的黑色灰尘条，呼出的热气凝固在上面，如同日本人蓄养的卫生胡。本家一位教书的长辈遇到这种场合时常拿父亲调侃："太君，辛苦大大的。"

遇到屋顶的卫生死角，父亲就站在梯子上用小掸子清扫，扶梯子就是我的任务了，忍不住好奇抬头往上看时，落下的灰尘就迷了眼，搞得泪水汪汪，父亲则赶忙下来帮我吹眼睛，一边吹一边轻声责骂："叫你别往上看，你就是不听话，迷瞎了眼睛看你怎么办！"

扫除灰尘蛛网只是小部分工作，最耗时的还是整理和擦拭。每一个堆放物品的角落都得重新整理收拾，因平时乱用乱扔，很多东西都不在应该摆放的位置上，需要物归原处。

父亲掸拭灰尘完工时，母亲已经将衣物清洗干净并晾晒结束，胡乱扒几口饭后，开始和祖母刷灶刮锅，掏出灶膛里的柴灰，清洗锅碗瓢盆。祖父则手持一把挖锹疏道房前屋后的排水沟。完成整理工作后，我和哥哥在父亲的带领下，扫掸屋内狼藉，装上几盆清水，分别抓起一块湿抹布，开始清理门框、门板、窗台和窗户玻璃上的污渍，然后由屋内到屋外，一遍又一遍地擦拭所有物件，直至焕然一新。

持续到下午三四点时，擦拭工作全部结束，接着就要"归位"了，抬的抬、搬的搬、扶的扶、扛的扛，陆陆续续，穿梭往返。一通忙碌后，洗净脸的家具，光泽鲜亮。此时，祖父已经用一把大扫帚将室外场地清扫得干干净净。坐下来歇口气，心情立刻舒畅起来。似乎听到了春节的脚步，闻到了过年的气息。

家具归位后，已经是傍晚时分了，我们赶紧跟着母亲把晒干的衣被收回家。接着在堂屋用两条板凳支起一个干净的大晒匾，准备钉被子。先铺好"里子"，将晒得暖烘烘的盖絮放到上面，再将"面子"铺上去，叠好四角，母亲和祖母开始一床一床地密密缝合。垫絮和"被单叶子"已抱到床上铺好。被子缝钉完毕，挂上干净的窗帘，叠好衣袜，早已过了晚饭时间。至此，一年一度的掸尘工作正式结束，一家人这才吃起迟到的晚餐。

"吃不下去是没饿好，睡不着觉是没累好。"经过一天的辛苦，晚饭后，大人小孩都早早洗漱完毕爬到床上，过了浆的被子直挺挺的，散发着太阳的余香，既温暖又舒服，很快进入梦乡。

掸尘，为的是自家过个干净年。如今，我们的房子再也不用像以前那样辛苦地大扫除了，但我们的心灵之宅要不要好好的擦拭一番呢？为了大家都能过个干净年，环卫工人正月里还在从事着城市美容的工作，他们的辛苦程度不亚于我们当年的掸尘。人家刚刚把大街清理干净，全身灰头土脸，而你，衣着光鲜地招摇而过，看起来，你很干净，但是，你随手就是一个烟头，顺手就是一堆瓜子壳，谁脏？也许，你会解释说，我是酒后没注意。其实，这就是潜意识的小家意识，你在家里会这样吗？肯定不会。所以，我们的心灵更需要掸尘、只有心灵干净了，眼睛才会更明亮，眼亮了才能看清方向。

| 磨流琼液　汤滚雪花

"吃豆腐"有一种含义不太好，指男人轻薄女人，但不管男女，很少有不喜欢吃豆腐的。所以，我们都要感谢刘安。这个西汉淮南王可谓一方诸侯，但他却非腐朽之辈，始终高情逸态，在文学、音乐方面均造诣不凡，最早尝试热气球升空者也是此人。最令芸芸众生忘不掉刘安的，就是他发明了豆腐。西施的颜值、丰富的营养、嫩滑的口感，无论佐以肉食，还是那一清二白的小葱拌豆腐，都能让人口舌生津。

皖南人喜爱豆腐还有一个原因，说其谐音"都富"："豆腐、豆腐，大家都富，很吉祥。"因而，逢年过节、祭祀先祖，豆腐必不可少。于是，"腊月二十五，家家户户磨豆腐"。当然，这也是为了押韵，豆腐不一定非要在二十五磨，我就曾于不久前在一个偏远的小山村看到了久违的磨豆腐，那种"磨流琼液，汤滚雪花"的场景，瞬间把我带回到了儿时。

20世纪七八十年代，农村腊月间忙的几件主要大事就是掸尘、蒸米团（后改为打年糕）、熬糖稀做糖块、杀年猪、磨豆腐。在这些为食而忙的工作中，磨豆腐可能是最有技术含量的，其中的"煮浆""点浆"都有不少学问。否则，不会有这么一句俗语："做工有三难，打铁、撑船、做豆腐。"

做豆腐之所以又称磨豆腐，在于有一个很辛苦的环节——"磨豆子"。这得先说说古老的粉碎工具——石磨。

石磨分为上下两片圆形的磨盘，每片都有百来斤重。磨盘的接触面凿有纹路，也叫"磨齿"。下面的一片固定于磨架上，中间有一根小铁柱用来联结上面的磨盘，叫做"磨心"。上片磨盘顺着表面往下凿穿一个小眼，此眼在盘面有一个斜斜的坡度，用来添加需要磨碎的食物。上片磨盘两侧各横插一根木桩，一大一小。小木桩呈圆柱形，用作手工转动磨盘。大木桩呈长方体，顶端有个小洞，称为"磨子耳朵"。推磨用的是一个呈"丁"字形的手柄，叫做"磨担子"。

过去农村的房屋多为尖顶结构，俗称"刚刚尖"。刚刚尖的屋顶有粗壮结实的屋梁。磨豆子时，将一根粗绳从屋梁上垂下来，绑在磨担子的丁字一横两端；丁字一竖的顶端有一个垂直向下的小铁桩，插进磨子耳朵就可以推磨了。

说是推，也可以叫拉。握住丁字一横，站成或马步或弓步姿势，全身力量聚集于两臂，身子一个前仰后合，那上片磨盘就旋转起来了，而磨盘一旦转动，推磨人就不能停下来，需借助惯性反复推拉，不然就是"捱磨"，转一圈，停一次，那是磨八角粉等小玩意的。

石磨始终可以转圈，所以乡下人往往称那些擅打圆场、好撒谎的人为"七屁八磨"的"小磨子"。这是人类强加给石磨的调侃，石磨并不圆滑，它只会笨重地立在那里，等你来推。力气大的人可以推动一时，稍长就吃不消了。儿时，磨豆子全家人都要帮忙。我和父亲、哥哥负责推拉磨盘，母亲负责"添磨"：一手扶着丁字一竖的前端，一手用一把大汤勺不时将带了水的豆子倒进磨盘的小眼里。添磨时需要掌控好水和豆子的比例，还得眼疾手快，添一把，拂一把，否则豆子就会因为震动而洒落在地。

要推磨了，添磨的扳动那根小木桩，喊一声"一二三"，推磨的开始默契配合，"叽叽嘎嘎"声中，豆汁如同白色的琼浆一般顺着上下磨盘之间的缝隙汩汩而出，流进磨架下面的大木盆里．满屋飘香。同时流出来的还有汗水，每回磨豆子，我们都要哈着热气把衣服脱了一件又一件。

一道简单的数学题足以说明磨豆腐的辛苦。

豆腐做成之前装在木制的方框内，方框叫做"豆腐箱"。在皖南的乡下，一箱豆腐称为一"桌"。每九到十斤黄豆可以做成一桌豆腐。一般是家里有几口人就做几桌，再做一两桌水分挤得比较干的，用来加工成腐乳或干子。磨盘每转动三四圈就需要再添一次豆子，一次不过十来粒，一两左右。吃口多的人家每到年末都要做上头十桌，按每桌九斤计算，上百斤豆子需要推磨盘超过万圈，虽是冬天，也是浑身大汗，实在不行，中途换人再继续。这样，光磨豆子就需要整整一天时间，晚上吃饭时，胳膊酸胀得都端不了碗。

豆腐又号称"水里求来的财"。在磨成豆汁之前，还有挑豆子、泡豆子的过程。要想多出豆腐，先得将黄豆倒在粗筛里，筛掉细小的土粒、小石子、老鼠屎，然后用簸箕簸出里面不壮实的瘪豆子。干瘪的黄豆没有多少浆，但可以做成"粗豆腐"。别看其名有"粗"，实是一道美味。粗豆腐就是磨碎的黄豆粒，加以水磨红辣椒一并蒸熟，再放一点猪油，非常可口，既可做菜，也能当饭。

接下来就是泡豆子。要是豆腐做得多，工具就不够用了。不过没关系，乡邻胜亲，打个招呼，大家排期做。这样，澡盆、水桶、提量子、脸盆什么的，也就像吃年酒一样，挨家做了一回客。

这泡豆子也有讲究，又干又硬的老黄豆，你不泡个两天以上它是不会"服软"的，中途还要换一两次水。水不干净肯定不行，时间也要掌握好。泡得太短，根本磨不碎，搞不好还因为打滑把磨盘给滑掉下来；泡得太久，豆子又会变质。一般以伸手就能从水面抓出一小把浮出来的豆皮为准。

豆汁磨出来，第二天一早，主妇们就去灶屋将水烧开，把豆汁倒入大铁锅中开始"煮浆"。这需要掌握好火候，水没开时要加火，沸腾得厉害了就要及时熄火，既不能沸了锅又不能搞结了底。在文火的熬制下，雪白的豆浆在锅内翻滚鼓浪，雾气腾腾，香气扑鼻。

豆汁烧开后，"煮浆"的第一道工序是"扬浆"。用一把大锅铲在锅底搅拌，待煮沸几分钟后，用大勺舀起浆汁再往锅里倾倒，将撇出来的碎豆粒用小锅铲碾得更碎、更细，再回锅，如此循环往复，直至浆汁全部搅匀。

扬浆之后，进入煮浆的第二道工序——"筛浆"。在灶房内支起毛竹架子，挂上一个十字架，四角系上干净的水纱布，一瓢瓢地将扬过的浆子舀到水纱布里，两只手握住十字架开始筛摇，把豆浆滤到下面的大缸里。豆渣渐渐多了，倒入另一块水纱布里扎紧，再用力挤压，尽可能将豆浆全部挤出来，这就是煮浆的第三道工序——"挤浆"。

经过筛浆、挤浆，再把豆浆倒入锅内烧开，盛到一只大水缸里冷却。随着温度慢慢下降，豆浆表面很快结起一层皮，用洗干净的细竹丝轻轻挑起来，挂在阴凉处晾干，这就是豆腐皮了，卷成长长的一团就是腐竹。挑豆腐皮基本是小孩子的活，那时我们很乐意干，豆腐皮中渗出香甜的豆浆，一口唆去，比夏天吃奶油大雪糕还要爽。

接下来就是"点浆"了，也就是点豆腐。所谓"卤水点豆腐、一物降一物"指的就是这一环节。这是做豆腐非常关键的一步。豆腐好不好吃，除了水质和黄豆品质外，点浆人的手艺至关重要。皖南人用来点豆腐的大多是石膏粉。石膏在头一天烧酥并碾成粉末，点浆时将石膏粉冲入稍许冷却的豆浆中，所以又叫"冲浆"。一边冲入石膏粉，一边用勺子搅动着大缸里的豆浆，很快，稀稀的豆浆便收缩成豆腐脑。石膏粉冲入的时机、分量、速度，搅拌豆浆的快慢，何时封缸，何时开缸都是点浆人需要掌握的技巧。

点完浆后盖上缸盖，将豆腐脑抬到屋子外面，闷上三四十分钟。此时，场地已架好案板，摆上一个个豆腐箱，箱内铺有干净的水纱布。打开水缸，用葫芦瓢一层一层地舀出，均匀地倒在豆腐箱内，用水纱布包好，抬出门板盖住，再压上几块大石头挤水。在这之前，可以用大碗从缸内舀出豆腐脑，放点醋、酱油、蒜泥、芫荽菜和葱花，一顿饱喝。

再过个半小时左右，打开豆腐箱，热腾腾的香气四处飘散，豆腐终于做成了，案板下的地面则是湿漉漉的一片黄色水渍，叫做"黄浆水"。抄起板尺和菜刀，切成大小均匀的豆腐块，放进盛有清水的盆子里保养。至此，豆腐制作完成。

干子制作过程和豆腐一样，只是用的豆腐箱更浅，挤压黄浆水的时间更长一点。放入酱油和八角等作料煮熟后，根据厚度来定，松一点厚一点的就是"蒲包干子"，硬一点薄一点的就是普通的酱油干子。臭干子则需要用发烂发臭的黑芝麻水浸泡一段时日再加作料煮透。

豆腐乳因其营养价值较高而素有"东方奶酪"之称，无论过去还是现在，农村和城镇居民都喜欢腌制。将做好的豆腐切成小块晾晒干，密封起来坐等发霉。霉好的豆腐块加入各种作料进行腌制，至于味道如何、腌成臭腐乳还是香腐乳则又是技术层面的事了。

"五月抱，六月抱，抱来抱去穿棉袄。棉袄上身热乎乎，不如豆渣到口酥。"这几句民谣一指黄豆的季节性称谓，二指黄豆全身都是宝。初夏时节，农户包括一些菜农一般都在自家菜园里或田间地头种上许多黄豆，从"五月抱"（即五月成熟的豆子采摘抱回家）开始吃到"六月抱"，黄豆渐渐变老后，收回家用来过年做豆腐。

挤出浆水的豆渣晒后也可以做菜。先将豆渣倒入锅里，加入酒糟炒熟，捏成一个个小圆球放进铺有干稻草的笰筐里盖好，再搬到温热的地方晾晒。一两个星期后，豆渣球便会发霉长出一层细细的绒毛，称作"霉豆渣"。吃的时候将霉洗净，切成长条或是片状，烧菜、做汤都可以，虽然没有什么营养，味道却非常鲜美。这又有了穷苦人家的俗语，"过了正月半，扳倒豆渣罐"。

现在，专业豆腐机早已普及，很多人家过年时都不再做豆腐了。平时想喝豆浆有专门的豆浆机，想喝豆腐脑也可随时买到。石磨、豆腐箱顺理成章地"下岗"。乡下过年再也不用像以前那么忙碌了，所以，我们都感觉传统的年味越来越淡。

虽然那种"磨流琼液，汤滚雪花"的场景已经很少见到，但是每次看到豆腐上桌的时候，我还是会想起那些年推着石磨的父母，也想起和他们一样的父老乡亲。他们就如同那转动不停的磨盘，周而复始地日出而作，日落而息，推过年轮岁月，推来五谷杂粮，推出飘香的豆腐，等到将儿女们一个个推大后，他们就老得什么也推不动了……

| 贴财神

赵公明在《封神演义》里本是个截教精英，为人也极重义气，但这家伙在关键时刻助纣为虐，最后被姜子牙所杀。凡人也好，仙家也罢，有本事的总是受尊敬，虽然老赵在大是大非面前昏了头，但姜子牙还是封了他一个"玄坛真君"。其手下的"招宝""纳珍""招财"和"利市"四名小兄弟都是和财富有关的神仙，作为老大的赵公明自然就是财神爷。

从一名大罗金仙变为财神，赵公明算是跳槽改行了，实际改行的不止他一个，以死谏君的比干、忠义满天下的关云长、助勾践成就霸业的范蠡、收服金蟾的刘海都成了民间的财神。不过皖南一带还是以老赵为中心，如今正月初五一接就是五路财神，手机微信打开后，赵公明等五位爷跃然屏幕。

过去，老赵不用接，自有人送上门来。红杨人都有印象，20世纪70年代的正月间，总有一帮小屁孩上门张贴财神画像，号称"送财童子"。

记得上小学时，年前总要买来几张红纸裁成巴掌大的小块，请村里的民办教师画个财神像，左右写上一副对联"日进千金宝，时招万里财"，然后用蜡纸石印出两三百张。那时还不知道赵公明其人，只觉得那菩萨头子有时像一个背后插着钢鞭的县太爷，有时又和扑克牌里的老

"K"差不多，拓印得也很模糊，湿了水后纸红和油墨混合得一塌糊涂，少数爱干净的人家便称我们为"作脏的"。

财神印好后，从正月初一开始，我们背个空书包，夹根打狗棍走村串户，挨家张贴。说来也怪，狗总喜欢追着乞丐咬，我们那副小叫花的模样自然逃脱不了被狗捧的遭际。过去的农村几乎家家养狗，所以贴财神至少要有两人结伴，遇到群狗围攻时，背靠背手持棍棒上演一场人狗大战。

财神不能闷声不响地一贴了之，得说好话，边贴边念念有词："财神到，东家今年收好稻！""财神来，你家今年要发财！"极尽谦卑讨好的目的无非想讨点赏钱。

大年初一贴财神得到的打赏相对较多，不仅给钱还给糕，也能吃到两个五香蛋（茶叶蛋）。春节期间，红杨人称五香蛋为"元宝"，一吃就是两个，谓之双喜。遇到大门还没有开的人家，紧巴巴地凑在门口等候，主人开门时迎头一声大喊："财门开来财神到，东家今年亩产万斤稻！"主人顿时喜笑颜开："多谢多谢！托你口福。"一张崭新的毛票和一对方片糕被塞进书包，两只热乎乎的五香蛋也递到手中。一天跑下来，除了一大包糕点、糖果、瓜子外，赏钱竟有十几块。在今天看来是不值一提，要知道当时一个学期的报名费才五块。一天挣来两个多学期的学费，这是多么大的诱惑！第二天继续外出创收。当然，不是每天都能和大年初一相比，农村有"三天年，原还原"的习惯，财神最多只能贴三天，过了初三也就不受欢迎了。

从初二开始，一般主人家只能给个五分，遇到客气的给一毛，我们会高兴得合不拢嘴。主人得到祝福后打赏是常见的现象，但也有人讨厌这种变相的乞讨。记得有次见到一幢崭新的大楼旁，估计这家有钱，会给得多，我们兴冲冲地跑上前大喊："财神到，福气来，老板年年发大财！"谁知主人开口骂道："滚滚滚，别把老子家新墙弄脏了！"吓得我们赶紧溜了。小孩子受了窝囊气都要回句嘴发泄发泄，临走时嘟囔一句："财神不到，我让你家收瘪壳稻！"可能是主人没听到吧，我们见他没反应，更来劲了，又添了一句："财神贴墙拐，让你儿女做劳改！"没想到这句他听到了，拿个大扫把跟在我们后面直追了一里多路，当时跑得差点虚脱晕倒，事后家里大人上门道歉才算了结。如今想来儿时的不懂事，既好笑又惭愧。不过那家伙确实有点过分，不给赏钱也就罢了，竟恶语相向。

其实，有人反感也正常。过去贴财神的孩子很多，一天下来，门框上沾满了几十张东倒西歪的财神像，雨雪过后，污渍淌得到处都是。好在是大过年的，绝大多数人家都要讨个"财神到家、越过越发"的吉兆。既不愿被贴，又不好直接拒绝的，便想出法子叫家里的孩子戏弄我们，一面道谢一面拿出一摞红纸，层层叠叠包得老厚，第一次还以为得了个大红包，当场打开肯定不好意思，到远处打开后才知道里面全是碎炮竹屑子。有了上当的经验后，再遇到这种情况就当面撕开，主人脸上挂不住了，一面笑骂着说："你这小家伙还蛮鬼精的嘛，开个玩笑，不要对外乱讲哦。"随即掏出一毛钱，变相的行贿封口。遇到这种情况，大家也都一笑了之。出发前，大人也一再告诫，人家给就给，不给就算了，千万不要惹事。

后来明白，春节期间送财神菩萨是流传已久的习俗，吉利话也不仅是我们念叨的那几句，还有很多财神谣。像什么"财神菩萨进门来，一年四季广招财"，"堂屋四四方，金子银子一大仓"，"财神菩萨贴得低，珍珠玛瑙修阶梯"，"财神菩萨贴得高，金银珠宝几麻包"，等等，都是好话。

财神贴在门框上倒是让我们蒙对了。按照民间传说，赵公明是个武财神，应该贴在大门两边，既送财又守财，而比干却是个文财神，需要贴在书房或堂屋正中间，红杨人是不拜比干的，只相信老赵可以带来财运。

至于这财神为何要在正月里张贴，也有故事流传。据说赵公明生性懒散，一年中仅在正月某日走下龙虎玄坛一次，而且是随意，不定去往哪家享用贡品，所以大家都焚香磕头，争相恭请。久而久之，正月里接财神这个习惯便固定下来。赵公明只有一个，大家都想发财，显然供不应求。江湖中丐帮开始生财有道：三五结伙穿红袍戴纱帽，敲锣的敲锣，打鼓的打鼓，其中一名长老嘴上龇着假胡子，扮成赵公明，到人家门前跳"送财神"。丐帮的长老级人物背后是有麻袋的，不过扮成财神后已不是身份的象征，而是招财进宝的收钱袋。打扮得很像西方的圣诞老人，但圣诞老人是来送礼物的，这个"财神"却是伸手要钱的。主人必须当场"酬谢"才能将他们打发走，否则便赖在你家门口闹个不休，为了过个安稳年，不如破费一点，赶快把这帮"活菩萨"送走了事。

穷光蛋扮演活财神，接财神变成跳财神，虽成了闹剧，却也增添了不少年味情趣。后来，结伙跳"送财神"随着人们的反感逐渐消失，老乞丐们便想到小孩子更易赢得同情心，开始打发小乞丐上门贴财神画像，出发之前教会一段财神谣，没想到这种方式居然受到了欢迎，"贴财神"渐渐流传。由此看来，穷则思变在叫花子队伍中也算是改革的由头了，而我们小时候干的也确实是乞讨活，所幸没被老叫花子拐走。

回想起来，虽然因过去生活拮据产生这种变相的乞讨，却也不失为一种节日的喜庆相，起码让我们感到这是年俗年味。如今这种年俗似乎再也回不来了，但其中的文化内涵却值得去回味，毕竟顺口溜式的祝福语出自民间，出自百姓之口。民国时期胡朴安先生曾作诗评价这一年俗："巧把财神红纸裁，乞儿持送进门来。十文竹杠敲虽小，未见招财先退财。"幽默中洋溢着人们对这种敲竹杠的喜爱之情。

现在的孩子当然不屑于贴财神了，我将儿时的这段经历告知他们时，他们都露出一脸的不解，说为了十几块钱连续几天都要冒着被狗咬的风险去乞讨不值得。是的，贴财神确实和要饭没什么区别。他们哪里明白十几块钱在当时的价值，哪能体会到为这十几块钱我们顶风冒雪斗恶犬的辛酸。他们只知道过年可以尽情地放烟花，可以得到一大笔压岁钱，可以想吃就吃、想玩就玩，更感受不到过去家家户户贴满财神的年味。

贴财神，逐渐消失的年俗，只留在我们这辈人的记忆之中……

送 春

送春，传承几百年的绕梁余音，一直回荡在红杨乡村的房前屋后。

"哐咚，哐咚，哐咚咚咚咚……春锣一打喂，响啊，仓那么仓哎，我啊送春的……"春节期间，偶尔还能听到这熟悉的锣鼓及春歌声，但和过去相比已是不可同日而语。

20世纪七八十年代的正月间，红杨每天都有好几帮敲锣打鼓的送春人，唱起春天的颂歌，送来祝福的祥和，每至一处，人们必争相围观。姑娘小伙跟随其后，品头论足；老人中年驻足静听，评价鉴赏；男娃女娃摇头晃脑，鹦鹉学舌。若是两帮送春人同时赶到一家，很自然地就比拼起来，一较歌喉，一争高下，赢得阵阵喝彩，场面异常热闹。

现在很多年轻人都不了解这种古老的民间曲艺。送春也叫颂春、唱春、唱春歌，一般是两人搭档，一鼓一锣，一唱一和。锣手在前，鼓手殿后，锣敲三声，鼓击六下，锣手行腔起调，鼓手接唱和应。腔调唱词多从俗称"小倒戏"的庐剧口演变而来，正好对应了人们对来自合肥的庐剧之戏称："江北侉子不争气，进门就是小倒戏。"

旧时日子清苦，特别是到了春季，青黄不接，吃口多的人家常常断粮少顿。所以，每当正月来临，送春人便肩挂布袋，手拎锣鼓，从初一到十六走村串户，挨家上门唱春歌，为的是能挣点口粮。所经人家也都会打赏一点，多为炒米糖、团子、大米等，送春人必将铜锣翻过来接下赏品，道谢中再赶往下一家。有时布袋装满了，中途送回家再继续。"半月春歌三月粮"，十几天的辛苦总算没有白费，终于可以熬过春荒。

因读初中时曾干过一两次这营生，我深知送春是门苦差事。一天到晚，脚步不停，嘴巴不歇。也许是带着"才艺"的变相乞讨更受同情吧，只要上门送春，人们都会给东西，态度也都客客气气。这让纯要饭的叫花子既羡慕又嫉妒，也就有了一句可怜人之间互相轻视的话："要饭的见不得拎锣的。"这拎锣的就是送春人。

要说送春人都有才艺有点过，不过事先肯定要背熟几十段唱词，只有满腹春歌，才可张口就唱。不过春歌歌词结尾都很押韵，唱腔变化也不大，所以初学者很容易上手。

来到普通人家，首先唱出："牛生麒麟猪生象，鸡窝里飞出金凤凰。"此时如有小媳妇怀抱婴孩，则续唱："走进财门望一望，望见表嫂抱儿郎，抱的男孩能成龙，抱的女孩成凤凰。"门前如有孩童玩耍，唱之曰："家有神童千里马，必有伯乐把你夸。"要是有姑娘嫂子在织毛衣、纳鞋底，就要来一段："九天仙女下凡尘，原来都在织昆仑。"有老人在屋里就唱："寿星赛过彭祖佬，灵婆天天吃蟠桃。"遇青壮年则唱："上马自有三军在，下马就是入相来。"看到有人在搓麻将了，需唱："财神到赌神来，全幺只能算小牌。"如果主家刚造了新房，唱词为："手敲锣鼓仓仓响，老板家里亮堂堂，我送春光到府上，幸福日子万年长。"如果主家门前贴了新喜字，唱曰："手敲锣鼓响仓仓，新娶媳妇好漂亮，我将春光送府上，早生贵子去留洋。"对于生意人家和宅大院深的官门，更要把主人唱得眉开眼笑。"正月里来拜大年，胜过一年又一年，今年老板发大财，荣华富贵闯进来"；"走过一村又一村，来到贵家府堂门，府堂门楼造得高，沈万三送来聚宝盆，家有千顷靠山河，父在当朝子登科，亭台楼阁神仙住，丫鬟小姐胜娇娥……"

前述都是背熟了的歌词，也有的人家喜欢送春人即兴表演，指什么唱什么，拿什么唱什么。比如主家递上一支烟或奉上一盏茶了，送春人就要以烟或茶为题材，唱出其来历和感谢的内容，这叫"现炒现卖歌"，又称"见之歌"，有一定难度，非功底深厚者不能唱之。初学者遇到这种情况肯定是下不了台的，能唱则唱，唱不出来只好在一片哄笑中灰溜溜地离开。

当然，有"春才"者还是不乏其人，现炒现卖能力非凡，字正腔圆中花草树木、鱼虫鸟兽、上下古今、天文地理、八九七十二行，无论什么都能唱出个么二三。

最难的是"坐堂歌"，被主人邀请入户后，所唱内容多为长篇叙事曲，如《八仙过海》《洛阳桥》《十里亭》等等。这些歌词加起来少说也有三四千句，而坐堂一唱就是连续几天，要求日夜"不倒草"，即不能重复的意思，其间还要穿插一些现编现唱的歌，没有惊人的记忆力和非凡的即兴表演功夫是断不敢唱坐堂的。这些能够"日夜不倒草"的老艺人如果还健在的话，足以参加"最强大脑"赛事，可惜如今几乎找不到了。

坐堂开唱时，主家会叫上全村人来欣赏，名副其实的春乐融融。能力与打赏是成正比的，一场坐堂唱下来，得到的报酬自然比普通送春人要高出很多，有些客气的富裕人家还会请唱坐堂的吃一顿丰盛的宴席。

春歌歌词中除了祝福送吉祥之外，也有讽刺之声，一样为人们所喜闻乐见，尤其是歌词浅显通俗，又是用当地方言行腔作韵，听起来很亲切。在红杨的乡下，人们推崇勤快，懒汉和二流子是不招人待见的，送春人专门为他们创作了"懒汉歌""败家曲"。"……懒人做活喜欢捱，挑起水来喊乖乖，问他乖乖从何来，他说缸满长青苔……""十年之前亦不差，吃喝嫖赌败了家，田地房产卖干净，草堆破庙是新家。"

送春时间一般从每年的正月初一开始，也有除夕上午就进门的，此时的送春人只有一个敲锣的"独行侠"，唱的既不是歌颂，也不是讥讽，而是叫苦。"大年三十上门来，天生就是苦歪歪，没点小钱吃年饭，哪能再把财门开……"一番叫苦连天，乡下人必有打赏，心善的甚至把那平时舍不得吃的老母鸡腿也撕一根下来递给他："吃吧吃吧，唱苦春的。"如此一来，他倒是提前吃了年夜饭。

"六月初一下大雪，六月初十冰长江，冰江冰湖又冰海，冰住粮船不往来……"在与江苏高淳接壤的皖南地带，上了年纪的送春老艺人大多知晓这段唱词的来历，皆口口相传，送春起源于高淳。

相传明朝，朱棣篡权，叔夺侄位，弄得民不聊生、天怒人怨，六月天里竟然飘起大雪，冰封长江，南北运输不通，百姓苦不堪言。幸有一得道高人自称"送春人"，教高淳民间艺人大唱春歌，长江迅速解冻，粮食得以运送，数以万计百姓因此脱难。从此，送春传遍大江南北。

如今，随着时代发展，春歌之声已逐渐远去，送春艺人也很少见到，这种民间艺术不知道会不会失传。所幸的是现在很多地方都很重视，一边将送春活动作为非遗项目保护起来，一边派人到民间搜寻歌词和送春艺人。

但愿送春的歌声再次响彻红杨，春满人间！

乡村杂技罗汉灯

据泾县文史资料和《罗汉普》记载以及诸多民俗论文论证，罗汉灯又称"叠罗汉"，目前只能追溯到芜湖县红杨镇所辖的两个凤村——凤家湾和西湾里凤村，从凤氏宗族十六世裔凤重和一代开始。这两个凤村早期均隶属宣城县西乡，即今日之西河古镇。

令凤村人深感自豪的，不仅是他们率先玩起了罗汉灯，还有他们离奇的身世。

五代十国大分裂时期，后汉为宋所灭，汉王刘知远的后裔南渡逃亡至泾县茂林一带时，多次听到奇异的鸟叫声，他们认为是凤鸣，乃吉祥之兆，遂改刘姓为凤姓并定居于此，其后人又有一部分迁移到西河。为避免宋军追杀和自保，凤氏子弟始终坚持习武，尚武风气渐渐融入力量造型游戏——叠罗汉，最终演变成由十八名大小演员组成的罗汉灯。

佛陀虽无性别之分，罗汉却是清一色男子。凤村罗汉灯演员都由族长在男丁中指定，一旦入选不容推辞。不过选童子罗汉有一定难度，人们普遍认为童子短命，长不了多大就要侍奉仙家佛爷去了，做父母的当然不希望孩子犯这样的忌讳。所以，演童子的男娃需年年更换，大家轮流着来。

罗汉灯最初是一种傩戏，演员的服饰、脸谱都有戏曲特征。十八罗汉按照上衣颜色分为黑衣、绿衣罗汉各两名，白衣、黄衣罗汉各六名，

民俗纷呈

181

另有两名童子罗汉。面目化妆称作"开脸"，根据"下架""二架""三架""尖顶"四个类型绘成不同脸谱。

下架也叫"头桩"，叠成罗汉阵型时站立最低层，以红、白、黑三色绘成花脸，着红裤，系黄带。顾名思义，二架就是二桩，脸谱乜是红、白、黑三色，但图形更为花哨，着黄裤，系红带。三架俗称"金顶"，统一为金脸，着绿裤，系红带。尖顶就是童子，仅在额头点一红印，扣个瓜皮小帽，胖乎乎、粉嘟嘟，惹人怜爱。除最上层童子外，其余演员均袒露一条胳膊，各手执一柄拂尘。

罗汉灯的"起灯"仪式和其他年灯有所不同，在一公用房内设立"罗汉堂"，祭禅念咒，乞求灯神菩萨保佑演出顺利。自起灯这天开始，凤村罗汉灯所有演员都要集中在罗汉堂里吃住，童子罗汉单独安排房间哺乳。仪式结束后，十八罗汉在师傅带领下，走在队伍中间，前后各有一套锣鼓，各有一帮服务人员，先在西河周边巡回演出，再根据泾县茂林的凤姓支族邀请，赶去表演并畅叙同根之情。

凤村罗汉灯表演难度极大，也很危险，说其为乡村杂技一点都不为过。人堆人手拉手架出几米高的各种造型，没有任何安全设施，观众往往看得心惊肉跳。所以，演员虽然只有十几人，但在一旁做保护工作的却要多出几倍，时刻防止意外发生。

一路吹吹打打，凤村罗汉灯亮相了。

除童子之外，十六名大小罗汉各持一柄白色拂尘，将尘须搭在右肩上陆续进场。忽闻口哨声四起，罗汉们一个个左手叉腰，右手举起拂尘，随着锣鼓、唢呐的伴奏不停摇摆。接着，第一个罗汉绕着第二个罗汉转一圈回到前面，第二个绕着第三个同样转回来，后面的依次转开，类似于走马灯的套圈，也叫"开场子"。此时的锣鼓声急促而紧凑，鼓点声是指挥棒，敲得越急促，身着各色衣裳的罗汉们穿行速度也就越快，拂尘挥洒如同雪飘，令人眼花缭乱。

走场完毕，鼓声转而缓慢有力，到了紧张、刺激的时刻——堆罗汉。

最先出场的是一名花脸头桩，大步流星跨到场地中央，将腰间的布带紧紧一勒，平伸出两条粗壮的胳膊，两名二桩随即攀立其肩头，四个半大的小罗汉接着攀上二桩的双肩，此造型被称作"一顶六人"。随着带队的师傅大喝一声"起！"顶起六人的头桩开始沿着场地缓缓迈步，围观群众随之大声叫好。

一顶六人只是最基本的造型，考验的是头桩和二桩的力量与配合。六名男子压在身上，没有几把子力气是玩不了头桩的，但此时的二桩更难受，双脚踩在别人的肩膀上，不好稳定性，还要承受上面两人的重量，上压下悬，腰部力量必须很大才能做到。

取"六六大顺"之意，凤村罗汉灯的堆叠造型共有六十六种之多。常见的为"童子拜观音""黑金花""黄金花"等等，都和佛教以及佛教的象征莲花有关，一般都由成年罗汉分别或共同参与。十六人共同堆叠的造型便叫"金莲座"，每一个成年罗汉都是一叶"莲花瓣"，此时，头桩看似承受了十五个人的体重，但腰间已有一左一右两人，实际成了三名头桩共同受力，同时双臂被这两人挽住向外牵引，重量又被分散了很多。饶是如此，所受之重也是大得惊人。凤村曾有过头桩被压成内伤的先例。据老把式们所说，主要是生手技巧不够，不懂得借力分力而致。

十六人叠在一起，每颤巍巍地跨出一步，鼓点便"咚"得一声，众人张开手臂前后护驾，观众开始屏住呼吸，心惊肉跳地欣赏这惊险刺激的画面。然而，这还不是压轴戏，最危险的是"十八罗汉阵"，也叫"金莲满堂"，加上两名童子，十八位演员共同组成人墙绕场一周，才算是演出高潮。

堆叠金莲满堂时，按照罗汉年龄的大小，一层一层纵横组合，在童子没有被送上去之前，倒数第二层的两个小罗汉不是自动攀上去，而是由下面的人托起往上抛，被高处的大罗汉伸手接过后，两名小罗汉突然来个双双金鸡倒立，继而翻身站立，双手合掌向观众致意。这个动作险象环生，和高空杂技没有什么分别。小罗汉"飞"向高空时，有些胆小的女人往往吓得"啊"的一声大叫，满脸涨得通红。

待两名童子被送到最高处时，神奇的一幕出现了：一个在哭，一个在笑。我看过很多场罗汉灯，每次都是这样。至于为什么会这样，恐怕也只能用巧合来解释。

十八罗汉阵叠成后，头桩被称作"大金花"，顶端的童子叫做"小金花"，帽子上都插有十几朵彩纸扎造的"金花"。祈福的人们会在此刻上前拔下一朵跑回家，意为福祉进门，会得到罗汉菩萨的保佑，这就是"拔金花"的习俗。当然，金花拔回家后要随即返还，还要送上一个红包和一对方片糕作为答谢。

新春正月，祝福是主题，凤村罗汉灯也会应乡亲们的要求堆叠成各种吉祥造型。遇到嫁姑娘讨媳妇的人家，叠成"观音送子"或"喜鹊架桥"；乔迁之喜则堆成"招财进宝""喜鹊登梁"，凡此种种，无一不寓意大吉大利，主人家也都会奉上喜钱打赏。

"十八罗汉团团转，缺了一个没法转"。这句话说的就是罗汉灯需要每个演员密切配合。从理论上讲，这是一种融合了智慧、勇敢、力量以及技巧的乡村杂技。说其智慧，每位演员都是经过一定的训练，能够学会一定的技术才能组合在一起；说其勇敢，堆叠成几米高的人塔，胆小、恐高者根本玩不了这样的游戏；力量是叠罗汉最基本的前提，尤其是头桩和二桩，非身强体壮者不能入选；技巧是指罗汉灯的堆叠需要善于借力、转力才能形成造型，同时，小罗汉的人墙倒立、抛接等动作更需要武术基本功。正是融合了这些因素，凤村罗汉灯才可以凭着其精湛的表演名镇四方。

可惜的是，如今已经看不到像当年凤村那样高水平的罗汉灯了，不仅是"十八罗汉阵"，就连十人左右的造型都很难见到，这种乡村杂技实已趋微。不过，凤村已经引起了红杨镇政府的高度重视。这群曾在逆境中求生存、曾在乡村文化发展史中书下浓墨重彩的帝王后裔，终于迎来精研邃思的人们。凤氏子孙及其糅傩舞、杂耍、武术于一体的罗汉灯，再次走进世人眼帘，相信不久的将来，"十八罗汉阵"一定会在红杨这个风光秀丽的古镇里重现。

人马合一闹新春

"老灯坛子"，我的老家洪山村算得上一个，但和贡庄相比，无论灯史还是技术，都要逊色一筹。

在红杨镇的红星圩，在供奉水神张渤的贡庄红庙里，至今还存有一把两百多年前的马灯道具——"关公刀"。此刀颇有些来历，贡庄人很是为之自豪，说是本家有个叫陶庭裕的长者，有一年梦见自家老宅屋顶的瓦缝里有一把关公刀，次日架梯上去一看，果真如此，于是他便号召全村，一定要把祖上玩马灯的习俗传承下去。

"梦刀"一事也许是巧合，但贡庄马灯艺术确实名不虚传。在贡庄人看来，万马奔腾才是对瑞雪兆丰年的庆贺。

贡庄马灯演员均为男子，近年来红杨镇却有一支娘子军迅速崛起，清一色的女子照样将马灯玩得像模像样，令人大开眼界，不过贡庄人认为女子玩灯有伤大雅，称之为"阴灯"，不看、不接，只是将老祖宗流传下来的艺术发扬光大。

"腊月农事闲，锣鼓响连天"。白天备完年货后，村里一班小青年便在族长和老艺人的率领下练灯了，直到年三十，择一处公用房舍，开始杀鸡祭祀，恭请"杭州铁板桥下24位老郎菩萨"即马灯灯神就位，称作"立灯坛"。从正月初一开始（如遇雨雪天气则顺延）走村串户演出，是为"出灯"。这既增添了春节的热闹气氛，也可为村集体赚些收入，因为不管到哪个村演出，人们都会燃放鞭炮，夹道欢迎。作为老灯坛子，贡庄人为了方便他人接灯，提前在所要演出的村里贴个红纸告示，通知曰："我村走马灯将于某年某月某日来贵村演出。"这便是"发灯帖"。

出灯前，演员都要化装。"文臣武将"均戴不同盔帽，身披各色长衫战袍。"名将"头盔上插有一对长长的雉羽，背后另有四面靠背旗。全体演员腹前挂马头，股后装马尾。马身均用竹篾扎成骨架，外用白布蒙覆，画出马的眼睛和嘴鼻。马头用布条通过两肩和马尾相连，可自由活动。化装结束后到灯坛拜祭灯神，用鸡血涂在马头上，并敲锣打鼓。此时，演员已开始转为"神角"，有的一整天不得说话，进入人家时也不得踩门槛，须跨步而入。

有必要作个介绍，年灯演员都叫神角，为什么有的能说话，有的则须缄口？这就要看灯神牌位前那只反跷着二郎腿的祭品鸡了，若鸡嘴被一火柴棒子撑开，表明此灯神为"开口神"，采茶灯、瓦壳灯、旱船灯这些有歌唱内容的年灯即如是，神角自可随意说笑；龙灯因为演出时需要呼号以壮声威，也属"开口神"；马灯灯神牌位前的鸡嘴始终未撑开的，供奉的就是"闭口神"。相对而言，这"闭口神"比"开口神"的规矩要多出很多，所以，马灯神角并不好当，出纰漏犯了忌，那是要增添很多节目的，大家都要埋怨你。

马灯一般有16～30名演员不等，扮演的多为古代叱咤风云的人物，三国时期的刘备、关羽、张飞、诸葛亮、马超、黄盖、吕布，也有前唐时期的薛仁贵、樊梨花，宋代的杨宗宝、穆桂英，等等。按说，三国名人曹操应该位列其中，但罗贯中先生把他写成了"名为汉相实为汉贼"，老百姓对其也就深恶痛绝了。贪财好色的三姓家奴吕布能混进来，倒是凭着"马中赤兔、人中吕布"的名号，其人品虽差，但武功盖世，崇拜真功夫的布衣还是对其刮目相看的。

关羽在马灯中是个重要角色，被称为"老马"，安排在队伍的最后面压阵。这也拜罗贯中所赐，人家号称义满天下，很多江湖帮会供奉的都是他老人家，何况年灯？所以，他那一身行头和脸谱也比其他演员复杂：赤面长髯，眉毛画作卧蚕形，双目描成丹凤眼。胯下的"坐骑"是曹操从吕布手里夺过来转赠的赤兔宝马，须用红布蒙住。手握的"兵器"青龙偃月刀比所有演员的都要长、要大，因此想演老马，要先掂量掂量自己有没有点体力。

其他演员干的也是体力活。演出时，"武将"左手提着马头上下快速提放，作战马奔跑状，右手或持兵器，或举战旗；"文臣"则手拿一把宝剑或鹅毛扇，也是"催马"奔走。

最传统的演出就是"套球"，也叫"走圈"，在"小报马"（即头马，也叫探马，意为古代战争前派出去的探子）的带领下，第一个演员绕着第二个演员转一个圈回来，第二个演员绕着第三个演员转圈，依次转开，很快，场地上人马穿梭、铠甲耀眼、刀枪林立，煞是好看。一般演出途中遇到老灯坛子村，或是土地庙，或是古树，都要在附近套几个球以示纪念。

"排兵布阵"是再现大型古战场画面的表演，典型的有"穆桂英大破天门阵""诸葛亮推演八卦阵"等。"主帅"站在一条长凳上，右手高举令旗兵刃，左手使劲提放马头，"众战将""三军儿郎"围着"主帅"按固定章法穿梭。

演绎具体战法的主要是"虾子戏水""破篾""欢头阵"。虾子戏水就是由"小报马"倒行至二马后再返回，二马、三马依次类推；破篾表现为一对或两队人马在行进过程中突然左右分开，一分为二，二分为四，如同篾条被从中剖开，是为"单破篾""双破篾"；欢头阵既是战法，也有团圆欢庆之象征，在套球过程中，锣鼓声突然变得急促起来，众演员齐聚抱团，掩护"主帅"，如同一个圆圆的欢头糖。

战马"亲嘴"反映的是武将在厮杀时马头相撞，按人数分为"四马亲嘴"（又称"羊子扎角"）、"八马亲嘴"和"排马亲嘴"等。

最后的节目有两个：一是"破车"，两名"车姑娘"（刘备的两位夫人），后面分别跟着一名丑角（车夫）。待到两车即将相撞时，关羽倒提青龙偃月刀往中间一插，将车分开，此为关云长"千里走单骑"的故事。二是"扫堂子"，关羽倒拖长刀绕着场地跑一整圈，意为关羽单骑杀出重围。

为了增加看点，贡庄马灯曾在正式演出之前事先安排一场云童排字的戏。云童也是演员和神角，不过没有"战马"可"骑"，多为十几岁的男孩，每人手握两片木云，一阵锣鼓鞭炮后，或坐或站，或两三人托起一人，组成汉字的笔画，最后形成"丰年大吉""天下太平"等喜庆吉祥的词语，这场景不断赢来阵阵喝彩声。

玩马灯少不了乐器伴奏。贡庄人称马灯的服饰叫"行隆"，行隆越光鲜玩起来越耐看。锣鼓则被称为"家伙"，家伙打得好听也是吸引观众的一个重要因素。马灯队伍至少有两班家伙：一班走在队伍的开头，作为开道之声；一班跟在关羽身后，可谓簇拥之乐。一头一尾，遥相呼应，吹吹打打。

唢呐在家伙里是辅助乐器，俗称"呜哩啦"，腔调可歌可戏，唢呐手只要会几首曲子便可。而家伙的敲打则比较复杂，演出基调大体有两种：一是套球时的声音，"嘣浓咚嚓嚓……嚓嘣浓咚嚓……"演员随着锣鼓声来回奔走。二是战马亲嘴时的声音，"嚓嚓嚓嚓嚓、叭（停）……"各人手提马头面对面在最后"叭"声发出时轻轻一碰。

队伍行进途中也有两种打法。一是慢走马的"嘣嚓音"，俗称"肥冬瓜"，先是鼓响开头"咚咚咚……"，紧接着锣和磬钵开始敲出"哐哐叮哐叮哐哐……"的合奏声。二是"七嚓音"，又称七嚓家伙，也是鼓手起头，但首先发声的不是鼓，而是击打出竹板的"答答"声。打七嚓家伙时，鼓手在脖子上挂一个鼓架，左边是鼓，右边多了一个敲击的竹板。这种声音特别悦耳，但需要锣鼓手耳聪手快，密切配合。起调为："答答答，咚咚咚……滴答滴答哐，哐哐叮哐哐……"七嚓家伙最为欢快的声调叫"八哥子洗澡"："吠——哐！吠——哐！吠吠呲吠呲吠吠！吠吠呲吠呲吠哐！哐哐叮哐哐……"队伍行走时，两种打法的锣鼓一起敲响，抑扬顿挫，非常好听，常常引得看热闹的人们跟着跑出好远。

演出后，接灯的村都要给个红包，与某个演员是亲戚的人家则上前披红挂彩，在其马头或靠背旗上挂一段大红布料，另外再给个小红包和一对方片糕。很多演员都想到有自己亲戚的村去演出，不仅能捞点外快，还感觉特有面子。

跑马灯除了天气原因可能早回家外，早上出门要到晚上才能回家。到了吃饭时间，就在演出的村子用餐，叫做"吃灯酒"。一户安排一个神角和几名服务人员。神角是不能说话的，必须有人跟着服侍。到用餐的人家门口时，等候鞭炮放响从正门跨入，端坐上方。神角也不能自己添饭夹菜，需要有人盛好后端到跟前。用餐结束后，接待的人家还得准备一盘茶叶米放在桌子上，由神角端起撒在堂前书几上，再把桌子略略拖移一下，意为代替灯神赐福该户。有时遇到讲究的人家，即使是七八十岁的老人，也要跪着迎进请出。村里要是有屠户，都会争着请"张飞"，因为老张是干屠夫出身的，将其请到家，今年生意会很好。演关羽的若是遇到村里有铁匠，就会特别受欢迎，此系关羽打过铁的缘故。演刘备的则通吃了，这厮卖草鞋的时候便到处宣称自己是汉室正统，后来果然做了蜀国皇帝。我演过刘备，曾在一个村里被几户抢着往家里拉，拽破了"龙袍"。要是演员不小心踩着人家的门槛，那就要"朝香火"了，即全体演员都要上门在这户人家堂屋里转一圈再出来。演出时如果有演员摔了跤，则须绕着整个村兜一大圈。还是前面那句话，神角并不好当。

有时走马灯玩到比较远的地方，若晚上赶不回来，则就地卸妆安排休息，这就是"下马"。因出发前考虑到要下马，领队提前捧来灯神的牌位，众人依次在牌位前磕个头，卸妆后就还"神"为"人"了，此时就可以说话了。第二天所有的仪式和在家一样，杀鸡祭祀、化妆，浩浩荡荡再奔向新的舞台。

整个正月里具体玩多久才结束，是不确定的。有的十天有的半个月。最后一天的演出叫"圆灯"。圆灯须在自家村里，将全村各家香火"朝"过后，再将所有节目一项不落地演一遍，最后将灯神牌位捧到一个池塘边火化掉，卸妆后迅速往家跑，传说谁先跑到家谁家先发财……

前些年，由于大部分年轻人都外出务工，贡庄马灯曾一度停了。随着县域经济的快速发展，很多青年在家门口也可以找到中意的工作，加之红杨镇大力发展旅游经济，着力开发乡村文化，村民们又开始酝酿玩马灯。

水神不知何处去，清潭依旧笑春风。红星碧水氤民俗，人马合一闹新春！斗转星移，贡庄这个古老的水乡，历经历史变迁，几经水患而重生，氤氲人气与文明生生不息，成为人们访古水系、探民俗的好去处。

人妖相戏瓦块灯

红杨方言称河蚌为"瓦块"，那两扇乌黑的蚌壳确实很像瓦片，所以，蛤蜊油也叫"瓦块油"。大瓦块也好，小蛤蜊也罢，一旦成了妖精，就要化作美丽的娇娘出来勾引人，就要和捕捉其子孙的渔夫、欲食其肉的鹬鸟斗一番，这便是"瓦块灯"的由来。

作为一种再现渔民生活的年灯，瓦块灯在民国时期的芳山乡（今归红杨树社区）一带颇为流行，后流传到附近的南埂村（今属湾沚镇），20世纪80年代初期偶见几次，如今已难觅踪迹，我们对瓦块灯的记忆也就定格在那个时代。

相比板龙、走马、采茶这些大年灯，瓦块灯只能算是个"小来兮"，主角瓦块精、渔夫、小丑、鸟人加上配角渔娘、渔童等，不过十到二十人，但其表演贴近生活，内容搞笑，同样深受人们欢迎。

看看那道具就知道，渔船、船桨、渔网、鱼篓、瓦块壳，都是水乡常见的东西。渔船依照江南渔民常用的小划船外形，用竹条和木杠扎成骨架，四周蒙上各种图案的布裙，看上去如同一顶放倒的花轿。瓦块壳的骨架也是用竹子和铁丝扎成，呈弧线弯曲，外罩绸缎，里挂彩纸。表演时，演员抓住壳里的手环开合几次，那瓦块壳就一张一翕地扇动了。

不会隐身，不漂亮，不妖媚，那还叫什么妖精？因而，瓦块壳扎得非常大，合起来能将站在里面的"瓦块精"全身包住。瓦块精虽为男扮女装，却是遴选出来的美少年，涂脂抹粉，披一身翠烟衫，戴一头披肩发，那就是冰肌藏玉骨，杏眼闪秋波，柳眉积翠黛，衫领露酥胸。别看是个男子，一旦扭捏起来，那勾人的媚态，真个是"半放海棠笼晓日，才开芍药弄春晴。"

渔夫年纪不大，否则不会被妖精给迷住。一身青衣青裤，头戴无顶

文化红杨

草帽，脚穿一双草鞋，嘴角龇着八字胡，手持双桨，背挂鱼篓，肩搭一张渔网，不过，脸上还是要挂几道岁月的"沟壑"。这是个常年一叶舟、出入风波里的营生，须得有个下手，他后面便跟着一名脑门光亮、扎着小辫子的渔童。"鸟人"是一种侮辱性的贬义俚语，形容此人叽叽喳喳废话太多。瓦块灯的鸟人也是妖类，称作"鹬鸟怪"，身负鹬蚌相争一戏，着画有鸟羽的灰色衣裤，脸上戴一张鸟头面具。表演时，话说得也不多，只顾张开双臂做飞舞状。

主角介绍得差不多了，还是瞧瞧瓦块灯是怎么玩的吧。

首先出场的几个瓦块精绕场一周，边走边唱着江南小调，不时开合外壳，摆身扭腰，娇柔妩媚。壳里的彩纸锡片随着演员的扭动，闪闪发光，动感十足。舞唱途中，跳出几个小丑，身着黄色小短袄，下穿一条红色灯笼裤，头戴一顶破草帽，手持一把破扇，白鼻子下面粘着几根稀稀拉拉的翘嘴胡，边蹦跶边向美丽的瓦块精做出各种滑稽搞笑的动作，随口唱出被乡下人称作"骚段子"的腔调，逗得观众前仰后合。小丑亮相后，"鸟人"随即登场，张开双翅向瓦块精们"飞"扑过去。瓦块精开始紧紧收起蚌壳，伏在原地不动，偶尔微微张开一条小缝和"鹬鸟"相斗。

锣鼓变调，渔船"划"来了。船中站一名花枝招展、手握"船舷"的渔娘，前面就是渔夫。根据瓦块灯演出内容，这渔娘应该不是渔夫的意中人，更不是他的娘子，不然他不敢对妖精倾心。但渔娘和渔夫的配合很默契，二人身形步法协调一致。渔夫手中的双桨是指挥棒，所有人跟着船桨两步颠颠足、三步顿顿脚，晃晃荡荡进进退退，如同船随波浪不断颠簸旋转，很有水上行舟的味道。

渔夫一边划桨一边开唱，所有演员跟着附和："老子今年四十又个三呐……四十又个三呐……打鱼打了二十年，至今还是光棍汉啊……光棍汉啊……哪家妹子肯嫁老渔郎啊……肯嫁老渔郎啊……"

唱着唱着，渔夫突然噤声，手搭凉棚四下张望，顿时喜出望外。"乖乖隆滴咚，韭菜炒大葱！要是能把妖怪捉，县太爷也要对我鞠三躬！"

再仔细一看，翩翩起舞的瓦块精简直迷死人。"妖怪妖怪真是美，老子不禁咂咂嘴，咂咂嘴来淌口水！"转而对着渔童大唱："老天有眼下礼单，瓦块妖精好漂亮，抓来给你做新娘。"唱罢熟练地将渔网朝瓦块精抛过去。"鹬鸟"呼啦一下全部"惊飞"。鹬蚌相争，啥也没争到，渔翁要得利了。

渔童年轻，第一次见漂亮的妖怪，不免心慌意乱，笨手笨脚地把网绳绕到了自己脖子上，勒得狂伸舌头，渔夫在一阵哄笑中解开网绳，继续向瓦块精撒网。妖精笑骂道："老不扎实的臭渔夫，害得我多少子孙成黄土；如今说什么要我当童媳，想要爬灰你少啰唆！"边唱边闪展腾挪，左右躲闪，变着花样戏弄渔夫：时而立在原地不动开合旋转着外壳，好似束手就擒，待到渔网近前时，突然斜着身子滑出老远，边跑边向渔夫暗送秋波，朝渔童勤抛媚眼；时而躺在地上，又是一幅目似瞑意暇甚的架势。渔夫概是心急火燎，不顾一切地将头伸进了瓦块壳内，正伸手抓去，不料瓦块精一个鹞子翻身，夹住渔夫的脑袋就往回拖。渔夫才知不妙，大呼渔童帮忙。"乖乖儿哎，还不来救救我！"好不容易将脑袋拔出来了，妖精又滑到前面去了。在瓦块精的不断挑逗下，渔夫果然不扎实了，原本是要给渔童抓老婆的，现在他也起了爱意。"妖怪妖怪你别跑，竟然骂我扒灰佬，逮不到你我就是大孬包。"网撒得越发频繁起来，妖精仍是滑溜异常，渔夫懊丧起来："瓦块妖精太诱人，老子难道真无能？打鱼打了几十春，难不成，难不成，妖怪面前当龟孙！"再次使出吃奶的力气奋力撒网，瓦块精又一次成功躲闪。在欢快的锣鼓声中，演员们你追我赶，围观群众也跟着起哄："逮啊，你个爬灰佬……跑啊，你个小妖怪……"

演出进入高潮时，瓦快精突然夹住渔网往后拽，待渔夫扯紧网绳时猛地一松手，渔夫"吧唧一声"摔个四脚朝天，引来一阵哄堂大笑。节目的尾声还是预示着人定胜妖：渔夫苦思冥想之下，使出绝招——"推波助澜"，猛烈晃动船身，用"浪水"将瓦块精"冲"得晕头转向。他终于得意了，把那小胡子一捋："怎么样！怎么样！一网下去全上岸，老子今晚当新郎！各位要是肯捧场，来我家中闹洞房！"

由此看来，瓦块灯演员不但要会即兴演唱，还要有点武术基本功。瓦块精、渔夫在追逐相斗时均伴有滚、翻、跌、打等动作。"台上三分钟，台下十年功"，这和演员之前的勤奋练习是分不开的。正因为瓦块灯需要一定的技巧和体力，所以演员都是青壮。

瓦块灯在有些地方叫"河蚌舞"。根据网络搜索，关于其来源的传闻比较一致：一个叫水生的青年人，无意中将网到的瓦块精放了生，那精怪为了感恩，化作一位美丽的姑娘嫁给了他，招来了村里人的羡慕嫉妒恨，由此创造了瓦块灯。不过，网上视频所放内容却令人大跌眼镜，不仅动作慢悠悠地毫无生气，那唱词也尽是陈词滥调的阿哥阿妹，没有一句是即兴发挥出来的，更没有惹人爆笑的对白。传统的、精彩的瓦块灯，如今也逐渐式微。

近几年，滚龙灯、走马灯在一度消失后又再次出现，但瓦块灯一直没有恢复。衷心期盼地方政府尽快将这种年灯恢复起来，毕竟，这是民俗文化的传承，毕竟，这是一种充分展示渔民生活画卷的艺术，曾风靡一时。

希望还能再见到人妖相戏的瓦块灯！

气壮山河板龙灯

板龙灯现在还有，不过，在我的记忆中，还是老家红杨的板龙灯最有看头。

珩琅山下十甲之村皆胡姓，大多玩过板龙灯，尤以"五甲里"最为出名，曾名震四方。

在所有的年灯中，板龙灯队伍最为庞大，龙身有好几百米长，非大姓村落不能玩之。当年，三元鲁家大村和同宗"吾门楼子（小鲁村）"合玩的板龙灯少说也有五百青壮年，以至队伍经过一个村子时，龙头已经出村好远，龙尾还没有进村，再伴之以几套敲得震天响的锣鼓，声势当真非同小可，一旦舞动起来，更是气壮山河。玩板龙灯的也因此牛气冲天，其他年灯只要和板龙灯相遇，老老实实地让道。不服气不行，龙神本来就是大神，人又多出你好几倍，搞毛了，人家龙尾巴一绕过来就把你围得水泄不通，往哪跑？只有认怂。当然了，大过年的，以和为贵，玩灯又不是甩狠劲，真要让人从心底服你，靠的还是水平，是真功夫，要把人玩得心服口服。

板龙灯由龙头、龙身、龙尾和牌灯组成。龙身、龙尾由各家各户按照规格自行准备，龙头要日日供奉在祠堂。

龙身由每一节6尺左右长、5寸来宽、2寸余厚的木板联结而成，每节龙身都叫"灯板"，用竹篾扎成一截倒"U"形的龙身，蒙上画有龙鳞的彩纸。每节灯板都有一个圆孔，插一根木楔便可相互连接。板底竖有手柄，板面倒置一根铁钉用来点蜡烛。到了玩灯的时候，各家各户带上龙身依次串成数百节的一条长龙，那雄伟的气势就出来了。

龙头自然是威猛高大，没有七八个人是舞不起来的，而有资格抬龙头的必是宗族里的佼佼者，他们是一个家族的灵魂，一个姓氏的代表。所以，"画龙点睛"非德高望重的老族长亲力亲为不可。出灯前，用两块白布塞些棉花裹成球状，作为龙眼。最初是纯白色的眼球，此时的龙神还没有到位，巨龙尚未激活，需要将"球"画成眼珠子。一阵鞭炮齐鸣，老族长对着牌位敬香后三叩九拜，恭请龙神就位，然后用毛笔在球团上轻轻描出两个小圆圈，龙眼立刻炯炯有神起来，那龙头也微微昂首，也许是有人在配合老族长，也许是一只无形的手所为，总之，很神奇，也很神秘。

"活龙"就要"活现"，锣鼓、唢呐一起奏响，队伍浩浩荡荡出发。

灯贴在头一天已经发出，先要去上门请灯的村子，红包早就收了。进了村还有礼遇，生产队长已经带人摆好香案，有腊鱼、有腊肉，还有眯着眼睛的猪头。俗话怎么说来着？"玩灯玩亲戚"。这时亲朋好友也会送来几个红包。讲究的人家马上凑过来，握住老族长的手不肯放下，要请板龙灯在他家门前走一遭，要在他门口点几下老龙头。一番软磨硬泡，老族长手一挥，中！去你家！那人嘴丫立刻龇到了耳朵门子，又是放鞭炮又是拿红包，还在龙头上披了一段大红布料，还有哦，接着又拿出几条香烟给每位玩灯的人递上一根。板龙灯在我家门前点了龙头，这还得了！一辈子都很难讨来的大吉兆。板龙灯就是这么吃香，服不服？不服就去看看人家怎么玩的。

板龙灯的玩法和滚龙灯截然不同，不是用手舞动，而是由数百人将整条龙扛在肩上，所以又叫"扛"龙灯。若以"手舞"来表示滚龙灯，"足蹈"便是板龙灯的真实写照。由于队伍长、人数多，龙头只要稍微转动一下，一节传一节，速度会变得越来越快，待到接近龙尾时，后面的人就是飞奔了，正所谓"龙头点三点，龙尾跑十圈"。

速度快了，牵扯的力度也很大，需要安排一个很有力气的大汉紧紧拽住尾巴上的粗绳来控制局面，俗称"吊龙尾"。龙头要是点得频繁，龙身龙尾的舞者很快就被带得步履如飞、号声四起。吊龙尾的人往往将绳子缠在腰间，身子往后仰倒，尽量稳住。饶是如此，但几百人牵引的力道何其大，纵是大力士投胎，也被拖得步履踉跄、气喘吁吁。记得三元鲁氏龙灯吊龙尾的叫"老宗和"，那可是一个饮啖兼人的"庞然大物"，就是这么个巨人，吊了两次龙尾后就不想再干了，瓮声瓮气地连呼："架不住，真架不住！"

点龙头是板龙灯最基本的玩法，常见的主要有"老龙盘柱""乌龙盘顶"等。"乌龙盘顶"又称"见龙在天"，这可是金庸笔下"降龙十八掌"的招数，不过此时并没有洪七公和郭靖，也没有乔峰，有的只是数百名壮汉扛着巨龙在狂跑呼号，那排山倒海般的气势估计乔峰也不是对手。你可以降龙，但龙可以"倒飞"，表演过程中，锣鼓声突然变调，吊龙尾的人猛然拽着绳子反其道而行之，快速倒退，龙头和整个龙身跟着往后退。这时生手往往被带得脚步紊乱，弄不好还会摔一大跟头，紧张气氛顿起。

板龙灯最耐看、最具欣赏性的还是在夜晚。因队伍太长，小一点的村子根本没有那么大的场地，索性就安排在空旷之所表演。夜幕降临时，龙身内的烛火全部点亮，一条巨大的"火龙"伴随着抑扬顿挫的锣鼓唢呐声和此起彼伏的鞭炮声开始游走在凹凸不平的乡村陌上，起伏绵延，来回缠绕，威风凛凛，美妙壮观。围观者之众，只能用"万人空巷"一词来形容了。那喝彩声呢？雷鸣？不，比雷声还要响，但还是响不过那几百壮汉的呼号！

胡氏祠堂在九甲里村，占地面积很大，堂前广场非常宽阔，可以同时容纳几条板龙灯。过去，每年正月期间，胡姓板龙灯都要在九甲里祠堂举行"赛龙"。各村板龙灯在场地上绕行九根大柱，称作"盘龙绕柱"。这九根柱子就是练武之人所说的"梅花桩"，数条"巨龙"穿行其间，壮观自是不必说，其技术要求自然高了很多，扛灯者走错一步，整个队伍就会大乱。柱子当然不能拔，只有卸掉龙身退场，称作"撤板"。在珩琅山一带，年长者多云，只有五甲里板龙灯从未有过撤板现象，尤其是在赛龙时，沅到最后只剩五甲里一条龙，其余都被迫撤了板。

板龙灯，不仅蕴含着中华儿女的智慧与勇气，彰显出龙的传人之血性与阳刚之美，更是民族龙虎精神的象征！

板龙灯！龙的图腾，气壮山河！

即兴颂歌旱船灯

青弋江将山水古镇红杨一分为二。其中的黄山大队、万村大队均属丘陵地带。黄山大队的村民组规模都不小，有的是男劳力，春节期间玩诸如跑马灯之类的大年灯不在话下；邻村万村单门小姓的村民组多，大灯玩不了，不过，他们并不甘寂寞，十几个人凑合在一块，把那小小的旱船划得有模有样，最后还把黄山大队吞为己有，合并为一个万村。黄山大队人服了，说他们连"勺答子"这样的能人都有，厉害！

这里的"勺答子"不是多嘴的意思，而是有着非凡即兴表演功夫的旱船灯艄公，俗称"艄搭子"，戏称"勺答子"，要是会来几句露骨的骚段子，又被称作"骚搭子"。

忙了整整一年，眼看快过年了，别的村都在敲锣打鼓地练灯，正月里还能赚些外快，万村几个生产队长坐不住了，我们不是人少吗？没关系，大灯玩不了，我们玩小灯，玩别人玩不了的灯，什么灯？旱船灯！旱船灯虽然规模小，人数少，但讲究即兴颂歌，特别是那两个勺答子，你指什么，他们就能唱什么，和那些能唱"见之歌"的送春人相比毫不逊色。万村流行唱"耘田歌"，耘田时通过对歌练出来好几张"铁嘴"，正是旱船灯第一主角勺答子的最佳人选。

旱船灯道具既不多，也不复杂，配齐了锣鼓就能划得起来。队长们一合计，当下决定，我们也热闹热闹，让别人知道我们万村的铁嘴！于是，请竹匠用两根毛竹扎成一个"井"字形的船架，"井口"便是"船舱"，船娘就在井口里活动。"舱顶"平的尖的都可以，要想好看一点，就弄个歇山顶式的。骨架搭好了，蒙上彩色绸布，用一根红布条连着两边的"船舷"，船娘把布条往肩膀上一挂，双手握住两边，踮踮脚，晃晃肩，再经师傅稍加指点，那船就"划"开了。师傅说船和船娘都没问题了，附唱者也好选，问题是你们有没有能够现炒现卖的勺答子，这可是天生的人才，教是教不出来的，如果没有这样的能人，还是出不了灯。万村人把胸脯拍得咚咚响，我们之所以敢玩旱船灯，就是因为勺答子多。

火车不是推的，牛皮不是吹的。没几年，万村旱船灯就名声大振。旱船灯的演唱基本上没有什么固定歌词，主要靠勺答子根据实际情况现炒现卖，还要用唱词回答各种提问。万村牛就牛在有这种高手。

锣、鼓、钹各一人，敲敲打打，抑扬顿挫，老远就知道，万村旱船灯来了。

一个清秀的"姑娘"身着彩衣，立于旱船中央，这便是"船娘"。船头船尾各有一名手拿破扇、头戴破帽的小丑，前面的叫艄公，表演路线由他来指挥，后面的叫舵手，两人都叫勺答子。另有几个模样俊俏的"丫头"，打扮比船娘略次一点，但都衣着鲜艳，粉面桃腮，欲笑还羞。

锣鼓变调，表演开始。艄公摇着蒲扇带领船队快速碎步前行，清一清嗓子，"得儿呀！得儿呀！太阳出山一点红唻，划船动身要起早哎；别看我穿的是烂皮袄喂，背上却是聚宝盆嗨；不要讲我手里破船桨哎，那是一棵摇钱树喂……得儿呀！得儿呀！手里撑的摇钱树，身背一个聚宝盆哎！（众人和）手里撑的摇钱树，身背一个聚宝盆哎……"

有主家接灯了，勺答子立刻来几句："聚宝盆上插金花，冬穿绫罗夏穿纱，绫罗绸缎好富贵，富贵荣华是东家……"接下来，指什么唱什么，直把主家唱得喜笑颜开。

船娘也要跟着唱，但以舞蹈为主，刚开始轻移莲步，飘飘悠悠，船似在水上漂浮，届至勺答子快步前行时，双脚便跟着时左时右，忽前忽后，时起时伏，模拟船在水中随波逐浪。步伐较简单，主要有"晃船步""八字步""小碎步"等，讲究的是快、转、漂，动作连贯，一气呵成。

旱船灯的看点还是勺答子，表演自然是惟妙惟肖，双手握着木桨，在船前、船后、船左、船右用力地做划桨动作，最令人折服的还是那张利嘴。俗话说"淹死划水的，打死利嘴的"，但勺答子的利嘴不但无人攻击，还特受欢迎，更能开口要钱。

旱船灯进了村，有钱人家打赏的条件往往也是即兴提问，勺答子回答满意了才会给个大红包。"你去年来我们村划过旱船，今年可有什么变化？"勺搭子张嘴就来："年年划船年年来，今年府上更精彩；要问福地在何处，东家头顶凤凰台。"东家笑嘻嘻地又问："那好，我老婆怎么样？"勺答子不假思索地唱道："又是一年正月到，穿新衣来戴新帽；雪里看花梅走俏，不如夫人赐蟠桃。"那蟠桃可是天上王母娘娘种的仙桃，他都把你夫人比作玉皇大帝的老婆了，你虽然没有蟠桃可赐，起码要给点像样的东西吧？一个大大的彩头就此唾手而得。

主人一高兴，还会"点菜下饭"：摆上一大堆礼物，只要勺答子唱得对，唱得好听，一件，两件，全部搬走都可以。当然了，大户毕竟少，过去一般人家都是给点米面、炒米糖什么的，勺答子身上必然背个包袱，这个包袱外罩一张渔网，原本是用来打鱼的，现在叫"船舱"，成了装礼品的，难怪他要唱"身背一个聚宝盆"。

旱船灯历史悠久，典籍已有详细记载，无需赘述，倒是其所拜的灯神值得一书，竟然是救苦救难的观音菩萨，还有那条称作"三条半"的船，有着一段旱船灯来历的故事。

相传某朝蔡状元领工修造一座叫罗公的桥梁时，由于缺乏资金，无法按期完工，自己又是个清官，拿不出银子，不免愁苦难安。观世音得知后，化为一个貌若天仙的女子，告之曰，她想在桥梁工地择婿：自坐船舱漂游水面，让愿意为婿者以金银为弹打彩，打中其身者即婚配不悔，所获一律作建桥费用。蔡状元喜出望外，立刻亲自组织选婿活动。告示贴出后，王孙公子、员外富翁们纷纷投掷金银，连续三日内无一人打中，由此积攒了数以万计的金弹银丸。不想此事惊动了已经得道成仙的吕洞宾。这位吕爷见此女太美，凡心顿起，化一书生前去投掷。仙人出手不凡，女子不慎被打中，但他哪里是观音菩萨的对手，法眼一开，小小仙道居然坏我大事，顺手一剑刺中那颗花心。从此，吕洞宾只要起了淫念，就会心痛难忍，只得老老实实地炼丹修道，终于练就纯阳真身，道号"纯阳子"。而菩萨计划也因此被吕洞宾破坏，随风而去，蔡状元方知是观音相助。

桥，按期建成，蔡状元将船抬回家，三年如一日，天天焚香祭拜。观音感其心诚，不能因为一条船影响状元的日常生活，遂令八仙化作凡人在正月初一将船借走。所以，旱船灯也有"借船"内容的表演，借船者总共八人。八仙划此船至正月初六后，考虑到初七乃不祥之日，遂将之丢弃水中。第二年，一帮唱傩戏的再次将船捞起，玩出旱地行舟的节目，围观者甚众，后逐渐流行于民间。

船，菩萨独坐时为一条漂亮的整船，八仙借玩时有些陈旧，沦为二流船，戏帮耍之已经是三等船了，到了普通老百姓手里，那条船破旧得只剩半截船身了。这便是"三条半"的含义。

20世纪80年代初，随着农村集体经济的解体，万村旱船灯也随之停演。之后，年轻人相继涌入开放的城市务工，过年时来去匆匆，勺答子绝活也就成了我们这代人挥之不去的乡愁。好在红杨镇政府已经开始重视乡村文化建设，着力挖掘民间文艺，令人欣慰。但愿旱地行舟早日再次出现在人们的眼前，但愿久违的勺答子再次登上舞台。

载歌载舞采茶灯

采茶灯以舞蹈、歌唱和逗乐子为主，但早期骚段子比较多。我们小时候看采茶灯大人都要跟着，前面那些魁星跳魁，财神跳财都可以看，一旦小丑蹦出来，大人就要把我们赶走。小孩子好奇心强，前脚走了，后脚又溜了回去，也就听到了一些让村里女人们面红耳赤的话。"书生哥哥长得美，馋得妹妹淌口水"，这些还要好一点，至于"光棍骚，寡妇浪"什么的，那就不能用文字来表达了。

采茶灯在红杨很有些历史，但不知怎么就停玩了。后来，紧邻红杨的鲁村人唱起了这种灯。玩了几年板龙灯，大家都觉得比较累，换个轻松的要要吧，一番讨论后选择了载歌载舞的采茶灯。这是20世纪80年代初鲁村一次村民会议讨论的结果。

老规矩、老习俗在过去是一定要遵循的。女子不可轻易抛头露面，更何况走村串户的玩灯。男扮女装的12位采茶姑娘是主要角色，需要眉清目秀的少年郎来扮演，特别是作为主唱的"大姑娘""二姑娘"，更要相貌出众。好在几百户的大村选出十几名中看的后生并不是难事。不过谁也没料到演大姑娘的"粉墨登场"后，居然因长相俊朗引来真姑娘的青睐。农家少女的芳心被打动后直言不讳，看中的就是你的人面子，一段美好姻缘就此促成。当年鲁村演大姑娘的外号"三癫痫"，长得很是帅气，但头发不多，他演头上戴花的姑娘可不就是"丑人多作怪，癫痫买花戴"嘛，但他戴花戴来一个娘子。

有好事也有坏事，过去的采茶灯因台词粗野露骨，一度被称作"扯骚灯"。也不知是不是骚段子的缘故，自唱起采茶灯之后，鲁村接二连三地出事，还发生过凶杀命案。老族长一怒之下，从此不玩采茶灯！不过这种灯舞在民间已经受到了欢迎，鲁村不玩了，同县的花桥渡却一直在传承，如今还申请了非遗保护。当然，随着社会的进步和文明程度的提高，低俗的东西没有了，骚段子改成幽默打趣的对白，形式也较过去有所创新。男女不平等早已过时，演员由清一色男子改为男女合演。

采茶灯阵容不小。演员除了十几名姑娘外，另有书生（茶郎）、丑角（反串茶客）、财神、魁星各一人。义薄云天的关云长深受百姓爱戴，很多年灯都安排了关老爷子最后扫堂压阵，采茶灯也不例外。

年灯离不开灯具。圆灯笼固定在木棍顶端并扛在肩上的叫"高灯"，拎在手中的圆柱形或球形灯叫"甩灯"。采茶灯一般都有12盏高灯，托于手掌的12盏花篮灯，另有三十几盏甩灯，加上两套锣鼓手和吹喇叭的以及服务人员、领队、发灯贴的，足足近百人。夜间行走时，高、中、低三层灯火闪闪烁烁，很是气派。

玩灯都要建灯坛拜菩萨。采茶灯神坛供奉的是"杭州铁板桥下采花姑娘之神位"。别看只是个神女，却在很多灯神中排行老大。此女何许人也，又缘何来自铁板桥，若追根溯源，其他一些年灯也要跟着沾光。

年灯均起源于傩戏，玩傩戏的都要拜祭戏神。据《三教源流搜神大全》记载：戏神为唐朝号称"田元帅"的田清源兄弟三人，首次将采茶戏搬上舞台的地方就在临安府（今杭州）的铁板桥。田帅神乎其技，唱戏时还能助天师驱邪，因此被唐明皇敕封为侯，后被供奉为戏神，谥号"清源祖师"。人成了神以后，法术也通天了。清源祖师共有20多个化身，或男或女，马灯所供奉的"杭州铁板桥下24位老郎菩萨"和采茶灯的神女，都是这位田老爷子的化身。

"三分戏，七分妆"，年灯的服饰道具是吸人眼球的关键。采茶灯12位姑娘的打扮非常养眼：额佩珍珠翠屏，头梳燕尾发髻，顶上插一朵大红花；上穿大红或粉色小袄，下穿与之相配的彩色裤子，腰扎绸带，脚穿绣花鞋，一手执花扇，一手提花篮。

无丑不成戏，丑角已是今日采茶灯的重要角色。身穿黑底白边的长袍，头戴破草帽，白鼻子下龇着几根翘嘴胡，一手拿把黑折扇，一手提灯笼。书生自然是一副秀才模样，一身长衫，腰别折扇。

在所有年灯中，采茶灯道具最具观赏性，花篮、折扇、灯笼上均画有鱼虫花草、山水房屋以及各类神话人物，千姿百态，栩栩如生。

一阵锣鼓鞭炮后，采茶灯来了。众演员依次绕场一圈，衣袂飘飘，各色服装道具花花绿绿，登台亮相便赢得一片叫好。

祝福纳祥是开头戏。头戴鸡冠的白衣魁星，一手持毛笔，一手握笔筒，金鸡独立，跟着鼓点在空中比画。旁有一人报出"平安12月"，称作"喊魁"。从国事到家事每月都有一句好话。"国正天星顺，官清民自安；妻贤夫祸少，子孝父心宽……"用舞蹈和说唱的方式灌输劝世良言。结尾则体现"万般皆下品，唯有读书高"，祝在场的孩子们"连中三元""名列魁首"。若是有人家单独接灯，就要根据主人的不同身份、家境而喊不同的词句来，所以这魁星好演，喊魁的必须有点文化。

国泰民安、子孙发达从来就是人们的期盼，大过年的再讨几句走财运的吉兆更是开心不已。跟着魁星的财神开始跳财送福了，穿长袍戴珠帽，手捧大"元宝"，边拜边跳，恭祝各位发家致富，招财进宝。

采茶灯也称"采茶歌"，歌唱当然是重头戏。"大姑娘"起调后，众人合唱采茶歌。按照一年三次采茶活动，采茶歌分为"大采茶""中采茶""小采茶"三部曲。大姑娘、二姑娘与丑角、书生还要唱出《小放牛》《闹花灯》《打猪草》《红绣鞋》《种大麦》等江南小调。乐队随之伴奏，吹拉弹唱，前后呼应。

"三月里来是阳春，手提竹篮把身蹲；蹲下身来去采茶，一直采到日沉沦；陪我搭话非别人，眉清目秀一书生；书生哥哥真是俊啊，奴家脸红心跳慌了神……呀呀崒！不解风情的丑茶客，胡搅蛮缠话太荤，滚滚滚！滚滚滚！哪里凉快哪里蹲……"大姑娘因相貌秀丽、歌声动人，引得茶郎书生心生爱慕之情，两人对上眼后又开始互对情歌。作为茶客的丑角则心生嫉妒，上前调侃戏弄。"书生长得再好看，不一定真是男子汉；只怪你姑娘生得美，不怪我天生淌口水；谁叫你长了一张樱桃嘴，老子怎能迈得动腿！"言语动作粗野大胆，逗得人们前仰后合。这三人正好是戏剧中"两旦一丑三角班"，所以，采茶灯又叫"三角戏"。

所谓"三角成剧，小丑当家"。丑角是采茶灯的亮点，引来观众阵阵笑声的除了雅俗共赏的语言外，主要是令人捧腹的做丑。为了和书生竞争，丑角非要逗得大姑娘开心：挤眉弄眼地往脸上抹几下，"猴子洗脸"的神态就出来了；弓着腰打几个呼噜，忽而朝胯下掏几次，那是"懒猫抓痒"；屈腿跐脚，一手前探，一手后划，称作"老鸭淌水"……无论模仿什么，都是搞笑滑稽，活灵活现。

出彩的还有"大姑娘""二姑娘"，不仅相貌歌喉不凡，还具有小品演员的基本功，在和丑角、书生的对白中，时而手托香腮作娇羞状，时而媚眼如丝偷看意中人，惹得口哨声四起。

丑角戏弄时，"众女"不甘示弱，围成一圈与其互相笑骂对歌。届至高潮，一老者出来唱喏："各位姑娘歇歇吧，听我老头子打一岔……""打岔的，有什么岔，你打吧……"全体演员开始用本地土语互相对白，极尽诙谐幽默之能事。

最后是关公扫堂，瞪圆双目，呼气吹动长须，抬腿虚跨，待鞭炮声响，随着急促的锣鼓声倒拖青龙偃月刀绕场奔跑一圈，意为扫除邪恶、斩妖除怪，从此天下太平。

载歌载舞的采茶灯，乐器伴奏也是重要一环。锣鼓队配有坐鼓一面，大筛锣、小轿锣各一块，大钹、小钹各一副。如今有的还增加了二胡、唢呐、笛子等。队伍行走途中以锣鼓唢呐开道，表演时所有乐器全部奏响。曲调以富有跳跃感的轻快声为主，时时呈现欢快、喜庆的氛围。

采茶灯在皖南是深受群众欢迎的年灯之一。队伍每经一户人家门前，都会受到燃放鞭炮迎接的礼遇。每到演出地，都有一名长者率众前来接灯。接灯又称"灯拜灯"，双方领队各执一盏甩灯互拜后，接灯的摆上八仙桌，点蜡焚香，托盘内早已摆好一对方片糕，下压一封红包礼金，所有演员绕桌一周，以此表示感谢。

如今，花桥渡的采茶灯不仅在春节，在二月二庙会期间也组织演出，唱起欢快歌谣，跳出优美舞姿。夜间演出时，歌舞飞扬中烟花绚烂，观众不时爆发出阵阵喝彩声和欢笑声，演出结束后，人潮也会随着队伍移动而涌动良久。

传统即时尚。采茶灯之所以能传承至今，不仅在于老艺人们的精心加工，更在于演出贴近生活，乡土气息浓厚，加之演员能歌善舞，场地选择也很灵活，群众自然喜闻乐见。

采茶灯，江南小调久唱不衰，特色炫舞年年登台！

木腿擎人高脚灯

踩高跷，是很多人小时候都玩过的游戏。两根细长的木棍，底部横插一小截"踏板"，谓之高跷。玩的时候，双手各握一根，一脚先上，掌握好平衡便可以"高高在上"地踏跷而行，顿感树木、房屋矮了许多，技术高超者还可以耍出"金鸡独立"的招式——收起一根向四周划个圈，身子随着戳在地面那根的点旋转360度，潇洒！有趣！

我们儿时练习踩高跷不光是为了玩，另有用处。暴雨过后，低洼处的道路往往被淹。上学的路上，有了高跷，就不用再穿笨重的胶靴了，蹚水而过却鞋不沾湿的心情，如同练会了金庸笔下的"凌波微步"。

老话在理，不要看别人吃豆腐牙齿快。能达金鸡独立、凌波微步之境已非易事，若是用高跷跳舞甚至翻跟头就更难了，所以，高跷灯演员才是个中高手。

西河古镇早年有个农具厂，师傅们来自长江两岸，每年正月期间都会组织一帮人玩高跷灯。我之所以后来学练踩高跷，也是因为儿时常看他们的高跷灯而萌生的念头。刚开始，学着他们的样子急猴猴地踩上去，谁知，那高跷根本不听命令，没跨出两步，就扑通一声摔了个嘴啃泥，膝盖揉了好半天。

有位年长的表哥当年也是农具厂高跷灯演员，见我摔得狼狈不堪，先是笑得前仰后合，接着告诉我窍门：踩高跷时，手要用力，一定要将高跷把紧靠在两肋，使之不能斜过胳膊肘，同时按照步伐提落，这样才能避免摔倒。我按照他传授的经验反复练习了几遍，果然没错，想摔倒都难，于是便得意起来，我也能玩高跷灯！表哥又笑了，说你学的只是"单跷"，腿和跷棍都可以自由活动，而高跷灯则是"双跷"，跷棍是绑扎在小腿上的。演员不仅要用高跷走路，还要用它来跳舞。高跷像水车拐子，所以有模仿车水的动作——单跷着地，抬出另一只跷迅速比画几下，收回来再换腿继续。此时不仅要保持身体平衡，出跷还要连贯、迅速，一气呵成，否则就会摔得够呛。此外，高跷灯还有"文跷""武跷"之分。文跷要好一点，只要把路走稳了、扮相好、会逗乐子即可，但高跷灯演员以武跷为主，强调的是技巧，玩的是"绝招"。表哥说，单跷本来就不高，玩金鸡独立时万一站不稳，还可以手扶另一根跷安全落地，你用双跷试试，整个人就靠绑在腿上的那根细细的长木棍支撑，一旦失去重心，除了摔倒还是摔倒！你这水平啊，玩文跷都不够格！

我傻眼了，看似简单的高跷灯，竟有这么多学问。夜郎自大，任何时候都不可以，不可以。

事实确如表哥所言，高跷灯表演到极致就是"惊险"。双跷一般都超过两米，演员站起身来就是个三四米高的巨人，在没有任何保护设施的情况下，一旦摔倒，后果可想而知。此外，高跷灯讲究载歌载舞，演员装扮的都是戏曲中人物，唐僧师徒、白骨精、梁山伯、祝英台、许仙、白娘子、青蛇等等，一个个浓妆艳抹，服饰华丽，还有那鼻梁上如同屙了一泡白鸡屎的丑角，看着就令人捧腹，高跷灯上了街就被围得水泄不通。当时的西河农具厂还有个腰鼓队，一般都跟着高跷灯后面敲敲打打，赶热闹的人群很快便蜂拥而至，你推我搡，搞不好就撞到了演员。演员没有过硬的技巧肯定摔倒，说不定还会酿成踩死人的悲剧，可谓危机四伏，但高跷灯就是要在这样危险的环境中才能体现水平。队列行进过程中，开始排成一字长蛇阵，到了繁华拥挤地段，马上双人并列，迈开"八字步""剪子股"，晃晃悠悠却又不失灵活地躲闪着，总能途中避险。站得高了，看得也就远了，哪里可以快速通过，哪里可以就地表演，一目了然。相中场地了，立刻摆出一道彩色拱门，齐齐来个大劈叉，是为"亮相"。

西游记人物当然很受小孩子欢迎，但此时功夫最高的并不是徒弟，而是师傅。孙悟空有金箍棒、猪八戒有九齿耙、沙僧有宝杖，都可以支撑地面，唯唐僧"两手空荡荡，全靠脚取经"。"梁呆子"此刻一点都不呆，更不是文弱书生，站在高跷上，腾出一只手挥舞着粉红色的扇子，公子帽后面的两根飘带便颤悠悠地飘动起来，跟着"祝英台"后面屁颠屁颠地玩杂耍。"祝英台"也不甘示弱，马上与之对唱、对舞，那高跷在他们身上就如同长出的一截长腿，四平八稳。丑角不仅技术不凡，动作更逗，"老猫洗脸""猴子抓痒""鸡下蛋""鸭踹水"，花样百出，无不惟妙惟肖。

正月里依然很冷，有时还有呜呜吼叫的西北风，演员们常被吹得眼泪鼻涕一大把，但仍是衣袂飘飘，更有高手玩出"鹞子翻身"等惊险动作，实令人叫绝。观众在叫好的同时，也无不为之担心，大冷天的摔一跤，别说受伤，疼都能疼半天……

关于踩高跷的来源版本很多，一说最初为春秋战国时期以滑稽著称的晏婴发明。晏婴有一次出使邻国，邻国人都取笑他身材矮小，他就装一双木腿，顿时高大起来，弄得人啼笑皆非。他又借题发挥，把取笑他的人挖苦一顿。但我更相信"艺术源自生活"。20 世纪 30 年代的《艺风》杂志记载，武昌的筷子街和箍笼街，因地理位置低常被水淹，那里的住民每当水淹时，差不多都踩着高跷来往。我们小时候用高跷涉水上学与之相同。所以，踩高跷来源于生活，发展成高跷灯以后，又加以古装增加了诸多乐趣，深受人们欢迎也就理所当然了。

木腿擎人树房矮，罗衣舞袖跷棍高。西河的高跷灯，无数次撩拨我儿时的记忆，而我，唯有祝福演员们平安喜乐，期盼他们继续安全地把这门艺术传承下去。

狮舞西河

狮子，生活在草原中的百兽之王，威猛的气势勇冠三军，而舞动在西河古镇的狮子同样是威风八面，备受青睐。

西河，这个有六百多年历史的古镇，曾是我儿时的天堂，尤其是春节期间，各种年灯纷纷涌上街头巷尾，到了晚上，青弋江畔真个是"东风夜放花千树"了。

那时候，我们对有着神奇色彩的年灯不太看得懂，只是跟着凑热闹。舅舅虽是个老西河人，但他对年灯也不内行，唯舞狮可以讲出一二。他说，西河人很崇拜既是灵兽又是大智文殊菩萨坐骑的狮子，都相信狮子具有避邪之能，因而每年春节和元宵节都要组织舞狮。

实际上，中国并非狮子的故乡，但这种来自异域的猛兽与佛教有关，重视佛教文化的西河人便认为狮子可以驱魔赶邪。一河之隔的珩琅山经久不息的梵音早已影响了西河一代又一代人。在西河古镇的老宅里，不仅大门两侧，门墩、屋檐、石栏，甚至印章、年画上都有狮子像，由此也让当年的西河石匠火了一把。但这些毕竟是静止的狮子艺术形象，要真正感受狮子带来的吉祥，就要让狮子活起来，于是，舞狮这门中华民族的独特艺术，在西河受到了热烈欢迎。

西河具体什么时候开始舞狮已然不知，最流行的几年大概是生产资料私有制向社会主义公有制转变时期。当时，有一家手工业生产合作社叫"西河农具厂"，八十几个木匠、竹匠集中在一起，专门生产棺材以及风车、水车、水桶、划盆等各种农具。西河是个群贤毕至之地，这些手艺人来自大江南北，他们在融入当地生活过程中带来了各自家乡的风俗。舞狮、踩高跷、旱地行舟等年俗活动都由他们组织发起。

没有一定的武术基本功是玩不了舞狮的，按照农具厂的规定，演员平时的练习时间还可以计算劳力工分，大家都以此为荣。所以，每年腊月，农具厂首先组织筛选舞狮演员。

根据狮舞的分类，有南狮北狮两种，西河人舞的就是南狮。狮子造型十分威猛，有时头上还会冒出一只角来，这就不太像狮子了，可能南方人认为狮子就是传闻中的年兽之故吧，但南狮的眼帘、嘴都是可以活动的，脸部以戏曲面谱作鉴，色彩艳丽，舞起来也就格外地栩栩如生。

舅舅生前提起过，他当时也想参加舞狮，但外祖母坚决不同意，说过去舞狮曾引发械斗，狮子头又是厚铁皮做的，很容易伤人。农具厂的狮子头到底是不是铁做的，我并不清楚，只记得狮子分为一黄一绿两只，每只都需要两名青壮年才能舞动。狮眼虽可活动，但正式表演前还需"点睛"，一般由农具厂负责人亲自将朱砂涂在狮眼和天庭处，瑞狮复活，灵气顿生。

锣鼓喧天，鞭炮齐鸣，农具厂的狮子下场了，场地就在万年台（今西河中学附近）。

首先是"拜年"。领队的把手一挥，先前眨巴着眼睛的两头狮子，跟着锣鼓节奏立刻前腿跪地，继而后退下蹲，再用前腿往脸上抹一把，然后弯曲如作揖状，意味洗干净脸，恭祝大家新年好，逗得在场人捧腹不已。我们一帮小屁孩则趁势捋捋狮毛，舞狮者随即举起狮头对着我们晃动一下，原本要吓唬我们，但狮颈上铜铃铛哗啦啦的声响反而更激起了我们的兴趣，他们也在狮内发出爽朗的笑声。接下来就是"滚绣球"，也叫"双狮抢珠"，意为猛兽都有珍宝可耍了，人自然会财源滚滚。

"狮郎"扮相并不俊俏，套着一个喜庆相的大面具，如同弥勒佛一般笑容可掬，称作"大头"，用今天小朋友的话来说，就是"大头儿子"，但"大头儿子"面对的不是"小头爸爸"，面对的是两只威武的狮子。大头逗引，狮子才可起舞。所以，他蹦跶着把玩手里的彩球。为抢到那颗宝贝，双狮开始摇头摆尾地搔搔痒、抖抖毛，对着彩球朝拜几下，接着便跳跃腾翻着争抢，惟妙惟肖。突然，两只狮子后腿猛然蹬地，身子一拧，同时扑到了彩球，其中一只张口吞下再吐出来，叫做"狮子吐球"，大头则顺手又夺了回去，用力抛往远处，两只狮子跟着一声怒吼，腾空而起，再次上演争抢彩球的戏码。

观众早已喝彩声不断，但最精彩的还是"狮子登台"。几十张八仙桌很快在场地架起一座高台，层层叠叠足有十几米高。狮子围着高台不停地跳动着，稍时便趴在地上，很是乖顺地侧首向上，似乎在思考着什么，很快又直立而起，摇首摆尾，一幅跃跃欲试的样子。大头却好像累了，憨态可掬地扯几声呼噜。

哐！锣声大响，大头惊醒。狮子也好像受到了惊吓，"嗖"的一声跳到了第一层桌子上。那方寸之地，他们竟然可以游刃有余地跳跃、倒立，让人不免为之紧张。可更紧张、更刺激的还在后面，大头要引着狮子攀到最高一层做出各种动作，是为"狮子翻天台"。虽为演出高潮，观众却已鸦雀无声，都在替演员们捏一把汗。在那么高的地方舞蹈，要是不小心摔下来，不死也是重伤呵！不过这话千万不能说出来，西河人忌口。所以，这时大人往往都会捂住小孩子的嘴巴。当然，真要有童言无忌者冒了泡，也不要紧，大人连喊几声，小家伙嘴巴是屁股，做不得数，做不得数！也就没有人见怪了。好在西河农具厂的演员都有两把刷子，从未出过错，另外，台下还有人垫起一圈厚厚的棉絮，狮子尽可以翘首鹞子翻身、摆尾鲤鱼打挺，威猛的气势，矫健的身手，令人赏心悦目。

锣鼓声再次变调，狮子要"采青"了。最高处早已挂出一个红布包裹，里面有一颗生菜，几个红包，演员到了拿彩头的时候。生菜谐音"生财"，寓意生意兴隆。因为采的是"青"，这个任务自然由与之颜色相近的绿狮承担，所以，舞绿狮者必是高手中的高手。而"青财"又需"轻财"，不可独享，要见者有份。绿狮便兴奋地一跃而起，张口吞下包裹，演员在狮口迅速取出红包，撕碎生菜，此即谓"采青"，同时，模仿狮子咀嚼的样子，将碎菜片吐到地下让观众哄抢，意味财从天降，遍地生财。

说起来容易做起来难，这一系列动作都是在毫无防范措施的高空完成的，平时不加以勤学苦练，实难以做到。其中还有我们这些外行人不知道的技术性术语，狮子的喜怒醉醒、动静乐猛、惊疑寻盼、探烦嬉戏等各种神态，都要辅之以不同的动作表现出来。此外，表演者在狭小的狮身内无法商量动作步伐，全靠锣鼓的声调指挥，所以，初学者必先熟悉锣鼓节奏，真是世事洞明皆学问啊！

待到表演结束，演员脱下狮装，一个个浑身散发着热气，额头上都滚出了黄豆般的汗珠，但脸上却绽放着笑容，丝毫不嫌累地询问着观众，哪只狮子威武，哪个舞得更好看。尽管每一个精彩节目的背后都是汗水，但对于演员来说，观众的掌声才是最好的奖赏，这个道理西河人再明白不过，很快就有人递来热腾腾的茶水点心，演员们在一片喝彩与褒奖声中享用着乡亲们的年味……

西河人就这样年复一年地用舞狮舞去贫穷，舞来期盼。然时过境迁，如今的人们富裕了，古朴的民俗民风却少了，狮舞西河的场景已经多年未见。对于人过中年的我来说，只要想起狮舞西河，就仿佛刚刚上演过一般，而抬头望去时，却又是那么遥远。唯一可以欣慰的是，如今乡村振兴注重的便是乡村文化建设，相信瑞狮在不久的将来会再次炫舞西河。

❘ 百家盛宴

农历二月初二，民间相传为土地公公的生日，很多地方都有举办"土地会"的习俗，祭祀一方土地，以求风调雨顺、五谷丰登。西河也不例外，但另有一个邻里合办"百家宴"的习俗，人们集中在这天聚餐，其热闹盛大的场面已成为老街的一张名片。

百家宴厨师为附近公认的能人，早经十里八乡口口相传，一手农家菜烧得相当出色。酒店里能做出三五个拿手的菜就是厨师了，在西河能称为大厨的却是万能者,红白两案无一不熟,蒸炒煎炸无一不精。

赴宴的人们吃菜喝酒都讲礼数。桌子上若有长辈,年龄小的晚辈就是"酒司令"(筛酒人)。硬菜须等长辈先动筷子后才可以吃,体现尊老。小孩子没有座位,可以捧着碗在大人身边一饱口福,俗称"扛锅铲子"。席间会有人主动将鸡腿等菜肴精品夹给扛锅铲子的,体现爱幼。上菜的特选手脚利索、嗓音洪亮的青壮小伙,每端出一道菜必大喝一声:"菜来啦!"提醒大家侧身。

百家宴菜肴的数目必为双数,西河人视单数为不吉利,一般都是十八道菜肴,十象征十全十美,八意味兴旺发达。猪肉一般是一块大蹄髈,号称"无髈不成席",翻过身来多是稀烂的瘦肉,皮下的肥肉也不腻人,厨师事先已经想办法去了很多油脂,老少皆可大快朵颐。鱼分为可吃的和"叫喜"的两种。叫喜鱼又称"碗头鱼",只有一份,端菜的对着宴席大叫一声:"鱼来啦!"赴宴者哄笑应答:"万事有余!"可吃的鱼多半是红烧漂汤,既象征连年有余(鱼),又有红红火火之意。陆陆续续,"十大碗八大碟"先后端上,马头墙下,狭长的青石街道上,几十桌宴席排成长龙,蔚为壮观。众乡邻围坐一起,大口喝酒大口吃菜,如同梁山好汉聚义厅里英雄排座次。

西河百家宴,吃的不仅仅是浓浓的年味,更是不尽的乡情。

| 盏盏河灯送吉祥

西河先人利用老街的观音庵、对面珩琅山上的华严寺等做足了佛家文章。

放河灯的习俗起源于印度。传说在释迦牟尼的故乡,佛教信徒每年于农历七月十五举行盂兰会,施放河灯追祭祖先、超度亡灵。盂兰,在梵文中是"救倒悬、解痛苦"的意思;盆,即装盛供品的器皿。西河的河灯会,就是通过各种祭祀形式,祈祷神灵消灾免难、风调雨顺。在每年的农历七月三十前后四日内举办。按传统的说法，农历七月是地狱鬼门敞开的日子，鬼魂四处游荡，而河灯就是为了给那些冤死鬼引路的，灯灭了，也就完成了把冤魂引过奈何桥的任务。

西河早年商贾云集，由于水灾频发，死伤者甚众，导致人们对水患深为恐惧，商会率先举办盂兰会并组织放河灯，以期驱赶河妖，超度淹死的亡魂。

西河河灯为荷花状，故祭祀活动又称"点荷灯"。用优质无色蜡光纸裁剪成边长5寸左右的正方形，四方折叠成为荷花瓣，凹口向上，连接处用胶水粘实，并在底部滴若干香油作燃料，用草纸捻作灯芯，点燃后即可浮于水面随风漂动。

河灯会共有祭祀、出巡、放灯三项活动：

七月二十六日为祭祀首日，由商会设立盂兰会会坛，建神龛，立香案，供奉传说专伺管理各种水怪的"焦冥王"。神像身高丈余，面目狰狞，手执招魂铃，令人望之生畏。供品必有"三牲"（猪肉、鸡、鱼）以及点心、水果等。祭祀开始前，先由商会会首率领众人给焦冥王敬香磕头，然后是做法事：由请来的僧众高声念诵《观世音菩萨普门品》《地藏菩萨本愿》等消灾去业的佛经。领头的是一名号称法师的老僧，敲木鱼、捻佛珠、宣佛号、念经书，众僧随之穿行附和。远近香客纷纷前来祈求平安，最后用敲锣打鼓、燃放鞭炮的方式宣告仪式结束。

农历七月三十日上午，拆掉香案神龛，拥焦冥王神像游行，是为出巡。焦冥王"端坐"四轮车上，由车夫推着缓缓前行，前后有百余人簇拥。最前面是锣鼓队开道，后面是身着丽服、挑着花篮的四名童女，拎着香炉、身着青衣的四名童男，号称只有八名孩童引路，焦冥王才肯出巡。紧随其后的是一名打扮得花枝招展的姑娘划着旱船，"旱地行舟"也是方便焦冥王随时乘船视察水情之意。僧众此刻也要夹杂在队伍中相伴，最后另有一组乐队相随。出巡时，沿街两侧店铺，家家燃放鞭炮，敬香祈福。规定的路程走完后，队伍开到河边指定地点，再由僧人做一场法事，火化神像。

送走焦冥王后，盂兰会推向高潮。夜幕降临，岸边站满男女老少，放灯者四人一组，把一盏盏河灯摆到船头的舯板上，敲锣打鼓划到上游指定的地方，用竹篙把船固定在河水中央。按照传统，一般每次放灯360盏（因农历每年360天），期盼日日平安。晚上8时整，商会会首一声号令："放！"几百盏明灯顺着河水随波逐流，成群结队向前漂移，明明灭灭、恍恍惚惚之间，仿佛另一个世界呈现在眼前，两岸观众欢呼雀跃，尽情观赏这一盛大场景。

1984年国庆之夜，西河镇组织了一次大型河灯（当时又叫莲花灯）施放活动，在境上长达两千多米的青弋江水面上，110盏大"荷花"，2000余盏小"荷花"和10盏"九莲灯"顺着水流飘荡，熠熠生辉，万余名观众欢声雷动。

盏盏河灯送吉祥，寄托着西河人期盼日日平安、岁岁吉祥的美好愿望。

戏曲流芳

历史长河中的古老村落，总有丰富的传统文化。家乡戏曲多有大白话、生活俗语。唱词也如是，都很贴近百姓生活，同时又具有浓厚的乡村风味。所以，作为红杨人，我的乡情始终有来自戏曲的部分。红杨戏曲的唱腔多为江南的婉转之调，与北方的铿锵之声有所不同，即便是塑造一个豪气万丈的英雄，也是袅袅绕梁，让你感受着人物纯净的情愫。

一花一草一世界，一木一林一乾坤。在红杨这一方舞台上，无数悲壮、婉约、至情至性的爱，无数不离不弃、不动声色的美得以诠释，得以演绎，其情节有的催人泪下，有的振奋人心，多姿多彩。按说，唱戏的一般为伶人，演着人世间的悲欢离合、善恶有报，而红杨却有一种非戏子所唱的戏，只在可怜人之间相传，是为盲人戏。还有一种戏，演员唱，众人和，叫做帮腔戏，独具地方特色。

在红杨，循着流芳的戏曲长河，一定能找到符合自己的情感，找到心中空灵的回应，演绎着一种雅致、婉转、悠扬的情。

一唱众和帮腔戏

红杨周家村民风古朴、乡音特别，民俗文化底蕴深厚。起源于南宋末至元朝初年，始创于周家大村的周桥帮腔花鼓戏，是一个独特的、富有乡土气息的剧种。2009年11月被芜湖县政府宣布为第二批县级非物质文化遗产，2010年3月被芜湖市政府宣布为第二批市级非物质文化遗产。

若论历史之久远，周桥帮腔戏自汪皇殿建成后即有，庙会期间，连续15天所唱的戏大多为帮腔调，可见已流传了数百年。

帮腔，顾名思义，一唱众和。周桥村民对家乡戏有着浓厚的兴趣，大都能唱上几句。随着人们的传播，如今周桥帮腔花鼓戏早已走出本村，在岗山、万福、和平及宣城的桃红、文村等地深受群众喜爱。每一次演出，十里八乡的村民都会闻讯赶来欣赏，周边也有青年来此拜师学艺。

周桥帮腔花鼓戏由民间山歌、小调及歌舞等演变而来。周桥村属皖南山区，自然条件优越，物产丰富，除非遇到战争年代，人们大多生活富裕，一些外地艺人便常来此卖唱，有些富裕人家还常年供养戏班子作为娱乐消遣。清朝末年，皖南花鼓戏开始流入周桥，这些民歌、小调、歌舞、花鼓便在周桥村广泛流传。老艺人们吸取了各类曲艺中的精华，对原来的帮腔戏进行了创新，声腔与流派逐渐完善、定型，主要为"陶腔""悲腔""慢陶腔""四平调""北扭子"等。帮腔戏初期以男演员为主，后发展成男女合演。演员则分为"八大角"，即"大花""二花""三花（小丑）""老生""小生""老旦""正旦"和"花旦"。由于加入了花鼓戏成分，帮腔戏从此被称为"帮腔花鼓戏"。

新中国成立前后，周桥帮腔花鼓戏在当地尤为盛行，每年立秋都要举行演出，周边男女老少纷纷赶来观看。"文革"期间，戏台被毁，帮腔戏演出中断。1999—2004年，红杨镇为开发和平生态公园，周桥村汪皇殿作为一个重要景点，戏台重建，帮腔花鼓戏得以恢复。

追溯历史，周桥帮腔花鼓戏的发展大致可以分为四个阶段。从南宋末年至元朝初期为第一阶段。周氏家族为纪念汪家三兄弟救命之恩，自编戏文，一唱群帮，始称帮腔戏。平时主要在田间劳作时独唱或对唱，助兴解乏。农闲时也有三五成群坐在家门口开唱的，最后走上舞台。元朝末年至民国初为第二阶段。清朝末年，皖南花鼓的流入，帮腔戏有了改进和创新，开始定声腔，积剧目，成为一个唱、白、舞并重的完善剧种。1949年至1965年为第三阶段。1949年新中国成立后，一度停办的戏剧、曲艺、灯会渐渐恢复，帮腔花鼓戏进入了复苏时期。1980年至今为第四阶段。改革开放后，农村发生了翻天覆地的变化，人们逐渐追求精神文化生活，加之政府鼓励地方戏演出，激起了周桥艺人们的表演和创作激情，帮腔花鼓戏开始进入全面发展期。根据观众需求，除选唱传统剧目外，也自编了很多现代戏，如《送公粮》《家史》《半夜鸡叫》《李玉梅》《王老五》等。同时，传统剧目也注入了很多现代元素，更符合时代特色，有《大清官》《山伯访友》《秦香莲》《乌元记》《平顶山》《西厢记》《双合针》《双叉柳》《珍珠塔》《荞麦记》《绣香记》等。

周桥帮腔花鼓戏在流传过程中，曾涌现出一大批字正腔圆、演技高超的演员，由于资料的遗失，目前谱系传承只能追溯到近现代部分艺人，主要有：第20代李月宝（1880—1955年），第21代李慧文（1889—1967年），22代范文君（1926—1976年），第23代徐继槐（1935—2012年）、周家坤（1941—）、梅冠林（1940—）。其中，徐继槐、周加坤、梅冠林等几名老演员最为人们耳熟能详。

周桥帮腔花鼓戏是红杨走出来的"阡陌文化"，流行于山野、村落、田间。其唱腔比较固定，定型较早且极少改动，易为观众识别。同时注重地缘经营，依赖自我完善，突出原始风貌和个性特质，其家当日厚而风味不减，始终保持该剧种的原生态，特别是对白中的方言，土语味较浓，当地观众喜闻乐见。此外，该戏乐器伴奏简单，只用锣鼓、砸板等掌握节奏、烘托气氛，最大特征是唱词尾声由后台众人帮腔，热闹有趣，有很强的感染力。

前述特点使得周桥帮腔花鼓戏具有一定的艺术价值：一是审美性，声腔古朴优雅、圆润、舒缓，表演艺术多姿多彩，风格朴实，生活气息浓郁。二是教育性，早期演出，与隆重纪念不畏强暴、舍己救人的汪氏三兄弟的祭奠活动紧密相连，通过立庙祭奠、搭台唱戏来表达对英雄豪杰的怀念，颂扬正气。同时，演员大多生活在农村，活跃于民间，逢年过节便自发组织演出，为传承弘扬中华民族美德和戏剧艺术，丰富农村文化生活，满足群众精神需求，发挥了积极作用。

正是因为这种民间自发组织的草台戏班组织松散，周桥帮腔花鼓戏一度处于消沉状态。随着社会发展和历史变迁，老艺人已为数不多，传承出现青黄不接现象。电视、网络的普及和娱乐方式的多元化，传统曲艺难以引起年轻人的兴趣，特别是随着打工潮的兴起，很多人只有在春节才能休息几天，没有时间去学戏演戏。此外，由于经费受限，演出场所及服务设施无力修建，服饰及舞台设备无钱购置。庆幸的是，红杨镇政府已认识并重视其价值，采取一切行之有效的措施，着力开发并推广这一地方戏种。古老的周桥帮腔花鼓戏，又开始以独特的演唱形式，承载着人们对美好生活的追求，在皖南农村独树一帜。

家喻户晓倒倒戏

在红杨，除了徽剧和黄梅戏外，地方戏中知名度最高的就是倒倒戏（庐剧），几乎是家喻户晓。乡下有些大爷大叔在务农时带着"半导体""随身听"边干活边听戏，有的还摇头晃脑跟着哼哼哈哈地唱。城里一些中老年人在早晚散步的路上，手机里播放的也是倒倒戏。

20世纪七八十年代，每年正月间，搭台请戏班子唱倒倒戏成了红杨农村人重要的文化生活之一。耳濡目染，不少喜欢看戏听戏的人们渐渐也能唱上几段。小时候，常听大人们在走路时或干活过程中扯着嗓门吼

戏曲流芳

217

一段，尤其是夏夜的瓜棚里，几个会唱的自发凑到一块，拉的拉，吹的吹，唱的唱，像模像样的演出，听戏的人们掌声不断，有时过于投入，连地里被我们一帮小家伙偷摘了西瓜都不知道。

那时，倒倒戏来村里一唱就是好几天。每天晚饭后，男男女女老老少少，如同看露天电影一样，带上凳子、草把赶到戏台下，加上附近村里纷纷赶过来看戏的人们，一时间围成黑压压的一片，人头攒动，七嘴八舌，有的还端着饭碗边吃边看。只要村里请来戏班子，我们总要屁颠屁颠跟在大人后面去看戏，其实既看不懂，也听不明白，主要是人多热闹，还能吃到香喷喷的油糍，还有5分钱一包、放进嘴里就化掉的"猫耳朵"糖。

后来，随着年龄增长，慢慢地能听得懂倒倒戏了。特别是20世纪80年代，录音机开始走入寻常百姓家，倒倒戏的录音磁带一度销售火爆，购买者大多为农村人。当时我的祖父、父亲都非常爱听倒倒戏，在编烟叶上烤房的过程中，父亲总要打开录音机。有时一部戏听得我们都能背出台词来，实在听厌了，就和别人家调换磁带欣赏。记得当时比较流行的几部倒倒戏有《七世夫妻》《王清明招亲》《张万郎讨饭》《陈世美》。老百姓听戏以听懂为满意的标准，村里人最喜欢的庐剧演员中，男的要数无为县的周小五，吐字清楚，唱腔清脆，女演员则是和县的武道芳。

倒倒戏以悲剧剧情较多，"公子落难、小姐讨饭"是常见的剧本，感染力很强，演员一旦进入角色就唱得悲天悯人，看戏的也是跟着一把鼻涕一把眼泪，戏班子既能赚到观众的眼泪，又可挣到一些小费。达到高潮时，"落难的公子""讨饭的小姐"直接跪在台上，手里捧着个"讨饭碗"边哭边唱，台下那些感情脆弱的中老年人则一边抹泪一边从口袋里掏出硬币、小毛票纷纷往台上扔，叫做"砸彩"。不一会儿，"讨饭碗"就满了。砸多了彩钱的老娘儿们回家后会遭到男人的责骂："真歌假戏，说书的放屁，你还真舍得砸那么多钱！"骂归骂，最后还是一笑了之。当然，戏班子有时为了满足不同观众的口味，也会安排一些喜剧来留住青年男女们，引得台下哄堂大笑。有一年村里请来的戏班子唱了一本叫做《王二小过年》的倒倒戏，活灵活现地反映了懒汉和懒婆娘的搞笑生活，把台下观众逗了个前仰后合。

由于倒倒戏受到群众的普遍欢迎，有些演员便在正月间或单独、或三两人结伴走门串户唱戏，这种形式被称为"唱门歌"，和"送春"类似。门歌基本没有什么剧情，大多是从倒倒戏剧本中摘选部分章节，根据现场具体情况开唱。也有唱门歌的高手根据主人家要求即兴发挥，编出一些祝福纳祥的词句，这种情况下，主人家打赏的相对多一些。打赏唱门歌者，有的给米面、年糕等食物，有的给几个小钱。演员得到打赏后，接着赶去下一家，一天门歌唱下来，收获颇丰。过去对送春的有"半月春歌三月粮"一说，这句话对唱门歌的也适用。

俗话说"书文戏理"，"有钱的送儿读书，没钱的带儿看戏"。倒倒戏是一种源于乡村生活的方言戏，有着鲜明的乡土特色。农村人看戏一般都会带上孩子，边看边讲解戏中故事，让他们明白做人的道理。《铡美案》让很多农村孩子知道了黑脸包公的铁面无私，明白了抛妻弃子、另攀高枝的陈世美为什么会受到强烈谴责；《王强焐冰》中，孝子王强在严寒的冬天用身体焐开冰冻为病母抓鱼的剧情，让孩子们加深了对孝道的理解，懂得了万事须以孝为先。同时，"台上三分钟，台下十年功"，"三五步走遍天下，七八人百万雄兵"等常识深入孩子们的脑海，对他们起着启蒙教育的作用。

有人说，不知道家乡戏的人，就好像是不会说普通人的中国人。倒倒戏虽然来自长江以北，但如今已深入皖南农家人的生活，尤其是区划调整后，江北的无为县划入了芜湖市辖区，一条长江隔不断两岸的文化纽带，倒倒戏，已成为红杨人的家乡戏。

如今，在红杨的乡下，除了平时以外，操办喜事的人家大多用现代设备播放倒倒戏为客人助兴。不懂倒倒戏的年轻人则会闹出笑话。记得前几年老家村里有户人家下半年讨媳妇，爱看倒倒戏的几位年长者围在一台连着 DVD 的大彩电前津津有味地欣赏着，等到换碟盘时，一位青年人认为是结婚办喜事，想当然地将《七世夫妻》放了进去，没到两分钟便被长辈们一顿臭骂："你知道《七世夫妻》唱的是什么吗？唱的是天上的金童玉女七次下凡投胎都没有做成夫妻，人家讨媳妇，你却放这种戏，多晦气！"吓得那个愣头青吐着舌头逃之夭夭。

据资料记载，庐剧起源于合肥（古称庐州），后流行于无为、庐江、巢县、和县、含山一带。庐剧在民歌的基础上演变而来，发展过程中吸收了秧歌等艺术形式，最后形成一个生活气息和地方色彩浓厚的地方戏种，于清朝年间由江北传入皖南。

庐剧早先在皖南并不流行，人们甚至对此还有些歧视和排斥。皖南人习惯称长江以北的人为"江北侉子"，庐剧曾被人们调侃为"江北侉子不争气，出门就是倒倒戏"。

根据很多老年人回忆，庐剧真正在皖南开始流行是在抗日战争后期。当年日军打到长江以北的安徽境内时，很多难民"跑反"（旧时百姓为了躲避兵乱或匪患而逃往别处）到皖南后就在当地扎了根。在芜湖市清水、万春街道，有些居民至今还有"侉子"口音。倒倒戏随着跑反的难民也"跑"到了皖南，"江北侉子不争气，出门就是倒倒戏"这句话后来没有多少人再提了，这要归功于跑反的难民。

新中国成立后，很多土生土长的皖南人渐渐喜欢上这种通俗易懂又非常贴近生活的地方小戏。20世纪60年代初期，很多县的百姓都自发成立了小倒戏剧团，并得到了文化主管部门的大力支持，倒倒戏迅速流传开来。剧团在农忙时节到城里定期售票演出，农闲时节或春节期间，根据当地群众的要求，下乡巡回演出，丰富了人们的精神生活。

四十多年的改革开放使得社会面貌发生了巨大变化，百姓的物质生活不断改善，精神生活水平不断提高，作为红杨百姓精神生活不可或缺的倒倒戏的传唱方式也随之发生了根本改变。人们欣赏小倒戏变得更加方便快捷，不再需要像过去那样赶到传统简陋的舞台下去看戏，通过有线电视、电脑甚至手机，足不出户就可以随时欣赏精彩的倒倒戏。学唱时，只要时空允许，随时打开手机里下载的倒倒戏视频即可边听边唱。

乡村倒倒戏，已经传遍希望的田野！

诙谐叫苦盲人戏

蛇有蛇路，鳖有鳖路，每个生命都有自己的活路。如今不少盲人都有一手按摩或算命的绝活，有的还因此发了财。按摩靠的是技术，算命凭的是大脑。算命，迷信不迷信的暂且不提，单凭要记住周易里一大堆天干地支就得有超强的大脑。

能按摩会算命的盲人很多，但会唱盲人戏的很少，但在我挂鼻涕时代常见，到了20世纪80年代几乎绝迹。

盲人戏在红杨一带专指盲人或乞丐行讨时所唱的莲花落（lào）。能唱这种戏文的一是盲人，二是乞丐。盲人大都有点才艺，拉得一手好二胡，几片小竹板打得节奏感十足，几十段唱词烂熟于胸，随时随地都能脱口而出。

肩头一幅褡裢，前兜放碗筷，后兜竖二胡，一手持棍，一手抓竹板，这便是过去的盲人日复一日、年复一年走村串户的全部行头。眼睛虽然看不见，但只要用木棍"笃笃笃"地敲一趟，心里就比正常人还要亮堂。哪里有沟，哪里没路，东庄和西村相差几步，哪家抠门，哪户心善，他们都非常清楚。鼻子也比常人灵光，闻着味道就能知道张家办的是喜酒，李家开的是寿宴。

要饭的盲人和乞丐有所不同，他们不会挑好听的唱。吱吱呀呀的二胡声中、清脆的竹板声里伴着的始终是凄楚的唱腔。"上有君，下有臣，哪朝都有要饭的人。爹娘生我没长眼，可怜可怜我这看不见的人。"开头两句便令人心酸，连我们一帮撒丫子乱跑的小孩也都肃然不语，安安静静地围成一圈，瞪大眼睛盯着二胡和那双娴熟的巧手。那时的二胡在我们眼里就是个神奇的宝贝，总要在他们拉完后伸手摸一摸。盲人立刻紧张起来，生怕我们弄坏了他们吃饭的家伙，不情愿地递过来，并不断地叫我们轻一点，再轻一点。也许是苦难更容易使人相互理解，贫穷更让人单纯吧，围拢过来的大人呵斥我们不要胡闹，不知不觉中充当起维持秩序的角色，也在维护盲人们与生活抗争的自尊。

到了吃饭的时辰，好心的人家端来热气腾腾的白米粥倒进盲人的大粗碗里。有菜无菜、菜好菜差都无所谓，他们很快就稀里呼噜地喝个精光，接着把碗捧在手里转着圈舔一遍，说是浪费乡亲们的粮食要遭天打雷劈，也省去了洗碗。有了好一点的熟食，稍稍尝一口便小心翼翼地包好，留待下餐或是带给家中的老人。

那时，除了盲人之外，唱盲人戏的大部分是乞丐。这乞丐也有两种：一是或残疾，或无力养活自己的"散花子"，也就是不属于丐帮的"散户"；二就是丐帮了，其中以懒汉居多，又称"伸手大将军"。不过这些伸手大将军多为口齿伶俐的"人才"，可以根据行乞对象的不同，唱出各种既诙谐又押韵的词儿，有的还能现场即兴编出新词，也算是凭本事吃饭。

不管是散花子还是伸手大将军，都是或挽个破篮或背个破包，抖动一串小竹板，拄一根竹杖挨家挨户唱戏乞讨，一日三餐来源于此。常年握在手中的竹杖油光发亮，很像《射雕英雄传》里洪七公的打狗棒。提到打狗棒，不得不说一件怪事，叫花子总是引狗吠。平时不怎么叫唤的狗，遇到乞丐也都要跟在后面狂叫不止。小时候我们要是犯了错，大人常常会骂道："你个不成器的东西，将来就是唱盲人戏的货，狗撵的料！"

盲人戏在乞丐手里得以发扬光大，表现形式也是花样百出。进村便开始"嗒哩个嗒，嗒哩个嗒"打个不停。赶上人家吃饭的档口，张口就来："来得巧，来得妙，老板吃饭我来到。府上饭碗大又圆，赏我一口管一天。"走到代销店（过去乡下的小百货商店）门口，马上掏出一个破茶缸，边打边唱："走两步，晃三步，来到老板金子铺，掌柜的金银堆成山，能否给我来一缸。"经济条件好点的人家，往往会被连讨两次。"讨饭的不能就一餐，我晓得东家心最善，再给点锅巴和剩饭。"主妇们遇到这种情况，一般都认为叫花子贪心不足，一怒之下爆出粗口：

"我给你个屁！"此时乞丐也不生气，慢条斯理地唱着："大姐大姐生了气，二话没说要给屁，我们本来就是屁；我这个屁并不孬，撂下棍子和你一般高。一不偷来二不抢，光明正大来要饭，给我一毛我滚蛋。"女人家被逗得又好气又好笑，无奈之下掏出一枚硬币打发走人。

若按会不会唱盲人戏来分，还有乞丐叫"苦盲人"，啥也不会，只会叫苦，"可怜可怜吧，饿死我了，给点吃的啊！"

如今，直白叫苦型成了真正的伸手大将军，客气话也不说了，开口就要，要么就玩花样博取同情。有一次，在大街上看到一家三口求乞，男的跪在一张写满文字的白布上不停地磕头，女的和小孩则在一旁收钱。看了半天也没有搞清楚他们是哪里人，内容倒是很煽情，把他们一家写成了天下可怜第一，人间苦难无双。那男的磕头功夫当真了得，如同货郎手里的拨浪鼓一样，上下点个不停，有时还砸向地面；咚咚有声，除了额头有些灰尘外，竟然皮不破血不流。再仔细一看，他的额头居然长了一层厚厚的老茧！我模仿着摆了几下脑袋，立刻就有恶心之感，可见此人体质有多好，但他有决心苦练磕头劝，却不顾尊严地做伸手大将军。这么好的身体，就是当个搬运工也可养活全家人呀！我试着问了一句，你会唱盲人戏吗？他先是一脸愕然，随即气冲冲地回道："关你屁事！"这样的懒汉，我本来就很鄙视，态度还这么差，要我给钱？没门儿！当然，那些不能走、不能看、不能说的残疾人或小孩除外。据说有丧尽天良的人贩子偷盗小孩后故意弄残他们的身体再逼其出来乞讨。

直白叫苦型有的还演变成强要型，不给钱就赖在你家门口不走。曾见一个行乞的汉子牵一头大骆驼堵在一家商铺门口，店主大概是生了气，就是铁公鸡一毛不拔，最后城管赶来调解了好长时间，他才牵着骆驼悻悻离去。

记得三十几年前要饭的都是以粮食为主，剩饭、锅巴、山芋、窝头。不管好坏都要，不像现在的乞丐大多只管要钱。盲人戏就更不用说了，没有一个会唱的。

那时老家乞讨者多来自"二州"，浙江的温州和本省的徽州。温州乞丐比较齐心，只要哪个受了委屈，一时三刻便招来几十位同乡，一般人家是惹不起的。如今温州发展迅速，经济水平超出我们好远，"穷思变，变则通，通则达"，"人心齐，泰山移"应该是他们发达的根本原因。徽州乞丐不同，虽以单打独斗为主，却也有一段戏说："前世没修，生在徽州，长到七八岁，对外一丢。"这一丢，其实就是要饭，好在徽州如今也发展得不错了。他们的"乞丐文化"给我们这代人留下诸多回忆。记得那时他们岁数也不是很大，但大多能唱一段盲人戏。他们手持打狗棍，穿着破烂的衣服四处要饭，有时一天之内能碰到好几帮。过去农家也不富裕，有的被要怕了，听到有人唱盲人戏，能躲就躲或者直接把门关上。不过他们也不强要，给就唱几句，不给就哼着赶到下一家。

徽州乞丐不但会唱盲人戏，有的还能表演精彩特技。我们最爱看的就是他们抛鼓槌。几名乞丐合伙带着锣鼓来到门前，唱着唱着突然把鼓槌往空中一抛，再伸手去接，一根、两根甚至四五根，鼓槌在他们手中穿花往返，不断飞舞，煞是好看。他们有时还将鼓槌从胯下甩出高抛，再从背后伸手接住，技艺高深，手法娴熟，对当时的我们来说绝对是一场视觉盛宴。遇到这样的行乞者，我一般都会多给食物，也有心地善良的就是你多给他也不要。记得有一次，父母都不在家，一个乞丐来到我家门前唱起了盲人戏讨米，我傻乎乎地问他要多少，他说你就随便给吧。我就用盛米的葫芦瓢舀了一满瓢递给他，他却笑着说："你个小孬子，你家不过日子啦？你给这么多，你家大人知道会骂你的。"硬是倒回了半瓢。至今我还对这个身穿长衫、盲人戏唱得字正腔圆的乞丐记忆犹新。

盲人戏原本叫"乞讨莲花落"。据说"莲花落"是起源于唐宋形成于明盛行于清的江西省民间曲艺，在庐陵文化中占有一席之地，是江西省非物质文化遗产重点保护项目。其内容多为劝世良言，以惩恶扬善、祝福纳祥为主。最初来源于佛教，因盲人大多拜佛从善，而莲花又是佛教的象征，故名之，民间俗称"盲人戏"。盲人戏都用方言说唱，通俗易懂，生动风趣，具有寓教于乐、淳化民风之功能。据资料记载，北方的"二人转"就是从盲人戏中演变而来。

诙谐叫苦的盲人戏，虽是远去的记忆，却是一种民间文化，值得回味，值得挖掘。

阳腔广调目连戏

在芜湖县，提起目连戏，不能不提一提一个古老的村落——红杨镇的西湾里凤村。红杨有两个凤村：一个叫凤家湾，坐落在珩琅山村罗公圩；另一个就是西湾里凤村，位于三合圩的三胜村。这两个村原为一宗，均源自泾县茂林凤村。

凤氏宗谱记载：凤氏原并不姓凤，系五代十国时期后汉高祖刘知远的后代。后汉被宋所灭后，刘氏宗室在刘世杰的带领下南渡逃亡，先在江西南昌一带居住，后来到泾县南乡，经过阳山东麓时，刘世杰听到奇异的鸟叫，认为是凤鸣，乃祥瑞之兆，于是就在现在的"鸣凤桥"一带定居下来。为躲避宋王朝的追杀，刘世杰便改刘姓为凤姓，世代繁衍，遂成聚族而居的茂林凤村。茂林凤氏始祖即凤世杰。其十六世孙凤重和约在元朝晚期由泾县茂林迁至宣城西乡水埠底，即今日凤家湾。凤重和生有两子，长子凤新安迁居外地，次子凤长安居本地，凤长安长子凤显祥后又迁居到附近的三合圩，也就是现在的西湾里。

令凤氏深感自豪的既有他们的离奇身世，还有首创罗汉灯，更有西湾里凤村全村传唱目连戏。

目连戏是皖南很有名气的一种乡土戏剧，与中国戏曲的成长成熟相伴始终，最初来源于佛教地藏王菩萨的前身目连救母的故事。

相传，有一位名叫"目连"的公子生性好佛，为人善良重孝。然目连之母刘青提却生性暴戾，为人好恶，不仅殴打化缘的僧人，砸了佛堂和庙里的菩萨，且以狗肉包子戏弄和尚。此外，刘青提还是天生吝啬之人，既不积口德，又常驱使恶狗追咬乞丐，其种种恶行激怒了玉帝，命阎王将刘青提打下十八层地狱，变成一只恶狗，永世不得超生。

目连得知母亲被打入地狱后，日夜修炼，终于得道，又费尽周折，求得恩准，去地狱看望母亲，却发现母亲身处地狱的"饿鬼道"，骨瘦如柴，颈如针管。目连遂定期送去饭菜，但每次都被沿途的饿鬼狱卒抢吃一空。为了让挨饿的母亲吃上饱饭，目连常在山上徘徊苦思良策。有一天，他不经意间摘下身边矮树上的叶子，放入嘴中无聊地咀嚼，却发现这种叶汁乌黑的树叶香润可口。目连忽发奇想，以此叶汁浸米，烧成乌黑的米饭给母亲送去，这难看之极的食物可能不会再遭饿鬼狱卒抢吃。后来果然如此，刘青提总算吃上了饱饭。

目连救母，行尽孝心，几经劫难，挑经上西天，请法入地狱，最后功成，授地藏王菩萨尊号，掌管地狱。他发誓："地狱不空，誓不成佛，众生渡尽，方证菩提。"为救母亲，目连用锡杖打开地狱之门。刘青提和全部恶鬼都逃出地狱，投生凡间作乱。玉帝大怒，令目连下凡投生为黄鸟巢。后来"黄巢杀人八百万"，传说就是来收拾这批从地狱逃出来的恶鬼。

目连之母变成的恶狗，逃出地狱后，因十分痛恨玉帝，就去吞吃太阳和月亮，让天上人间变成一片黑暗世界。不过恶狗最怕锣鼓和爆竹，只要有人敲锣打鼓、点燃鞭炮，它便吓得将吞下的太阳和月亮又吐了出来。但它不甘心失败，再去吞食，这样一次又一次，成了日食和月食，称作"天狗吃太阳"，"天狗吃月亮"。民间因此流传了一个习俗，每逢日食、月食时，老白姓便敲锣打鼓，燃放爆竹来赶跑天狗。

至此，目连救母的故事千载传颂，家喻户晓。

明代徽州祁门人郑之珍取当时民间流行的各种本子重新编撰成《目连救母劝善戏文》，开始在皖南民间演唱。戏中包含了丰富的宗教思想，主要有佛教的救渡思想、道教的尊道贵德思想以及民间的临终追荐与超度思想等，这些思想通过戏剧的演唱与流传对皖南乃至整个江南社会都产生了重要的影响。

明清以来，皖南地区盛演目连戏。但一个村多年坚持完整表演目连戏实属罕见。1949年以前，西湾里凤村每年正月都要搭台演唱目连戏，一唱十数日。此外，每逢观音菩萨生日，另组织目连戏演员清唱。

西湾里凤村目连戏和南陵县的目连戏如出一辙，以"弋阳腔""青阳腔"为主，双声部的演唱号称"阳腔广调"。伴奏使用堂鼓、大锣、大钹，并以竹板击节，声调缓慢，粗犷、古朴而优美，另伴有"佛赚""莲花落"等小曲小调。主要角色有生、旦、外、夫、净、末、丑七大类，另有杂、襟等配角。脸谱比较夸张，有独特的地域风貌。

西湾里凤村目连戏中包含着大量宗教仪式，融入了地方性文化和宗族文化。每次演唱之前都要在族长的率领下举行庄严而神秘的仪式，以"化马进香"、家家户户点油灯等傩祭驱鬼逐疫，祈福消灾，以《起马》作首场戏，演员扮五猖鬼，如同玩走马灯一样"骑"竹马，手舞足蹈，极具神秘色彩。主要剧目有《王灵官打火》《目连打坐》《出神》《乌米饭》《绣襦记》《博施济众》《出佛》《赶散》《披红》《三大苦》等等，戏曲人物多为神界天庭玉帝、闻太师等众神，释迦牟尼、观音、过去佛、未来佛、韦陀等佛教中众神以及地府阎罗、判官、黑白无常、牛头马面等鬼卒，人间则以目连及其母刘氏为主。西湾里凤村曾有多位声名在外的目连戏艺人。据该村后人介绍，民国时期有个叫凤兆棠的正旦家喻户晓，不仅演唱字正腔圆，扮相更是惟妙惟肖，韵味十足。

"文革"期间，目连戏受到了毁灭性的打击，直到1979年改革开放才有所恢复，但后来随着农村打工潮的兴起，青壮年外出务工，使得包括目连戏在内的很多传统乡土文化逐渐式微。不过，南陵县烟墩镇已经在为本地目连戏申请非物质文化遗产保护。我们相信，在国家振兴乡村的战略部署下，一向重视传统文化的红杨镇政府，急当务之急，充分挖掘西湾里凤村的目连戏，保护这一宝贵的民间文化遗产。

极富乡土特色的"阳腔广调"，又将唱响红杨大地！

刚柔相济大鼓书

崔大发身前一面大鼓，左手一把竹板，右手一根竹节鞭，时不时地敲击鼓面和鼓沿，间或打几下竹板，摇头晃脑地用当地方言哼唱着《杨家将》《岳飞传》《水浒传》……那唱腔忽高忽低，或快或慢，忽刚健忽柔润。什么"三军儿郎""两军对垒""摇旗呐喊""人嘶马叫"；什么"两脚一蹁镫，镫口飞虎颤，小肚子一贴铁锅梁，催马上前，挺枪便刺，大喊一声，贼将，拿命来！"……杨六郎、岳鹏举、林冲，这些英雄人物都活灵活现起来，场面如同放电影。崔大发身边围着一群庄稼人，听得如痴如醉，一起摇头晃脑……

这样的场景曾无数次在我的脑海中回放。崔大发和我同乡，都是红杨镇万村人。儿时经常听他说大鼓书，也多次被父母或老师揪着耳朵从书场提溜回去。

儿时，经济很不宽裕，人们住的大多是土墙草屋，偶尔能看一场露天电影就如同过年一般。劳累之余的夜晚，点上煤油灯听大鼓书，不仅是大人们常用来放松的方式，我们一帮小屁孩也跟着听上了瘾。当然，那时老家说大鼓书的不只崔大发一人，还有走村串户的说书人。农村场地多，大鼓书又是一人独角戏，白天，除非下雨落雪，不然随便在室外摆个鼓架子，往凳子上一坐就可说唱。崔大发是生产队经常邀请的艺人，对他说书的记忆也就格外深刻。

所谓鼓点响，耳朵痒。鼓声一响，男女老少就争先恐后地拎着板凳寻声而来。见人到得差不多了，崔大发再把大鼓重重擂几下，双手抱拳，高声唱喏："在家靠父母，出外靠朋友。我跟朝（今天）到你搭（们）村要要嘴皮子，各位老少爷们听得高兴，赏几个茶水钱，听得不快活，我立马去吊球（滚蛋）。"接着，"咚"的一声，"闲话少港（讲），书归正传，跟朝不港别宁（人），港的是一位英雄好汉，醉酒打猛虎，狮子楼'萨'（杀）西门庆，他叫武松，江湖人称武二郎……"当听到崔大发那个"萨"字时，人群一下子安静下来。红杨是吴语之乡，"把人杀了"方言叫"把宁萨拉亦"，地道的方言格外亲切，接地气。这也是大鼓书这种乡村艺术的魅力所在。

一般情况下，说书人都要卖个关子，每到最精彩处时便停下来，如同收音机里的刘兰芳所说："要知后事如何，且听下回分解。"这样，人们的胃口就被吊起来了，念念不忘，非要听下一场不可，说书人谋生秘密即在此。崔大发不这么搞，乡里乡亲的，不好意思。

因为儿时听过太多次崔大发说书，后来便作了仔细了解。崔大发的大鼓书就是安徽省传统曲艺——安徽大鼓书，清代中期，受北方的河间大鼓影响发展而成。这种曲艺起源于安徽泗县一带，原名"泗州大鼓""淮河大鼓"，最初主要流行于长江两岸和江淮之间的广大乡村和城镇，后逐渐遍及安徽全省，形成南口、北口、花口三种唱腔派别。

作为传承安徽大鼓书的皖南人，崔大发属于南口派，吸收了黄梅戏的唱腔。崔大发去世后，其弟子后宗槐继承衣钵，继续把大鼓书说到红杨的每个角落。

安徽大鼓书早期在节日期间以即兴演唱祝福纳祥为主，后转为传唱历史故事。说书者只有一人，自行击鼓打板伴奏。在唱法上有"卧嗓"和"立嗓"两派，"卧嗓"出音沙哑、刚健，"立嗓"出音柔润，谓之"本嗓"。说书人常将两种唱法混合使用，可谓刚柔相济。鼓点也有讲究，除了用作开场白的"凤凰三点头"外，还要根据故事内容和情节的变化打出"紧急风""长流水""五鼓二板""蜻蜓点水""倒卷帘"等。

竹板的打法有很多名堂，常用的叫"珍珠串"，另有"马蹄点儿""剃头""滚板""莲花板"等等，手法又有"搧""撩""颠""摇""抖"等，真可谓"三百六十行，行行有门道"。

听父亲说，崔大发当年光学练鼓点和竹板的击打就花了一年多时间。安徽大鼓书的曲调比较简单，通俗易懂，因此很受群众欢迎。过去都是坐唱，20世纪50年代后期增加了站唱法，有模拟人物动作的表演成分。所以，崔大发常常说到关键处，"豁"地站起身来，辅之以动作，绘声绘色，听众也跟着如身临其境，直到崔大发喝茶清嗓子时，才爆发出经久不息的掌声。

用崔大发的话来说，大鼓书难在一鼓一板，表演则讲究八个字，"喜怒哀乐，高低平仄"。唱法中最难的是"卧嗓"中的"拖音"，如模仿古代战将杀敌时的吼声，"哇呀呀呀……"或是"嗯嗯嗯……"这声音是靠胸腔憋出来的，如果不懂技巧，就会"气大伤身"，弄不好还会憋得口吐鲜血。

提起这种刚柔相济的民间曲艺，多少有些令人遗憾。如今，红杨能拿鼓鞭子的只有后宗槐等寥寥数人，安徽大鼓书和许多传统曲艺一样，正无奈地走向式微。好在红杨镇政府高度重视，采取了切实可行的措施，极力挽救并开发这种曲艺，同时，对后宗槐等艺人给予鼓励和帮助。2012年2月，红杨镇的安徽大鼓书被芜湖县政府公布为第三批县级非物质文化名录。

安徽大鼓书，再次传唱红杨镇。

激
情
红
杨
山

　　越野汽车比赛是一项积极健康、富有激情、充满拼搏进取精神的体育运动，在国际、国内都受到了广泛关注。

　　红杨山越野车王争霸赛以越野 e 族的庞大越野群体为基础。越野 e 族 FBLIFE.COM 是一个全国性的超级俱乐部，起源于 2000 年，凭借独特的群体文化，吸引了数十万事业成功、推崇挑战与团队精神的高端人群加入，其中忠实会员已经超过一百万人。

　　红杨山越野车王争霸赛是规格高、规模大、高手多的精彩刺激的高水平汽车场地越野赛。2014 年，红杨山全国越野车王争霸赛邀请了历届全国场地赛总冠军车手、分站赛冠军车手、东川泥石流汽车拉力赛冠军车手、中国环塔汽车拉力赛众多职业车手参赛。此后，每年都按期举办一场规格相当的比赛。

　　红杨山越野汽车赛场是严格按照中汽联越野场地规范标准建设的双发车双赛道赛场，已经成功举办过多次全国性的专业越野赛事。赛场的总面积为 2 平方千米，海拔 25.5～93.8 米，区域内山峦起伏，沟壑纵横，山水相连，有卵石陡坡、湿地浅滩，另外，还人工设置有跷跷板、双边

激
情
红
杨
山

231

桥、深水坑、内外侧坡、台阶坡、双驼峰、U型坑等23处障碍。

当然，最激动人心的还是在赛事现场。来自全国各地的车手及一百多辆赛车云集于此，蓄势待发。即将开上赛道的越野汽车，组合发动机发出巨大的轰鸣声，搅活了沉静的山林。

随着裁判一声令下，参赛车如离弦之箭，飞速驶出，卷起飞扬的红土，飞溅的泥浆，刹那间点燃了现场观众的激情，欢声雷动。届至参赛车通过障碍时，惊险刺激、扣人心弦的场面频出，发动机的轰鸣声很快被观众此起彼伏的尖叫声、呐喊声给淹没，赛车在漫天的尘土中，狂奔向前。

解说员大声、详细的介绍渲染着激情的氛围。"飞跃！""爬坡！""竞速！""一道道艰难险阻被突破！""一个个高难度动作在上演！""冲在最前面的车所向披靡……"精彩、刺激的火爆场面如同好莱坞大片。此时最应景的电影莫过于《速度与激情》。

特制的赛道处处是挑战，赛车手们难免会有马失前蹄、翻车失利的时候。正是因为存在着未知性和偶然性，这种车王争霸赛才更魅力四射，充满了悬念和看点。用一句时髦的话来形容比赛的盛况，那就是"嗨翻全场"。惊心动魄的生死时速，感染着每一个人，直到比赛的帷幕落下，意犹未尽的观众们还是久久不愿离去。

精彩纷呈的红杨乡土文化，渗透着浓浓的乡情，承载着红杨人对美的追求，对幸福的向往。无论时代如何发展，真的、善的、美的，都将永远存活于天地之间，红杨文化亦如是，也一定宛如那生生不息的青弋江水，源源长流。

方言拾趣

　　红杨系吴语之乡，尤其是撤乡并镇之前的和平乡，当地百姓更是说着一口地道的吴语。根据语言学家研究，吴语共分六大片区，分别是太湖片、宣州片、台州片、金衢片、上丽片、瓯江片。红杨的吴语属宣州片。

　　根据音韵学特征，吴语宣州片又分为太高小片、铜泾小片、石陵小片。其中，铜泾小片面积最大，人口最多，红杨吴语属铜泾小片。但就同一铜泾小片来说，吴语之间又有很大差别，比如，小孩读书用的"本子"，是第三声，和平人却念作去声"笨子"，西河人则念作平声"奔子"。外地人因听不懂红杨吴语便称当地人为"此地佬"，往往抱怨"此地佬"的话让人一头雾水。此外，西河因早期发达，吸引了诸多外来移民，这些移民来自大江南北，他们融入当地生活后，与本地人慢慢相互影响，又形成了以吴语为基础，杂糅江北方言的独特的"西河话"。

　　语言涉及生活的方方面面，很多地方方言都有特殊的含义，加之有些字词用汉语拼音根本拼不出来，即便有拼音标注，也只能大概对应，实难一一说明，只能挑一些常用语为例，既增趣味，也可或多或少帮助来红杨旅游的人们更好地了解红杨，增进交流增进情感。因为语言是最重要的交际工具和信息载体。

红杨本地人称杀为"萨"，如有人被对方激怒而气急，会冒出一句"我把你萨拉亦"（杀掉）。夜念作"亚"，骂不争气的青年人为"亚搂埋的"（夜里埋的）"萨搂的"（杀头的）"小半糯子"；数落为老不尊者叫"老半糯子"。赌钱叫"抖烟"，输了叫"迁了"，"个萨搂的又抖迁了噶"（这个杀头的又赌输了）。

说女人风骚或男人娘娘腔为"鸟鸟子货"，成年妇女叫"奶尼们""内经噶"，小男孩叫"小庵尼"，婴儿叫"毛庵尼"，姑娘叫"妹尼噶"，妻子叫"马马""内经"。

饭读"万"，煮饭叫"焐万"，晚饭叫"亚万"。清晨叫"早酿"，傍晚叫"晚八西尼""晚酿"。一滴或一点叫"一小夺尼"。肉叫"序"，买肉叫"张点序尼"；鱼叫"捋"，买鱼叫"秤点捋尼"；虾子叫"哈子"；小杂鱼叫"慌慌（胖胖）屁"。豆腐叫"漏乌"，干子叫"功子"。鸭子叫"阿子"，鸡蛋叫"鸡子"，小孩称鸡蛋为"嘎嘎子"。山芋叫"三捞乌"（山萝卜），粉念作"混"，粉丝叫"混丝"。

知了叫"追罗子"，蜘蛛叫"喜喜子"，蛇叫"沙"，蝴蝶叫"叶立子"，蜂、风读作"轰"，蜜蜂叫"乌轰子"。

做客或游玩叫"耍子""嘻子"。吃叫"七"，婴儿吃奶叫"七马马"；娶媳妇叫"讨马马"。喝叫"霍"，喝点小酒叫做"霍滴酒尼"。小孩跟着大人赴宴叫"扛锅铲子"；到饭店赴宴叫"哈馆子"；去城里叫"闪该"。

厕所叫"茅缸屋"，痰盂、便桶叫"马子"，粪读作"混"，粪桶就叫"混桶"。箩筐叫"挑箩""勤筐子"，小水桶叫"提量子"。挑绳叫"挑索"，锄草叫"芟草"。

肚子叫"抖子"，手臂叫"嘎子"。讲、说读作"港"，说话叫"港洼"，形容对方说话不中听而不屑一顾叫"你港洼样子"。他、她、它叫"兮"，他说的叫"兮港的"。

衣服叫"央"，鞋子叫"嗨子"，顶针叫"钉钉枯"。坟读作"浑"，上坟叫"散浑"。放读作"换"，放鞭炮叫"换炮簪"。地面打滑叫"滑痴的""痴滑的"，水坑叫"宕不老"，毛毛细雨叫"雾拉子"。一会儿叫"一糙尼"。

起风了叫"刮轰了"，干枯叫"焦功的""午焦的"。家叫"噶"，沙发叫"仨滑"。钱包叫"庇嘎子"，夹也念"噶"，不讲道理叫"噶舌呆乖的"。结巴叫"噶舌子"。认输叫"摊孬"。糊涂胆大称作"哈叽咕隆的"，调皮叫"吊蛋"，干事不认真被称作"吊蛋卵经的"。厉害叫"赫隆天的""不是滴吧滴的"。聪明就是"活龙叫"，傻乎乎的则是"兹头刮脑的"。流氓习气叫"雅（野）毛三秋的"。怎么了叫"哄（何）你搞的"。

这里、那里叫"格里""顾里"或"伊里""魅里"。滚烫的叫"滚滴的"。看看叫"控控"。认识叫"宁的"，装作读"簪"。"你不黑宁，在该酿控到我簪噶不宁的"（你不够意思，在街上看到我装作不认识）。

泡泡鼓鼓、鼓鼓囊囊的叫"洗泡的""泡松的"。全部、都，叫"杂一"。酥念"搜"，糖读"囊"，哄小孩就用"囊囊"。"西河该酿点心杂一好七，麻搜囊泡松的，油条洗泡的"（西河街上的点心都好吃，麻酥糖、油条很是疏松）。

表示认同或回答"是的"，叫"啊一""哎一"或"哎四的"。快点叫"豁子""扫点尼"，慢点叫"憨滴尼"。交谊舞流行时，和平人把慢三步、快四步说成"憨三扫四"，舞伴大为不解，弄明白后捧腹大笑；大念为"塔"，石头念为"瑟漏"，大石头便是"塔瑟漏"，鹅卵石叫"木骨囊"。曾有和平人去采石场买"塔瑟漏""木骨囊"，翻译了好半天。

当你踏进红杨，无论是早晨，还是中午，抑或是傍晚，迎面遇上认识的红杨人，他们都会用地道的红杨方言问候一句："你格七噶啦？"（你吃过了吗）简简单单的五个字，让你倍感亲切……

生态 红杨

JIANGPAN GUSHU BIEYANGHONG

百鸟之声／凉山明珠

第三辑

水秀山清

久闻城市的喧嚣，或许我们会觉得很累甚至有些压抑。所以，如今的我们都很向往那种田园风光。一湾碧水，一座青山，一片蓝天，一团白云，都能让我们感受到自然的魅力，让内心更加清澈澄明。这样的处所，这样的景致，红杨比比皆是。

红杨虽无名山大川的壮美，却有着小家碧玉的自然风光。南有"小九华"珩琅山，中有国家农业旅游示范点、市级鹭鸟自然保护区和平生态公园，北有怡龙生态园。

住在红杨，你会感到这里一年四季都是人类的花园，鸟类的天堂。春光里，万紫千红，妆点弋江如西施，浓抹不艳，淡描亦雅；乡村梨花、槐花如雪，香气远飘数里，花醉人，景更醉人。夏日时，几场雨水过后，水草便丰茂起来，漫山碧透，清泉下流，你可以坐在树下，把脚泡在清清的溪水中，悠闲地吃瓜品果，再热的天也会心静自然凉。秋色中，层林尽染之处，那"落霞与孤鹜齐飞，秋水共长天一色"的画面随处可见。冬雪至，一座座小山岗如同一个个雪白的馒头，千林万树就像一排排顶风冒雪的卫士，守卫着那些绵延的小山庄。

宜人的环境，丰美的水土，又生出无数舌尖上的诱惑。红杨猕猴桃早已成为知名品牌，蒿子粑粑也是非遗保护的美食。

若是初来红杨，你随意找一片绿茵躺下。仰望蓝天，天空丝绸般柔滑；闭上双眼，让白云拂过你没有一丝皱褶的心田。听清风摇曳着自然的风铃、群鸟鸣啭着山水的心音，你会有一种超然物外，与世独立的感觉……

当你登高远眺时，就会看到青翠碧绿的山岗相间叠置，被花草树木编织成无数块随风起伏的彩被。而珩琅山、青弋江那些薄雾又如同面纱一般笼罩出几分神秘，令人不禁生出探幽猎奇的想法。

这个枕山带水的江南小镇，始终植被茂盛、河水清澈、空气清新，一直以来都拥有天然的优良生态环境。2003年，红杨镇被国家旅游局、农业部批准为首批"农业旅游示范点"。2015年，红杨镇被国家环保总局授予"国家级生态乡镇"。

｜ 桃花时节桃花雨

夸父没想到逐日被渴死后，手中的拐杖会化作一片桃林，更没想到桃树被削成一把木剑握在道士手中比画比画就可以作法驱妖。文人墨客们却想过了头，抽芯剥茧成"妖媚"还不失桃花的本色，"妖艳"恐怕就说不过去了，能降妖除魔的桃树，开出的花怎会有妖邪之气？好在有位唐代诗人崔护推云拨雾，还了桃花一个公道。"去年今日此门中，人面桃花相映红。人面不知何处去，桃花依旧笑春风。"自打崔夫子这首《题都城南庄》问世后，桃花与美人就再也分不开了，柳眼桃腮、艳如桃李等赞美女子的词汇纷纷而出。可惜自古红颜多薄命，桃花花期较短，最多只能开半个月。

也许是天可怜见，每年桃花盛开时节都会来一场绵绵春雨，似乎在为其流泪。雨水不大但淅淅沥沥的时间很长，水位涨到一定高度还会爆发桃花汛。雨停时，桃花就快谢幕了，人们观赏的机会总是很难得。既然春雨伴得桃花谢，干脆就叫桃花雨吧。

我也是个爱花之人，牡丹之华贵、夏荷之高洁、秋菊之孤傲、蜡梅之清奇都是可赏之处。我喜欢桃花在于其美得真实，从不在乎别人的褒贬，总是我行我素地装扮着春日河山。人类的本身就是在追求自然的本性，失去真实也就失去了生命的意义。人们常说红花虽好还要绿叶扶持，桃花却不然，盛开之时叶子少得可怜，独领风骚，这是另一个难能可贵之处。

红杨种桃的人家颇多，几乎每个村落都是桃柳相间。有了对桃花"美出自己，活在当下"的认识，每年三月，我都赶到乡下领略一番那"桃之夭夭，灼灼其华"的世界。

撑起雨伞，踱步乡村陌上，听鸟虫呢喃，看桃园风光。无论什么花，只要成片开放，那就是一种壮美，桃花更如是。"满树如娇烂漫红，万枝丹彩灼春融"是晴天时的桃园景象，而雨中则另有天地，另有韵味。放眼望去，嫣红满园，如同一块巨大的胭脂侵染山野，又似一团浓厚的红霞辉映绿地。走进园内，一朵朵缀满枝丫，或怒放，或含苞，或掩面，湿漉漉的空气里弥漫着幽幽的甜香。

雨继续在下，桃花仍然在开。风雨中摇曳的花朵，多了一份惹人怜爱的姿态。湿润的花瓣愈发娇美，离开枝头便和春雨共舞，展现最靓丽的风采。沾了雨露的花蕾更是远望清莹，近观明艳，几缕淡黄的丝蕊从红红的花苞中探出来随风点头不已，欢迎赏花人。

在红杨，在春日的桃园，读书人一定会想起戴望舒的《雨巷》，此时若有一个丁香一样的女子撑着油纸伞，脸上露出浅浅的哀伤走在桃花丛中，再来一位身着长衫的先生回眸凝望，演绎出戴先生笔下的动人情景，定能平添更多的柔情和浪漫。

雨中赏桃时情绪偶尔也会低落。一阵吹面不寒的杨柳风轻轻刮过，桃花便漫天飞舞起来，"桃花之雨"旋即落满一地残红。琦君写出《故乡的桂花雨》，是在看到桂花洒落一地后产生的灵感，心情很愉悦。然此雨非彼雨，美如梦境、亦真亦幻的缥缈世界里透出的却是一丝残忍。

潇湘馆里的那位葬花女子若是看到这满地落红，估计又要"莫向花间费泪行"了。

不过，黛玉是黛玉，我是我。尽管"质本洁来还洁去，强于污淖陷渠沟"，但要是像黛玉那般痴呆凄楚，一个大男人岂非成了无故寻愁觅恨的姑娘？一帘幽梦毕竟只是个梦，终究要醒来。虽有风吹雨打花落去的些许感伤，但花谢花会再开，又何必非得做那怜香惜玉客而自寻烦恼？对一个笔耕者而言，锄头，不是用来葬花的，而是用来耕种的。所以，《红楼梦》要看，桃花诗也要读。

"桃花潭水深千尺，不及汪伦送我情"。李白这句脍炙人口的千古绝唱使得泾县桃花潭名扬天下。实际上，水光潋滟、桃火如霞的潭岸，如今红杨也可以见到。美丽乡村建设开展后，好几个示范村被打造得移步换景，四时宜人。同时，乡村因其特有的接地气"乡土味"，渐渐成为厌倦现代城市生活的人们的首选。节假日，三五成群来到偏僻乡野，赏山明水秀，看风轻云淡，可以找寻到一份灵动和生气，抛却暂时的烦恼与不快。漫步桃园中，时不时有几对恋人挽手低语，姑娘的脸庞被桃花映衬得格外娇羞。就算不是诗人，情人在雨中携手赏花也会让人诗意丛生。

说到诗不能不提李白，提到李白又不能说酒，斗酒诗是这位老夫子的绝活。桃花酒便是采下春雨中的桃花泡制而成的佳酿。每至桃花盛开之时，喜爱杯中物的人们都会在桃园里捡一些落花带回家泡酒，酒香之中含桃香，别有一番风味。据说，人们泡桃花酒的念头要拜金庸先生所赐。桃花岛主黄药师招待洪七公和欧阳锋时用的就是此酒。《三生三世十里桃花》这部影视剧热播之后，人们更是趋之若鹜。桃花美酒中数泸州老窖产的"桃花醉"名头最响，剧中姑姑每每爱不释手的桃花醉酒引得无数酒虫纷纷效仿。百度了一下，其实桃花酒的酿制很复杂，并非简单炮制。不过桃花茶却没那么讲究，将桃花洗净晒干后即可泡茶，这也算是物尽其用了，总好过葬入土中烂掉。不知桃花会不会感谢黛玉？

桃花与美女和爱情有关，也是源于崔护和妻子绛娘的故事。崔护年少时每日苦读诗书，深感疲倦之余便在一个桃红柳绿的时节到郊外散步，不知不觉间走进了一处桃花掩映的乡野农家讨水喝，正好遇到清丽脱俗的绛娘。几番交谈后，崔护对绛娘顿生爱慕之情，绛娘也很欣赏这位眉清目秀、才华横溢的少年郎，二人可谓一见钟情。因封建制度下礼教甚严，谁都没敢挑明。崔护回家后继续发奋，未再提起此事。次年早春，也是一个桃花处处开的日子，崔护触景生情，再次寻找绛娘，却发现人去楼空，以为他们全家已迁往异地，怅然若失后在门上题出人面桃花诗。这一题，便题出一桩桃花成就的姻缘来。绛娘回家后看到崔护所留诗文，以为错失良机，此生无缘再见，抑郁而病，昏迷不醒。爱情的力量是伟大的，也是神奇的。后来故事有了戏剧性的结尾，崔护知情后伏在绛娘身边大哭，居然又将绛娘唤醒，最终喜结连理。

故事很是美丽动人，是否属实当然无从考证，不过崔护的人面桃花诗却是实实在在的千古佳作。真实的还有眼前的桃花时节桃花雨，桃花雨中桃花红。桃花雨丝线般下个不停，朦胧水雾洗去了桃花的灰尘，使得每一朵都是那么娇艳欲滴。桃花雨可以使桃花更美，人类又何尝不需要一场春雨的滋润呢？蹉跎岁月中，虚伪和浮躁也许会不知不觉地侵入心灵，精神世界里夹杂着诸多尘埃，那就多多阅读圣贤书吧，终有一场文字雨水来净化灵魂。

阳春三月，邂逅一场桃花雨，漫步一片桃花林，眼福尽享之后，便是心灵的感悟。

褒贬如何不能阻止岁月的流逝，不如华丽地开始，淡定地结束。于是，桃花用展现轮回的风格，绽放绚丽色，爆发春华章，告知人们柳吐嫩芽、草长莺飞再度到来；桃花雨用喻晓年华的品质，润物细无声，浇出百谷旺，提醒人们不怠春种才能秋收。雨停了，桃花谢了，布谷鸟便开始催促春耕大生产了，也在催促我们赏花后赶快投入忙碌的工作之中……

陌上槐花香

春风送暖四月天，乡村陌上绿影横。在红杨的乡下，错落交织的树枝撑起一把把翠绿的大伞，路，由此而成廊。散落廊侧的大大小小的槐树已经开花，这既是儿时常见的画面，也是此行的目的——带着一份淡淡的乡愁，寻味阔别已久的槐花。

不知孔子的嗅觉是不是出过问题。对于槐花，我从来没有过所谓"久入兰室不闻其香"的感觉。醉人的香气总是那么馥郁清甜、沁人心脾，待得越久越觉提神醒脑，除非是重感冒挡住了鼻息，否则怎么会闻不到呢？

洁白的槐花小巧得如同桂花米。满树望去，一串串、一簇簇，像珍珠、似弯月，掩映在苍郁的树叶之间。每一朵，不，应该叫每一粒似乎更贴切，优雅别致的青翠小冠就像珍珠上的一丁点瑕疵，看着就令人疼惜。

无言的花总是需要风的提醒才肯"开口说话"。一阵微风拂动，槐枝轻盈摇曳起来，槐花你拥我挤、推推搡搡，俏皮的神态似一群交头接耳的白衣小天使。散发出的甜香又引来了成群结队的蝴蝶和蜜蜂，不过轻飞曼舞的它们不是来看热闹的，都有采粉酿蜜的任务。

行尽春色三分雨，天忽然转阴。蜜蜂似乎对天气变化最敏感，霎时间全都飞回了蜂巢。蝴蝶也收起了翅膀倒挂在树叶下面。村庄、鸟雀，远山、近水都归于寂静。雨前的闷热将本就幽香的槐花蒸得更加熏人，很快又在廊道里形成一层梦幻般的薄雾，酩酊无声中，多了一份雾里看花、雾里闻香的诗意。

读过我文字的人，都说我过于较真其中的知识性，有点喜欢抬杠的味道。不过我还是坚持自己的观点，既然要写一种花，起码要对它的品种有所了解。不少关于槐花的文章都称其为美食。实际上，槐树有两种：一种叫"国槐"，是我们老祖宗栽培出来的，开出的花并不能食用，而是一种药材；另一种叫"洋槐"，是19世纪80年代从西方传入的舶来品，这种槐树浑身长刺，也叫"刺槐"。

刺槐的花确实是舌尖上的尤物，香甜可口，引诱着我们的味蕾，老家的人们都喜欢采来作为食品调料。邓丽君有一句歌词叫"路边的野花你不要采"，采刺槐花尽管风险不大，但还是有一定难度的。且不说令人生畏的槐刺，单凭那拼命充当护花使者的蜜蜂，就够你喝一壶了。

相对于蝴蝶，蜜蜂似乎更在意人类和它们争抢美食，采刺槐花的时候，一不小心就会被蜇出一个大包。不过，人还是比动物聪明，不论树大树小，够得着够不着，用一根竹竿绑上镰刀轻轻钩下来，蜂儿只好干瞪眼，盘旋一阵便嗡嗡地飞往别处。此时并不代表安然无恙，还是要拎起花枝轻轻扒拉几下，因为里面还有馋嘴的小蚂蚁，慌不择路时就会顺着你的手臂"误入歧途"。儿时采刺槐花常被蚂蚁咬得上蹿下跳，最后不得不脱掉所有衣裤，光着腔一件又一件地抖落半天。

雨过天晴，村庄一下子变得活跃起来。三三两两的村姑村妇们带着孩子出来采刺槐花了，拽枝条、伸挠钩、捋花瓣。偶尔一两个胆子大的小孩乘机表演一下攀爬功夫，在大人的笑骂声中掰下花枝往下扔，下面的人则饶有兴味地假意哄抢，欢声笑语中，篮子里渐渐隆起一座湿漉漉的"花山"，最后一个个心满意足地飘然离场。当晚，家家都会有一顿"槐花宴"，最好吃也最普遍的做法就是在俗称"噶咕汤"或是"赖赖姑"的面鱼里撒上一层揉烂的槐花，足以让人吃得口舌生香、欲罢不能。

四月槐花花如玉，青春如梦梦似烟。记忆是美好的，更令人感慨。年轻时，只看花开，把那一朵朵槐花看作素衣仙子，永恒的美丽，永恒的存在。如今却有花落的怅然，槐花再美，花期再长，终有花谢花飞的一天。

槐花砌成一堆雪，人生看得几分明。离开家乡已经多年，可算得上一名游子。游子之吟，吟不尽人间悲欢离合，唯有村里那一片花香馥郁的槐树年复一年地提醒我：与其编织与现实格格不入的美梦，不如像槐花一样不谙世事，用一份淡雅坦然寻觅心灵的洒脱。没有烦恼的困扰，没有红尘的羁绊，绽放在只属于自己的风雨阳光里，也许就能像槐花一样散发出香醇甘甜的味道。

| 百鸟之声

鸟语花香是大自然对乡村的厚爱，但闻花香者众，听鸟语者寡。眼睛被各种艳丽的色彩吸引后，便很难再去关注别的东西，耳畔即使传来一阵清脆的鸟鸣，最多淡淡一句"嗯，叫得好听"，接着继续做那寻芳客。

我喜欢听鸟鸣，但不愿去养鸟。且不说提着鸟笼四处溜达像是纨绔子弟的象征，就是能学舌的鹦鹉、鹩哥也引不起我的兴趣。常年关在笼子里养得肥头胖躯，能叫出什么好听的声来？而来自红杨老家的乡野林间、村落树梢上的精灵，唱出来的歌却是格外动听。

"七九开河，八九雁来"，最早提醒春天到来的恐怕是大雁。气温上升之时，万物复苏，大雁开始扇动翅膀飞往江南的天空。要说善于简单的书法、讲究队列队形的也是这种鸟，翱翔时忽而排成"一"字形，忽而组成"人"字状。"嘎嘎——"声中提醒人们农事即将开始。

"布谷声声劝早耕"，有提醒的就有催促的。在乡村，最惹庄稼人怜爱的鸟，布谷算是其中之一。春耕前夕，"嘎咕嘎咕"的叫声听来很像"哥哥哥哥，拔苗插禾"，抑或是"快快布谷，快快布谷"，声音很响也很急。一呼百应，片刻之间，此起彼伏，响彻田野。鸟儿都开始催促农事了，哪有理由不下地干活呢？

"燕语莺啼，花开满院"，能报春的还有燕子。燕子的叫声和夜莺很相似，只能从白天和黑夜分辨，有人便创造出"莺歌燕语"一词来。最是机灵活泼、轻捷伶俐之处就在那"燕子三超水"之时。神偷李三的轻功被江湖人士传得神奇无比，也没有人去深究这种提纵之术符不符合物理规律。我所欣赏的是它能在狭小的空间来个一百八十度大转弯，瞬间便化解了旅程的困境。绵绵春雨中照样冲天掠地，张开嘴巴就能在空中捕捉飞虫，吐出的口水便能化成高蛋白的燕窝。因此，"啾啾"声虽有点小吵小闹，人们还是认为它在屋檐下做窝会带来吉祥。

最吉祥的鸟是喜鹊。一个喜字冲淡了粗哑的"喳喳"声。乡民们都很喜欢这种生灵，认为它的叫声是一种好兆头。"喳喳喳喳，喳喳喳喳"被译为"喜事到家，喜事到家"，进而有"喜鹊叫喳喳，好事到我家"。永远结伴的一雌一雄又被看作对爱情坚贞不渝的象征。"鹊登高枝"也有节节向上、出人头地的寓意。最美的还是那"鹊桥相会"的传说。为了让牛郎织女能在七月初七见面，喜鹊硬是衔来无数的树枝在银河上搭起一座桥。更值得称道的是它们一直守卫故土，保护家园，一年四季都待在一个地方，忠心莫过如此。

相比之下，俗称老鸹子的乌鸦就没有这么讨喜了。"老鸹子叫，祸事到"。乌鸦的叫声被认为是凶兆，遇之则不祥。若遇其迎头大叫，必会大难临头。实际上这都是传闻，老家的村里曾有几十只乌鸦，成天聒噪不止，除了让人有点心烦意乱外，也没见过哪个遭了灾。

鲁迅先生形容乌鸦的叫声为"呀"："……坟顶的乌鸦'呀'的一声飞走了……"我所听到的鸦鸣实为"哇……哇"之声。这大概是鲁迅为浙江人，绍兴方言中"呀"和"哇"听起来差不多的缘故。乌鸦鸣叫除了因为受到惊吓和发现食物而兴奋外，多半是为求偶或反哺。雄乌鸦叫声很轻，着力吐出温柔的"情话"打动雌乌鸦，喜结良缘后，从此永不相负。老乌鸦到了不能自行觅食之时，小乌鸦就把吃进去的东西吐出来喂食，边喂边叫，表达感恩之情。难能可贵的是乌鸦虽然外形丑陋却长有一颗聪明的脑袋。小学课本里《乌鸦喝水》的故事我一直没忘，嘴巴够不着半瓶水，竟能想出衔石子抬高水位的办法来。

聪明的鸟儿应该还有麻雀。曾有部热播的谍战剧就叫《麻雀》，极其聪明的红色特工代号"麻雀"，说明它起码不是个笨鸟。这种乡村最常见的鸟，乌黑雪亮的眼睛下一张嫩黄色的尖尖小嘴，不停地发出"叽叽"声。麻雀的叫声虽不出众，却是农家房前屋后的四季之音。两只一唱一和似乎在私聊，十几只聚在一起就你一言我一语地"讨论"起来，如同在开会，同时欢叫就是一曲大合唱。飞行是鸟儿通行的本领，若论蹦跶，麻雀绝对是个中高手，三步两步就能窜出好几米远，神气活现地用爪子掏几下，衔住草头奋力一扯，虫子便露了出来。有时用力过猛，一个趔趄险些摔倒，可爱之极。麻雀还很有集体观念，发现一堆谷粒，立刻"喊叫"起来，很快便飞来一群同伴共享美味。

猫头鹰原本是个消灭田鼠的英雄，却因其两种邪怪的叫声不招人待见。一种是正常的"呜呜"声，另一种如同人类在冷笑。三更半夜，似哭非笑的声音确实有点瘆人，加之还有半夜听到夜猫子笑会死人的传闻，更让人觉得头皮发麻。迷信不迷信的暂且不提，单凭其威武的雄姿便值得点赞，而其为民除害的灭鼠功绩更需颂扬。有人统计过，一只猫头鹰一年能消灭五百多只田鼠，也就是为人类保护了一吨多粮食，如此功臣，我们还有必要纠结它的怪叫吗？

实际上叫声最恐怖的不是猫头鹰。乡村的傍晚或三更，经常听到"哦……哦"的哀鸣，一声比一声凄厉，一声比一声幽远，听得人毛骨悚然。老家的人们称之为"鬼雀子"。这种声音一直困惑我多少年，后来咨询《故乡失落的鸟》的作者谈正衡先生才知道，"鬼雀子"就是夜鹭——鹭鸟的一种。夜鹭白天很少叫，多在夜晚出声。按照民间传闻，人死后的魂魄化作夜鹭，夜间飞回来叫一叫日夜思念的亲人，再喊一喊仇人的名字，目的是招去仇人的魂，安抚亲人的痛。如此看来，它也算是个爱憎分明的鸟了。

渤鸽子（野生鸽）也很少叫唤，平时只有肢体语言，一旦叫起来就和猫头鹰相似。发情、惊恐或寻衅时发出"咕噜、咕噜"之声。温和的长相无可非议成为和平的使者，驯化后在充当信使中也立下过无数功劳，同时是个乐于奉献的鸟，到处下蛋，给人们带来舌尖上的享受。

山林里叫得最悦耳的是画眉。鸣声清脆响亮，听来喜悦振奋。眼睛周围有一道白色的羽毛，鸟名由此而来。其聪明之处是能模仿公鸡打鸣、母鸡下蛋，猫号狗吠学得也是惟妙惟肖。遇到惊吓时，"嘎—叽"一声，羽毛也开始竖立起来。在和同类相斗时发出"呜—呜"声，扑棱着翅膀，摆出一副干架的气势，其状令人捧腹。

有欢唱的，也有叫苦的。俗称苦哇子的白颈秧鸡，传闻是小媳妇变的，被恶婆婆虐待致死后，在水田插秧时成天"苦哇！苦哇"地叫着。另一传说则与之相反，为恶媳所化。因欺负瞎眼婆婆，以蚯蚓拌饭给婆婆吃，后被丈夫赶出家门，只有叫苦不迭才能在水田里得到一条蚯蚓充饥。

乡村的鸟雀很多，实难尽叙，尤其是晨起之时，树枝叶丛中百鸟齐鸣，自由自在地欢唱着，一直唱到天黑；夜幕降临，一切安静下来，偶尔几只倦鸟归林时才会打破静默，宛如静静的湖面荡起的微波，不久便又沉寂了……

身心疲惫之时，找一片幽深的树林，听一听乡村鸟语，不失为明智之举。

红杨山

皖南多山水，红杨镇便是一幅半山半水的江南水墨画。青弋江自南向北将红杨一分为二。圩区地势平坦自无山可言，多的是水网纵横，产的是鱼虾蟹鳖。山区则属于典型的丘陵地带，除了一座佛光塔影、孤峰独秀的珩琅山声名远播外，此起彼伏、绵延不绝的多为名不见经传的小山。

山因为小而平凡，若无神奇传说或者出有什么人物，肯定没有大气的名字，像什么便叫什么，村名也如是。护国村坐落在形似乌龟的山坡上就叫乌龟墩，远远望去，还真的像一只准备涉水的乌龟。如今有个怡龙生态公园项目坐落于此，乌龟墩也被改造得不太像乌龟了。生态园倒是声名鹊起，依托田园、山水、森林资源，成了集农事体验、田园度假、康体养生、户外运动为一体的休闲旅游景区。尤其是那大面积栽种玉兰、樱花、海棠、茶花、梅、桃的百花园，常年蝶舞蜂飞、游客不断。"乌龟"转化为"龙"，可谓得道升天。

"大山"也不大，地处万村洪山村民组正南方。山下是一条水流潺潺的洼冲。山上多是野生竹笋和映山红，附近村民多将早早离世的死婴、病儿埋骨于此，是令人谈之色变的"小坟摊"，敢于问津者不多。山的另一头是有着神奇传说的洗面塘村。据传，当年朱元璋被元兵追杀，一路狂奔至此，浑身大汗便在山下的池塘里洗了一把脸，精神倍爽后躲过一劫最后荣登大宝，洗面塘由此而来。"自古华山一条道"，洪山和洗面塘隔山相望，亲朋来往必须穿过小坟摊。路是人走出来的，虽然胆怯，结伴而行还是踩出了一条捷径。

有些小山实在不好起名，干脆就用村民的姓氏。洪山不仅在于洪姓为大户，还因为洪姓坐落在一个山头。南有大山，村东北还有座"大鱼山"，比前者矮小，实际上是个黄土岗，外形颇似一条鲫鱼。大鱼山对面也有一座无名小山连着老三元乡的鲁村，人们便叫它鲁家山。

林林总总，不一而足。登高远眺，红杨的小山如同大海里的波浪，望不到尽头。老湾西路公路像一条黄布带起伏在"山海"之中。静止的"波浪"，色调来自树木品种和季节，枫树多了，秋天就是红色的，茶树多了则四季常青。山与山之间便是"冲"，水田冲是人们对这种洼地的俗称。春耕夏作是多见的画面，稻花飘香是常闻的味道。池塘、沟渠、水坝，一块块、一条条环绕山脚，水流清澈，鱼虾可见；山头、山脚下都有零星的农舍，如同骑在父亲肩头、依偎在母亲怀抱里的孩子。

红杨诸如此类的小山岗不计其数。虽无响亮的名头，物产却很丰富。有山必有树，松树、杉树是主要品种，无名的灌木杂草丛里，雷竹、梦果子（野生红树莓））、毛栗子、野毛桃、野生葛纷纷"安家落户"。

一年四季山花烂。引人驻足的是各种野花，除了数九寒冬被冰雪覆盖，总有叫得出名字的、叫不出名字的一波接着一波盛开；赤橙黄绿青蓝紫，谢了这群又开那簇。

海中有海味，山里有山珍。春去夏至，几场暴雨过后，手头若无紧要的农事，一些村姑村妇和孩子们便漫山遍野地去寻找野生蘑菇和野鸡蛋。山区的野生蘑菇大多长在树林里或柴草丛中。最常见的是伞形菇与禾杆菌。伞形菇外形如同一把雨伞，白嫩的菌杆上顶出灰白相间的花菌盖。伞盖有大有小，大的如同一把撑开后的伞棚，小的像被收起的雨伞。禾杆菌则通体白色，大约筷子粗、食指长，外形也很像一把收起的小雨伞。

采摘野生蘑菇的时候，常常有意外的惊喜，突然发现一个野鸡窝，里面躺着十几枚外壳麻麻点点的茶色野鸡蛋，这可是鲜美异常的好东西。一窝野鸡蛋，一篮子伞形菇、禾杆菌，接连几餐都可以让人饱尝人间美味。偶然发现毕竟是例外，若想每次都能采到野蘑菇、捡到野鸡蛋还是需要一定的常识的。所谓"物以类聚，人以群分"，野生蘑菇也有其生长习性和范围。菌类都喜爱阴暗潮湿且燥热的环境，常在春夏雨天后出现。其吸收的主要是朽木、枯叶中的有机质，生长范围以山中树林草丛为主。伞形菇大多长在有枯草松针的地面，也有少数长在树干上。禾杆菌一般生在高密的杂草里，要是在山中发现一个草垛，掀开一看，底下往往就有一排高矮不一的白色禾杆菌立在那里，令人一阵欢喜。

找到野鸡蛋关键是要了解野鸡的生活习性。野鸡主要以谷物、草籽、野果、油菜花、麦苗以及昆虫等为食，所以附近有田地的山林大多有野鸡出没。皖南山区的野鸡学名环颈雉，因颈上有羽环而得名。雄鸡胸部紫金色并有光泽，背呈绿色，翅膀有花纹，尾部羽毛很长，长得很美。有些马灯演员头盔上的雉领就是雄野鸡的尾羽所做。雌野鸡为土色并有棕色花纹，长得不好看。雌鸡通常都会选择一个隐蔽的草丛，在地上刨出一个浅浅的小坑，垫一些树叶、枯草和羽毛，就在这简易的窝巢里下蛋、孵化。根据叫声可以判断野鸡的雌雄，雄鸡一般发出"呕—呕"的鸣叫声，雌鸡则为"康—康"声。在红杨山林漫步时，若听到康康的叫唤或是发现雌鸡在奔跑，只要用心寻找，一窝野鸡蛋就可能成为囊中之物。

野生蘑菇中最鲜美的还是禾秆菌，制作也很简单，洗净后放进开水里，加点姜、酒、油、盐就够了，一口唆去，连菌带汤，那叫一个鲜！对喜欢户外活动的驴友来说，春夏之际，搭起帐篷后，若是能找到一把禾秆菌做汤喝，身心又要不知愉悦几许了。

雷竹笋有春冬两季，都是红杨人餐桌上的常菜，这是大人们操心的事。对山区的孩子来说，小麦即将成熟时，最快乐的事莫过于吃"梦果子"。

梦果子也叫覆盆子。读过书的人应该记得鲁迅先生的《从百草园到三味书屋》这篇文章，其中有这么一段："如果不怕刺，还可以摘到覆盆子，像小珊瑚珠攒成的小球，又酸又甜，色味都比桑葚要好得远。"这里的覆盆子说的就是梦果子。不过鲁迅并没有提到果实的颜色。树莓根据果实的颜色分为两种，黑色果实的是黑树莓，据说原产自美国。另一种是红树莓，果实成熟后，既像草莓，又像桑葚，比草莓要小、比桑椹果要圆，鲜红光亮，甜中略带微酸。软软的果肉里有菜籽大小的细粒，牙齿轻轻一咬会发出声响，食之口感极好。红杨人称之为"梦果子"，不知是不是因为吃的时候如梦幻一般的享受。

红杨山区野生红树莓无拘无束地四处生长，随处可见。树莓很少有单株的，一片刺叶下往往好几颗连在一起。一嘟噜一嘟噜的梦果子如同红宝石一般镶嵌在山林里，草木精灵，亮瞎人眼，诱人垂涎，一次就可以采到小半篮，让人过足瘾。有的孩子采回家洗干净后，拔几根狗尾巴草如同糖葫芦一般串成一圈挂在脖子上，想吃的时候，轻轻托起，脖子一歪就进了嘴，优哉优哉。如今很多出生于农村的城里人在这个时节回到小山野地觅食梦果子，既能一饱口福，又可寻得童年之趣。

野蘑菇、野鸡蛋、梦果子是红杨山区人挥之不去的记忆，实际上红杨山一年四季都有馈赠。

婉丽的春天，野菜是送给人们的第一份礼物。几场春雨后，地衣、荠菜、茼蒿、鼠鞠草以及太多不知名的野菜，纷纷钻了出来，成了人们餐桌上必不可少的佳肴。其中，鼠鞠草做成的蒿子粑粑（又名清明果）还成了非遗保护对象。

无休止的蝉鸣，是夏日山林最热烈的风景。知了叫声最响的都是树木最繁茂的地方，也是山风吹得最凉快的避暑之地。不过自从蝉蛹的营养价值被发现后，知了开始遭了殃，大多在洞里就被挖出来吃掉。

秋日的红杨山景色秀美自不必说，落叶飘飞中也有美味可寻。薄薄的晨雾里，山林中隐隐约约能听见蚂蚱猛子窸窣的叫声。这个季节的蚱蜢味道最鲜美，也很好抓。知了、蚱蜢都是红杨山献给人们的美食。

冬天来了，红杨山显得很安宁，连续奉献了三个季度的山林，在休养生息时也不忘带给人们赏心悦目的雪景。冰雪封山岗，座座似玉团，山村房舍如银砌，千林万树绘冰川。

红杨山是我儿时的玩伴，也是我少年时代的记忆，无论走向何方，都是我生命中一份抹不掉的印记。

佛山多锦绣

珩琅二字都是王字旁，凡王字旁的字一般都和宝有关。珩琅山虽不高耸入云，但因土壤酸性较强，满山长有花椒、芒萁、菝草、沙参、桔梗、乌饭叶（学名南烛）、扛板归、野生百合等，这些植物或可佐以美食，或是珍贵的药材，可谓多"宝"之山，而最为宝贵之处，还是那一方丽色。

佛家圣境，多披锦绣。珩琅山之主要景观，可用"三峰十景""一花四洞""十园一谷"来概括。

白云峰海拔301.4米，远望孤峰从弋江边冲天而起，卓立云表，成为芜湖县第一高峰。峰巅有白云池口，宁国十景之一的珩琅雪景，就在此处。置身其上，放眼远眺，山下田野阡陌纵横，青弋江犹如玉带，自南

水秀山清

253

而北飘然而去。宣城、南陵、芜湖三市县鼎足而立，千山一碧，生机无限。

白云峰之东偏北是紫云峰，每当晨曦初开，山峰披上片片紫云，旭日升起，又变成金黄色。登临此峰，"二亭"（敬亭山、寒亭镇）可眺可望，生机蓄养，万物始兴。

立马峰位于白云峰之南，走马岭脚下，从下向上望俨然如峰，从走马岭俯视则为台。置身立马峰，可俯览华严寺，眺望罗公圩，村庄田野尽收眼底。

十景即本书第一辑中所说，"珩琅塔影""灵龟探首""华严寺""南山绝壁""弋江漂流""神蟆拜天""龙潭虎穴""走马回声""丞相冢""孤鸟望月"。大自然的造化神奇莫测，珩琅十景，每一景都有一段神奇的传说。游客到此探幽访奇，饮甘甜山泉，吸天然之氧，其乐无穷。

野生杜鹃始终含笑于珩琅山各个角落。野生杜鹃花，又名映山红，盛开之时，一片红艳，灿如云霞；花谢后，满目青翠，杜鹃仍是美丽的观叶植物。春暖花开之日，登上郁郁葱葱的珩琅山，火红火红的映山红在青山绿树之间云蒸霞蔚，一团团一簇簇，开得热烈绚丽。每一朵都空灵含蓄，如诗如画，让人不禁吟起李商隐的诗句："庄生晓梦迷蝴蝶，望帝春心托杜鹃。"

天然溶洞是珩琅山的又一自然景观。老虎洞、禅师洞、观音洞、神仙洞分居珩琅主峰的四侧，形状各异，自成风格。

老虎洞又名虎穴，位于伏虎岩下，洞高大，洞口似半椭圆形，前有小路，进出方便，洞中有一眼泉水，传说为老虎爪刨而出，可供饮用。此洞与山下的龙潭虎穴，成为珩琅十景之一。

禅师洞比较开阔，位于杯渡岩下，洞高大，深约五米，洞壁刻有"禅师洞"三字，并勒刻梁武帝杯渡禅师石像，有"梁武帝拜会天竺高僧杯渡处"石刻书法。

观音洞位于原观音庵遗址东南，洞深约三米，洞底仍有小洞通入地下深层，洞周冷气盈盈，盛夏可消暑气，为佛家不可多得的清修之地。

此外，洞内终年泉水不息，用之不竭，甜润清嗓，消暑解渴。

　　神仙洞位于观音洞下方山壁陡峭之处，洞不高，深约七米，形似狭长的通道。洞前凉风习习，洞内寒气袭人，泉水自上而下滴落，洞里藏洞，无人可探源头。

　　珩琅山下曾有神季园、雷竹园、板栗园、杏园、枣园、枇杷园、石榴园、葡萄园、珩琅翠芽园、盆景园，漫步其中，胭脂润、锦绣生的世界令人不舍离去。这十园美景虽为人造，却也是昔日珩琅山一道亮丽的风景。如今随着景区建设，部分景园已不复存在，因为有了更亮丽、更令人不舍离去的玫瑰谷。

｜　余香袅袅玫瑰谷

　　"上午彩虹徒步走，下午消灭单身狗。"这是芜湖市电视台"花样旅途"栏目对"情定红杨"活动的调侃，这个浪漫之地便是珩琅山下的玫瑰谷。无独有偶，爱情穿越剧《关关雎鸠》主要取景地是与这个玫瑰谷仅一水之隔的西河古镇。此外，民间传闻，周瑜和小乔在这里留下过一段动人的故事。如此说来，珩琅山下算是藏了一个爱的天堂。

　　佛光塔影的珩琅山本就景色怡人，寺庙香火鼎盛，古塔底蕴深厚。在这样一个处处披锦绣的山周边，再增一处景点，实属不易，如无特色很难生存。作为投资者，善于打造文化环境的京师中教集团总是能锦上添花。所以，这个玫瑰谷不仅有一片玫瑰花海，还有天鹅湖、动物乐园、木屋度假村等特色板块，不论春花灿烂之时，还是秋高气爽之日，这里都是修身养性的绝好去处。

　　玫瑰谷处于珩琅山北麓，两边被翠绿葱茏的青山包围着，如同一双大手捧着彩色的翡翠，羞答答的玫瑰就在翡翠丛中静悄悄地开。山上庙宇间不时传来阵阵梵音，人们在天鹅湖畔徜徉，沉醉在这片"杨柳萦桥绿，玫瑰拂地红"的诗意天地时，也可以收获一份宁静。

300 亩的花海，想想都是一幅壮丽的画面，玫瑰品种也很齐全，红、白、黄、粉红都有。记得《西京杂记》里说过，玫瑰是种在帝王之家的，如今皇亲贵戚也接了地气。普天同乐，方能天下太平。

"接叶连枝千万绿，一花两色浅深红。"秋高气爽的八月，正是玫瑰花再次盛开的季节。走进花海，闻一闻，馨香四溢，沁人心脾；看一看，红似火，粉如霞，黄同金，白像雪，争芳斗艳，绚丽多彩。尤其是那些酒杯状的红玫瑰，花瓣一层贴着一层，紫红相间，在翠色欲流的叶子衬托下，怎一个明艳了得！再凑近瞧一瞧，那些含苞待放的，鲜嫩可爱之处另有天地：小小的花蕾穿着一件绿色的外衣，里面却藏着绝世之美，让人不禁想揭开那神秘的面纱，但那点点绯红又像是一位欲语还羞的小姑娘的脸，如何下得去手？

此时，最应景的歌曲恐怕就是邰正宵的《九百九十九朵玫瑰》，触动心灵的音韵，也不知赚了多少女子的眼泪。但置身于这片爱情信使的海洋中，与花争俏的少女们，心情又怎能不激动。于是，"待到山花烂漫时，她在丛中笑。"笑的当然不止少女，络绎不绝的游客们，一边赏花，一边笑盈盈地摆着各种造型，咔嚓咔嚓几声后，赶忙凑上去看看，如不满意，再来，非得留下回味无穷的身影。

一阵秋风吹过，一簇簇、一团团、一丛丛的玫瑰花便此起彼伏地灿烂起来：摇头晃脑的、频频点头的、翩翩起舞的、躲躲藏藏的，千姿百态。躲躲藏藏的还有一群群蜜蜂、一只只蝴蝶，而端着各式"长枪短炮"的"好色之徒"们就没那么拘谨了：眼睛瞪得像铜铃一般，捕捉"美色"的神态无比"贪婪"。

在这个爱的天堂里，爱，不仅是爱情，也有爱心、慈爱之意，正好与佛家慈悲为怀相映。毗邻花海的是 100 亩湿地，人工放养了天鹅、孔雀，游客可以喂食互动。玫瑰谷旁的林间松柏蔽日，生活着很多野生松鼠，再加上各种探险游乐项目，十足一个萌宠的亲子乐园，乡野村趣尽在其中。

天鹅吃食，不像其他水鸟那样你抢我夺，始终保持着谦谦君子的形象。如果有野鸭、鹭鸶等来抢夺小天鹅的食物，天鹅爸爸妈妈们就会怒驱入侵者，认真的憨态引得孩子们手舞足蹈。

有人曾用"孔雀开屏"接出两个歇后语，"自作多情"和"翘尾巴"，然"在水之湄"毕竟是个脉脉含情的世界，那开屏就是感恩的"多情"了。孔雀一旦喂食便发出"哈哈"的叫声，如同人类在大笑，随即哗然一声展开那五色斑斓的尾巴，如同仙女手中打开的彩扇，五颜六色，鲜艳夺目。

秋天是收获的季节，也是动物的美食季。用孩子们的话来说，顽皮的松鼠最是"萌萌哒"。看见有人来了，颤动着嘴上的长须，纵身一跃往树上蹿去，要是有人撒去一点坚果，它们立刻摆动着大尾巴争先恐后地赶来啃食，吱吱有声，吃食过程中还时不时换个角度，偷偷瞧一下游客，滑稽的样子令人忍俊不禁。吃完了，它们再用前爪抹抹嘴，往树上一跳，姿势俊美到极点，转眼间就没了踪影，只剩下一堆果壳，急得孩子们抓耳挠腮……

可书者远远不止上述，玫瑰谷的魔法森林、奇幻木屋、江南水乡徽派民宿都值得驻足凝视。再走进附近的长寿村，登上迷人的珩琅山，领略其间以龙脉、爱情、佛教、徽商码头"四大文化"谱写的"龙脉之地、养生天堂"，你会为这里的历史、文化、生态、民俗等着迷。

珩琅山玫瑰谷，这个爱的港湾，已经成为多情男女痴迷的地方。如果说，未婚男女在这里将会遇上桃花运，甜蜜一生，那么，已婚夫妇也将会变得浪漫多情，偕老终身，而珩琅山上传来的恒河流水一般的梵音经呗，伴以谷内人与动物的和谐相处，又令玫瑰之约的人们生出一份虔诚和慈爱。禅意中的玫瑰谷，呈现的不仅是美丽和爱情，还有诸多哲理。红杨人的理想正是"赠人玫瑰，手有余香"。

谷雨常见采茶人

珩琅山附近有个和平生态公园，前身为老和平乡林场。林场树木繁茂，植被丰富，没有任何污染，独特的土壤环境和"小气候"，造就了林区茶叶具有较好的自然品质。

1986年，世界茶业名人、安徽农学院茶业系教授陈椽先生亲临指导，帮助林场研制出了一种形如雀舌、色泽嫩绿的新茶，有"色新、香浓、味纯、形美"之特色。陈教授名之为"珩琅翠芽"，并亲自题写了茶名。该茶投入市场后受到消费者青睐，好评如潮，颇有名气，在20世纪八九十年代与泾县名茶"汀溪兰香"（也系陈教授亲自创制）齐名，同时收录于中国工程院院士、中国茶业协会名誉理事长陈宗懋教授主编的《品茶图鉴》。

遗憾的是，如今珩琅翠芽已渐渐淡出人们的视野。即便如此，良好的气候环境，让珩琅山周边的农家茶还是深受欢迎，尤其是"雨前茶"（谷雨期间采摘的茶叶）。

作为春天最后一个节气，谷雨之后就是立夏。"清明断雪，谷雨断霜"。谷雨到来，南方寒潮退去，气温进一步升高，降雨量随之增多，农作物进入了生长最旺盛的季节，一派生机勃勃的景象。谷雨，便是来自古人"雨生百谷"一说。此时，珩琅山的"雨前茶"开始闪亮登场，之前的珩琅翠芽便是名优雨前茶。

此时又逢"五一"小长假，出游的人们可以在茶园里看到众多身背竹篓、弯腰低头的采茶人，尤其是那模样俊俏的采茶姑娘，抽动尖尖十指轻轻移步，更是让绿色茶园锦上添花！

雨前茶也称"谷雨茶""二春茶"，与"春分茶""清明茶"号称茶叶中的三大极品。皖南地区的茶叶以雨前茶最佳，产量也最高。谷雨时节气温适宜，雨量充沛，茶叶发育充分，叶肥汁浓，比春分茶、清明茶耐泡，且更香气逼人。明代茶人许次纾在《茶疏》中谈到采茶时节说："清明太早，立夏太迟，谷雨前后，其时适中。"朋友张国宏先生精研茶道，向其咨询得知，茶叶质量的高低是要分地域的，江南一带的茶叶当属雨前茶最好。许次纾所说的最佳采茶季节应为江南地区的谷雨期间。过了谷雨后，茶叶的口感就大不如谷雨前了，价格随之一落千丈，因此，谷雨前，红杨农人都忙于采茶。

"诗写梅花月，茶煎谷雨春。"这个季节，很多文人雅士及茶客们开始踏春光、问茶道、访茶园，感受博大精深的茶文化魅力。成片的茶园、茶山是他们奔走的首选，黄山毛峰、太平猴魁、丁溪兰香、敬亭绿雪等皖南名茶是他们采购的目标，令人眼花缭乱的茶艺表演是他们欣赏的对象，而田间地头、山脚旮旯里零星散种户往往被忽略。如今这些地方的采茶人几乎都是上了年纪的农妇，年轻人大多已进城打工或陪读，这样的场面对土生土长于山区农家的我而言，却是再熟悉不过。

过去，家家都在山地的角落处栽上几十棵茶树，茶叶透青后，从清明一直采到立夏。那时茶叶不是主要经济作物，以自家喝为主。茶树种下后，基本不管不问，从来不打农药，算得上野生茶。茶叶采回家用大铁锅炒出来，叶片宽大，如同枯焦的碎荷叶，人们称其为"干荷片"。别看干荷片外形比不上那些名茶，但没有农药污染，也很耐泡，干农活时泡上一壶可以喝一整天。如今也有些讲究的人在谷雨前来到乡村专门购买这些不起眼的粗茶，说是喝起来放心，干荷片也开始走俏了。

山里人虽然不懂什么茶艺、茶道，但天生淳朴善良，热情好客，一碗自家产的粗茶是待客之礼。村里谁家红白喜事办酒席，事先必泡出几大壶干荷片，准备几小碟花生米、酱油干子、香菜等茶料，摆上一摞蓝边大碗，客人随时可以喝到大碗茶。新媳妇娶进门的第二天，也要手捧两杯茶敬奉公婆后，才算正式入了门第。

随着价格渐渐看涨，每到谷雨前，各家各户便放下别的农活，大人小孩齐出动，扣草帽、扎毛巾、挎竹篮、拎箪箕，争先恐后地赶到地里采茶。一户开头，全村相应，如果晚了，谷雨后的茶叶不好喝，茶地连在一块的人家也会以为你家今年不要茶叶了，顺手就采了去。茶叶在过去也不算什么精贵的东西，"顺带不为偷"至今仍是约定俗成的习惯，采了也就采了。

女人始终是采茶的主力军，带着个小板凳，安安静静地用心采摘，不一会就能采满一大篮子。采茶很有技巧，常采的人速度很快，尤其是那些心灵手巧的村姑们，拇指与食指捏成鹤嘴状，轻轻一掐新叶，迅速扔进器具里，双手如同鸡啄米一般轮番上阵，不仅采得快，姿势也很优雅。生手往往是乱采一气，连同老叶和枯枝一并抓下来，事后还得重新挑拣一遍。

采茶的小背篓，是我童年的记忆。儿时常背着个小背篓跟在母亲和婶婶们后面采茶，茶地里总有人哼着《挑担茶叶上北京》《北京的金山上》等红色歌曲，我跟着学会了几句后，觉得很有成就感，也非常开心。有道是"三个女人一台戏"，喜欢唠家常的妇女们采茶时嘴巴是不会闲着的，东家肥西家瘦，张家长李家短说个不停，我们在一旁听到了很多趣闻轶事，也因此得以安静下来。当然，要是好奇地插嘴插舌就会被赶走，"去去去，小家伙接什么下巴气"。小孩子采茶叶没有什么耐心，东抓一把，西摘一片，一会逮蜜蜂，一会扑蝴蝶，以玩为主。

采茶靠手巧，炒茶则靠技术。红杨散种的茶叶大多手工炒制，火候是关键，翻动茶叶的速度要快。茶叶采回家后，白天晾干，晚上炒茶。那时家里炒茶虽是父母的活，但每次我都在一旁观看，当时的场景至今仍历历在目。

大铁锅烧烫后，一篮子茶叶倒进去，立刻发出清脆的噼噼啪啪声，茶香随之扑鼻而来。父亲快速地不停翻动茶叶，时不时捧起来吹两口气再洒回锅内。这时灶膛里的火头不能太旺，否则茶叶就会炒焦。炒茶需要经过三次，第一遍将茶叶炒蔫后，迅速捧到窝扁里，用力搓揉后再次回锅。经过两次翻炒，熄掉明火再慢慢烘干。手工炒茶效力低下，炒一次茶叶就要忙到夜里一两点钟，父亲浑身都是汗水。几十斤生茶叶炒干后也就三四斤，第二天继续采茶、炒茶，非常辛苦。

后来在九连山茶场参观了茶叶生产过程，炒茶、捻揉、烘干全程机械化操作，一次就可以炒出几百斤干茶叶。茶农购买制茶机械，还能享受政府补贴，鸟枪换炮，幸福之极。不过采茶还是需要人工参与，虽然有了半自动的采茶机器，但要对茶叶分门别类地精挑细选，还是离不开人的一双巧手。拥有高超技艺的炒茶工则根据客户的需要应时而作，有的还在旅游景点和其他茶艺表演者一同传承着茶道文化，收入不菲。

谷雨忙采雨前茶，这段尘封的记忆如今又鲜活起来。干荷片身价的上涨，红杨老家的人们又开始忙着采摘雨前茶了。劳作之余，泡上一杯老家的粗茶，看着一片片茶叶慢慢舒展开来，一幅烟雨江南的采茶画卷在眼前徐徐展开……

当然，最盼望的还是珩琅翠芽再次问世，毕竟，那是权威专家亲手创制并得群众认可的地方名茶。红杨镇政府在开发乡村旅游的同时，已在茶文化方面做足文章。

鹿鸣珩琅山

"呦呦鹿鸣、食野之苹……"曹操在《短歌行》里所述之景象，如今在珩琅山北角也可见到。

梅花鹿早期生活在寒冷的北方，栖息于森林边缘或山地草原、灌木林草山，离水源近，食物较多的地方。北鹿南养不乏成功的先例，但大多是在北方生产后再运到南方圈养。

珩琅山气候宜人，植被繁多，碧水清塘，正是梅花鹿生长的理想之地。于是，一个叫"芜湖鑫鹿堂"的生物科技有限责任公司应运而生。让鑫鹿堂创始人胡克敏先生引以为豪的便是梅花鹿可以"南产"。纯野生梅花鹿引种是个复杂而漫长的过程，但胡克敏先生始终坚持不懈地着力于此。功夫不负有心人，2016年，鑫鹿堂终于诞生了本土第一头野生梅花鹿，这标志着"珩琅山鹿业"从配种到生产获得了巨大成功，从而证明红杨这个长江中下游丘陵地带适宜纯种野生梅花鹿的生长。

乡村旅游一旦注入文化，产业自然会火起来。说起鹿文化，胡克敏也是如数家珍，对公司的前景更是信心满满。

鹿，可谓全身都是宝，自古以来深受人们喜爱，唯一不好的特例就是商纣王鹿台自焚，把亡国之意加在了鹿的头上，但这仅有的贬义并不能阻止鹿文化的长足发展，更不能贬低鹿的价值。

当前，随着养鹿业的兴起，鹿皮制品早已成为时髦的高档品。以鹿肉为原料的佳肴也是我国美食文化的精彩一页。自唐代开始，"歌鹿鸣曲""设鹿鸣宴"就是官员宴请科举得中者的台词，这要归功于北魏农学家贾思勰，他在《齐民要术》里详细地记述了鹿肉的烹饪技术。鹿茸的药用价值最早见于马王堆汉墓《五十病方》中（168年）。之后，历代医书都记载了鹿茸有"益气强志""生精补髓"的疗效和作用。近代中医认为，鹿茸为壮阳药，在医疗实践中，用于多种疾病的治疗，均有较好效果。鹿血也系名贵中药，曾是宫廷皇族、达官显贵治病健身的珍品，以其为主的复方制品被称为仙家服食的单方。此外，鹿角、鹿鞭、鹿胎、鹿脑、鹿尾、鹿肾、鹿筋、鹿骨、鹿齿等都可入药。鹿在古代还被视为神物，因此，与艺术也有着不解之缘，历代壁画、绘画、雕塑中都有鹿。不知何故，这样一个悠然自得与世无争的动物，却卷入了政治漩涡，随之产生了"鹿死谁手""逐鹿中原"等政治斗争的词语，这也是鹿文化之一。

鹿总体来说温顺乖巧，一直被人们赋予灵敏仁爱、温良贤淑的人格品性，成为君子美德、文明教化的象征。因此，古代自诩清高的隐士必戴鹿巾（鹿皮帽子）。事实也是如此，在鑫鹿堂，鹿爸鹿妈鹿仔们，怔怔地望着游客，即使有人走上前去，他们也只是略略挪开几步，根本没有跑远的打算。若是有人伸手抚摸，它们就轻捷地跳开，还是怔怔地望着你，一副温文尔雅的模样。经过驯化的小鹿仔，喂食互动时就会跑过来争抢，此时可以轻轻地摸它们的脸，它们会舔舔鼻子、晃晃耳朵、甩甩尾巴看着你，好像在表达谢意，使人不禁生出领养之意。

成年梅花鹿形体如同满了周年的牛犊子，长脸大眼，浑身赭黄色的皮毛，背上长有如同梅花一般的白斑，"梅花鹿"由此而得名。有意思的是，梅花鹿身体是兔子的好几倍，尾巴却比兔子长不了多少，答案可能在其头顶一对长长的耳朵上，很是警觉地聆听着四周动静，一有危险立刻逃跑，那短尾应该是为了逃命演变而来。不要以为梅花鹿始终胆小如鼠，有时也会胆大如虎，尤其是秋天的公鹿，在发情期躁动不安，极具攻击性，据说公鹿在发情的时候连野牛也敢挑衅。所以，在成年公鹿面前不可轻易造次，那形如树杈的犄角顶到身上可不是闹着玩的。

珩瑯山区域长有很多鹿类喜食的中草药，完全弥补了北方及其他地区饲料的单一和匮乏。同时，山区水质优良，鑫鹿堂梅花鹿饮用的就是地下泉水。绿色饲料的科学喂养，使得鹿茸饱满、红润、营养丰富，滋补价值极高。这些天然条件是北方及其他地区所不能企及的。不怕不识货，就怕货比货。鑫鹿堂的鹿产品是货真价实，因而总是供不应求。当前，少数商家为了追求高额利润，销售马鹿鹿茸或杂交鹿鹿茸，普通消费者难以辨别，而很多养殖场为了顺应市场需求也开始大量养殖马鹿和杂交鹿，以求鹿茸产量多。但据《本草纲目》等史书记载，纯种梅花鹿鹿茸及茸血的价值居首，是其他鹿种无法比拟的。所以，即便鑫鹿堂所研发的"华夏劲酒"等产品尚处于试销阶段，顾客仍是好评如潮。

正是因为胡克敏先生深研鹿文化，鑫鹿堂才能立足本土打造出特色文化，才能让科技服务于农业、让人类回归自然的愿望得以实现。短短两年多时间，胡先生便打造了一个集野生梅花鹿驯化养殖，美丽乡村休闲观光，农家特色餐饮，生态保健品开发，特色原农产品生产、加工、销售为一体的农业综合体。目前，所有基础配套设施已基本完工，为当地提供了近40人的就业岗位，并创建了地方特色科技农业品牌。同时，鑫鹿堂通过"O2O"网络销售模式，取得了不错的业绩，产业得以良性发展，前来参观、休闲娱乐的游人不断。曹操"我有嘉宾，鼓瑟吹笙"的场景在这里得到了很好的诠释。

一言以蔽之，鹿鸣珩琅山，值得点赞！

鳄吼湖塘 人赏风光

珩琅山下的罗公圩境内湖塘遍布，沟渠纵横，为鳄类天然栖息地。

山清必水秀，地灵必人杰。胡于虎，这个胖墩墩的罗公圩人不善言辞，也不苟言笑，看起来甚至有些木讷，却有着经商的天分。也许是对扬子鳄情有独钟，他的微信网名也叫"鳄鱼"。这条"鳄鱼"投资1000多万，在家乡建起了一座占地面积200余亩、接待建筑面积达2200平方米的大鳄山庄，为芜湖县首家以扬子鳄为主题，集养殖、观赏、餐饮、住宿为一体的休闲农庄。

大鳄山庄水上餐厅均以不可种类的鳄鱼命名，人们可以边用餐边赏鳄，那些或漂浮于水面、或闭目于岸边、或爬行于绿丛的生灵，构成一幅千奇百怪的万鳄图。

"古来丑物汝称魁，抱守洪荒气不颓。发小恐龙已成粉，唯君腆腆自轮回。"此首格律把扬子鳄外形、习性以及生存之久远描述得淋漓尽致，堪称鳄诗中经典。

每一处景点，只有用心品读，景点方为"经典"，赏鳄也是如此。藏在草莽间、隐于泥石下的就是隐士，不染凡尘，始终保持一份神秘，只能猜想，不可近观。可观者有三：正在睡觉的扬子鳄，可视为一群智者，无所设防，悠然自乐，大有坦坦荡荡的君子之风；游动的扬子鳄不妨看作身怀绝技的游侠，一个扭身，倏忽神龙，首尾不见；那吃食的家伙就是凶神恶煞了，冷眼环顾，张开血盆大口，露出巨齿獠牙，风卷残云的吃相令人望而生畏。弱肉强食，这一丛林生存法则，瞬间被演绎得淋漓尽致。

在大鳄山庄，很多有趣的现象引起了孩子们的求知欲，缠着大人问个不停。诸如扬子鳄怎么爬得那么慢，为什么总是张大嘴巴，为什么叫扬子鳄，它是不是鱼，等等。如今的网络真是方便，若是答不上来，自有网络解惑。以扬子鳄为名，源于西方，根据这种中国特有的鳄鱼最初栖息地——长江（扬子江）而命名。扬子江为长江中下游一段的称呼，沿途省份最早和外国交流，西人遂用扬子江代替整个长江；扬子鳄名为"鳄鱼"，其实不是鱼，而是爬行动物；和大多数爬行动物一样，扬子鳄也是冷血动物，循环系统欠发达，体温过低，新陈代谢随之减慢，因而行动迟缓；白天，扬子鳄需要觅食，必须快速升高体温，所以要在水边晒太阳，张开嘴巴一动不动，就是在增加与阳光的接触面，如一块太阳能电池板，最大限度地吸收太阳能……

扬子鳄就像是一本书，所涉知识点远远不止前述，引起人们兴趣的还有它独特的吼叫、众多的俗称、高超的挖洞术，以及迷宫一般的巢穴。

扬子鳄别名中华鼍（tuó），俗称土龙、猪婆龙、河龙，和传说中的龙极其相似，喜欢栖息在湖泊、沼泽、滩涂等潮湿地带。鳄鱼是唯一会叫的爬行动物，扬子鳄的叫声更是别具一格，声如闷雷，说是叫，实为吼，"轰隆！轰隆！"似人类在喊："河龙！河龙！"河龙一名，由此而来。

土龙之称源于扬子鳄浑身布满铠甲般的鳞片，头、尾和锐利的趾爪都能刨土拱石。传说当年水神张渤就是化身猪婆龙，也就是扬子鳄，才能开挖河道，治理水患。

狡兔有三窟，而扬子鳄的洞穴还不止三个。在大鳄山庄，若是仔细查看，会发现扬子鳄的巢穴有好几个洞口，洞内更是纵横交错，复杂如迷宫。正是这种地下"迷宫"帮助它们一次次逃避了敌害，从远古幸存至今。

查阅典籍，首提"猪婆龙"者为蒲松龄，《聊斋志异》里有一文言短篇小说就叫《猪婆龙》，所述形状与习性正是扬子鳄。

几千年前，扬子鳄大量生活在长江中下游地区，6 月交配，7 月产卵。雄鳄通过吼叫寻找雌鳄。而每年 6 月间正是多雨的夏季，雄鳄发出吼声时总伴有一场雷电交加的暴雨，人们便认为风雨雷电与扬子鳄密切相关。又因其相貌狰狞，行踪诡秘，使人心生敬畏，再经巫师的渲染，最终创造出了龙图腾，逐渐演变成能呼风唤雨、腾云驾雾的龙王爷。由此可见，龙可否就是扬子鳄。我们一向以龙的子孙为荣，那么，我们算不算扬子鳄的后代？若能算得，那就更有理由尊之重之了。

大鳄山庄遵循当地自然条件、基地现状，以扬子鳄养殖为核心，大力发掘鳄文化。同时，充分发挥人文休闲交流、鳄鱼观赏、餐饮住宿等功能，人性化设施为来此游览的人们提供了可观、可玩、可嗅的生态空间，可以满足游人多元化需求。山庄由湿地、人文活动及绿地三大板块组成，分为养殖观光区、餐饮区、办公区、住宿区、扬子鳄主题公园、农产品展示区，现已获评为"四星级农家乐"。

据胡于虎介绍，山庄内有一条重达一百五十多斤的巨鳄，吼起来声若洪钟，远传数百米，可谓霸气十足。不论是不是因为这条巨鳄取名，"大鳄"山庄都是名副其实了。名副其实的还有，这个山庄既是游人休闲的绝好去处，也是了解鳄鱼知识的生动课堂，值得我们带着孩子来看看。

艳艳秋色生态园

如果我是一位音乐家，我会说，秋日的和平森林公园是一篇华美的乐章，在这里可以聆听天籁之音；如果我是一位画家，我一定会说秋日的和平森林公园是一幅印象奇丽的画，在这里可以观赏到斑斓的色彩。

相信很多人都喜欢在闲暇时光里到山林中走走，只为多一些远离城市喧嚣以亲近大自然的机会，为心灵寻求一个没有世俗羁绊的空间。走进山林，那种宁静舒适、超然物外的感觉真好！

读初中时，曾和几位同学在春日骑车到过和平森林公园，但只是在山林外围转转，拔点映山红了事。当时山林荆棘丛生几乎无路可进，加之偶有怪鸟叫声传出，便不敢擅入。

曾经杂草丛生无法进入的和平森林公园，如今修筑了四通八达的砖石山道，可以随意徒步进入，终于让我识得这座神秘山林的"庐山真面目"。

曲径通幽可以任意驻足欣赏沿途的风景。头顶蓝天沐浴阳光之暖，脚踏大地丈量这多情热土，用心感受人与自然的亲密和谐之美，不禁涌起一种强烈的爱意，那是儿子对母亲的眷恋与皈依。

被誉为"天然动植物园"的和平森林公园，位于芜湖县红杨镇境内，距县城湾沚镇十余千米，青弋江、铜南宣高速公路、湾西公路贯穿全境，水路交通十分便利。半山半圩的地势，水秀山清，四季葱茏。

和平森林公园的地势不高也不陡峭。从山林脚下漫步直上公园山顶大约半小时。站立山顶极目四野，东可望宣城敬亭山，西可跨青弋江，南与珩琅山接壤，往北止于九连山，珩琅山上的华严寺、古塔以及青弋江对岸的西河古镇依稀可见。

和平森林公园之所以被称为"天然动植物园"，一是因其境内各类植物总计四百六十多种，其中名贵树木近百种。一万余亩的森林植被，空气中负离子含量极高，素有"天然氧吧、绿色空调"之美誉。二是有一百二十多种野生动物在此生存。因和平森林公园的环境非常适合鹭鸟生息，每年有数万只白鹭和数以千计的国家一级保护动物灰鹭在此栖息、繁衍。这里的鹭鸟几乎囊括了我国鹭鸟的全部种类，以白鹭、灰鹭为主，伴有池鹭、苍鹭、岩鹭、黄嘴鹭、夜鹭等等，数量之众，种群之丰，在全国都很罕见。可以想象春夏之际，万鹭齐飞的场面何其美丽壮观。神奇的是，绝大多数鹭鸟每年都会在农历八月的某个夜里神秘消失。

徒步之时，已是深秋十一月，很多鹭鸟已经悄然不知踪迹，但也时不时看到三两只飞掠水面捕食小鱼的白鹭，可惜飞行速度太快，很难抓拍到。

一万多亩的山林说大不大，说小也不小。沿着林荫道走完全程，还是需要一定体力的。驻足休息时，可以大口呼吸含氧量极高的新鲜空气。随意环顾，侧耳倾听：苍松翠柏、蝶舞蜂飞，四下皆是风景图；百鸟欢唱、秋虫呢喃，处处皆有天籁音。这样的行走，对于我们每一个人来说一生中也许不会太多，因而更是值得珍藏的财富。走过了，看过了，留下的是一段回忆。疲了、累了，静下心来可以慢慢品味。人的一生何尝不是一次徒步旅行，有开心，也有痛苦，有犹豫，也有坚持；行走中沿路的风景，迎面而来与你擦身而过，快速地抓拍下来，就是一生的收获，如果错过了，也许就是一生的遗憾。这样看来，山林徒步与人生没什么不同，都需要用心，都需要毅力，都有起点和终点。

无论是近景烘托，还是远景呼应，和平森林公园里一切都是那么完美和谐，自然的即最美的。

沿途中，目之所及，到处都是树，品种不一，高矮相间，错落有致。有的已经开始落叶，残留的几片似乎是对树的依恋，迟迟不肯离去；有的则照样苍翠欲滴，向人们展示其旺盛的生命力；也有的树木叶子正红艳艳地缀满枝头，似一簇簇盛开的玫瑰，山风拂过，它们又像一群群徐徐飞舞的红蝴蝶。更有不知名的野花以其独特的香味引来蜂舞蝶飞，为原本萧索的深秋平添了诸多生趣，让人感受到生命的美好。

徒步拍照时，无意间发现一棵坠落的大松球和一棵小指头般大的小松球并排躺在一起，遂拍下并发至朋友圈，赋名曰："要想好，老带小。"一位微友看到后，立刻回我："这几天正陪父母游黄山，我现在是'要想好，小带老'。"温暖的戏言让人觉得人与自然是那么的相通相融。

漫步于蜿蜒曲折的山林小路，领略山林静谧安详的神韵，灵魂和山林渐渐贴近。

走累了，随便找一个地方，以一个最舒服的姿势或躺或坐，随心所欲地瞄过山林的某个角落，一阵凉凉的山风吹来，看绿波起伏，听松涛叶语，感到在这湿润清香的空气中，疲倦迷茫的身心有着前所未有的踏实和安宁。

虽然知道，离开和平森林公园后，照样会为生计而疲于奔波，然这片山林的美已经永远刻在我的灵魂深处。

忽然想到，如果有一天，在和平森林公园的深处建一座属于自己的小木屋，闲来垂钓山溪，扫山林落叶，看云卷云舒，赏花谢花开，听鸟唱风吟……守着山林过着炊烟袅袅、永绝凡尘喧嚣的生活，该是多么惬意的事情……

理想是理想，现实还是现实，为了生活还是要回到世俗中奔波，尽管舍不得离开这片世外桃源。

和平森林公园，我走了，正如我悄悄地来，没有带走一片树叶，但我一定还会再来！

檐下经典岭上秋

白露一过，秋天便往深处去了，早晚的凉意让人有些忧愁，梧桐叶子一落就是一地，只觉时间过得太快。好在还有个令人愉悦的场景，那便是乡下人的晒秋。实际上，农家一年四季都有东西晒，时令变化，所晒之物也不断换新，但最美的画面还是秋晒。

山水古镇红杨，风景如画的秋日乡村，就这么晒着。

白露前后，该收的差不多都在收了，所以，晒秋晒的是果实，不仅有五彩缤纷的颜色，更有丰收的喜悦。六谷、豆角、芝麻、花生、棉花纷纷从田野里涌出来了。于是，蓝天白云下，远山近水间，红砖墙黑瓦片上，过道回廊里，亭阁屋檐下，铺着的、挂着的、串着的都是秋天的"犒赏"，一坨坨、一串串，沉甸甸、香喷喷。还有村巷的角角落落、坡坡坎坎中，无数个箩筐、竹匾里盛放的也是"赤橙黄绿青蓝紫"。很快，村子的空气中弥漫的都是五谷杂粮的味道，也有老老少少拾掇时的欢笑。

干椒南瓜老豇豆，糯米籼米酿新酒，要晒的东西太多了。最经典、最亮眼的要数屋檐下的红辣椒和六谷，一红一黄，正好是国旗的颜色，成了晒秋的标志。巧的是，晒秋最忙的时候，国庆节也快到了。

水秀山清

红红火火的辣椒串成十几串挂在屋檐下，老远就能看到。掰下的六谷棒子经过捆扎，挂在竹竿上，金灿灿的光景，看着就有生机，有活力。唯一不需要晒的恐怕就是院子里黄红黄红的柿子，要么采下来放进粗糠里焐得烂熟，要么在树下摆个竹匾，掉下来的，正好风干成柿饼。

　　这个时节，高兴的不只是人，动物也会赶来凑热闹，往往能欣赏到"狗拿耗子"的精彩大戏。系着围裙的农妇正在低头摊晒花生，一只偷吃的老鼠贼头贼脑地钻了出来，圆耳朵，尖嘴巴，翘胡须，四条细腿撑着一个肥大的肚子，两只绿豆眼滴溜溜地转。稍不注意，一阵窸窸窣窣，留下一堆花生壳。猫儿要是懈怠不尽职，自有那忠心的狗儿管闲事，一个纵跃，以迅雷不及掩耳之势，把老鼠逮个正着，啊呜一口，鼠命休矣。农妇高兴得马上盛来一碗狗饭，摸着狗头笑眯眯地赞不绝口："不错不错，干得好！"狗儿摇着尾巴大快朵颐。这人狗同乐的场景，要是被摄影师拍下，估计能拿个大奖。

　　"月饼粑粑一口圆，桂花米酒一桌甜，南瓜月亮一家圆。"中秋节也快到了。老家的人们过中秋有个习惯，月饼、南瓜、糯米粑粑必不可少，饮料则是自家酿造的桂花米酒。当然，桂花每年开的时间都不相同，有早有迟，但不管在中秋节前开没开，米酒是必酿的。酒曲不论是买的还是自产的，酿酒之前都要晒一晒。因而，很多人家屋檐下还有几串青白色的酒曲，很像糖葫芦，只是颜色不同。刚碾出来的新糯米并不全然雪白，带着青晕，也要晒，直到丢进嘴里嚼出脆嘎嘎的香味。这段日子，晒秋的人们常唠的话题就是张家泡了多少米，李家打算酿多少酒。

　　谁家的新米酒酿成了，跨过门口必然能闻到酒香，等家家户户都酿成了，整个村子都是米酒的香甜味，乡村的秋天也就被滋润得微醺，应该说，整个秋天都微醺了。

　　"晒秋"一词估计是艺术家创造的。这个词很合时令，也很具地域特色，尤其是生活在山区的人们，由于地势起伏，平地少，只能利用房前屋后及自家阳台、屋顶挂晒农作物，慢慢演变成了一种常见的农俗现象。檐下经典岭上秋的景象当然是画家、摄影家追逐的素材，并由此塑造出了诗一般的称呼——"晒秋"。在网上，每当有皖南乡农晒秋的图片出来时，必有一大堆时髦的赞美词，美呆、惊呆、美艳、惊艳，甚至还有叫你屏住呼吸的话，"美得令人窒息……"这里面，往往就有来自红杨的晒秋图，怎不令我这个土生土长的红杨人为之赞叹。

记得网上还有一则消息，说某地举办过"晒秋——最忆乡愁"活动，我看了以后深有感触。如今，工作、生活都在城市，离开红杨老家已有多年，秋天于我而言，已经没有果实可晒，摄影水平又不高，也没有美丽的家乡图片在网上晒。所以，每到这个时节，看看乡下那些色彩斑斓的沉甸甸的果实，也只能用一句"檐下经典岭上秋"来记住我的乡愁……

三春不忘香椿头

介于惊蛰和清明之间的春分节气到来时，春季已去之一半，然真正的春天也是由此开始。此时的阳春三月才算是风和日丽、草长莺飞、鸟语花香。人在画中游的秀丽风景年复一年，自无需多说，难忘的还是舌尖上的记忆。

春分前后也是个收获美食的季节。红杨，这个山清水秀的地方，春笋、蒌蒿（俗称蒌笋）、芦蒿、茭白（俗称高瓜）、马齿苋、荠菜、豌豆苗、香椿头等号称"春八仙"的时令蔬菜开始纷纷登上餐桌，其中最受人们欢迎的莫过于香椿头。

有"八千岁为春，八千岁为秋"之称的椿树历来被人们视为长寿的象征。"椿萱并茂"一词中的"椿"，指的就是父亲，以此作为对家中男性长辈健康长寿的良好祝愿。很多农户便在房前屋后、院内院外、田间地头植下一棵棵枝繁叶茂的椿树。

长寿的椿树有一香一臭两种，因二者外形极其相似，故有不少人混

水秀山清

为一谈。实际上，这两种椿树不仅分属不同植物科目，区别也很明显，根据气味就能识别出来。臭椿叶子有一股异臭味，尤其是成年臭椿淌出的树油更是难闻之极，"臭"名于此；香椿也是顾名思义，叶子清香扑鼻，刚透出的椿芽更是美味。

香椿头是春芽的俗称，有"树上蔬菜"之美誉，营养丰富，香味醇厚，口感独特，深受人们喜爱。

翻开典籍，全球唯一把香椿头当作蔬菜食用的就是中国，喜泼墨、爱抒情的文人雅士们岂能不评价一番。清代李渔对其推崇备至："菜能芬人齿颊者，香椿头是也。"康有为一首《咏香椿》道出的也是诸般好处："山珍梗肥身无花，叶娇枝嫩多权芽。长春不老汉王愿，食之竟月香齿颊。"尽管乾隆才子、诗坛盟主、美食家袁枚在《随园食单》中记载了香椿头拌豆腐的做法及其口感，著名老饕、散文家汪曾祺还在《豆腐》一文中写道："香椿拌豆腐是拌豆腐里的上上品。嫩香椿头，芽叶未舒，颜色紫赤，嗅之香气扑鼻，入开水稍烫，梗叶转为碧绿，捞出，揉以细盐，候冷，切为碎末，与豆腐同拌（以南方豆腐为佳），下香油数滴。一箸入口，三春不忘。"

我国民间自古就有"食用香椿，不染杂病"之说。中医认为，香椿味苦，性寒，有清热解毒、健胃理气之功效，还是治疗糖尿病的良药。现代营养学研究也发现，香椿有抗氧化作用，具有很强的抗癌效果。唯一缺点是富含硝酸盐，所以吃前需要用开水烫一下，避免中毒。

正因为香椿头具有诸多食药价值，其价格近年来也是不断上涨，尤其是刚上市的香椿头，十几年前便卖到两三块钱一斤，如今已涨到四五十。过去香椿树种得多的人家，一季便能挣个七八千块钱。经济利益的驱动使得农户们每到春分前后便放下手中的农活，忙着摘取香椿头，不过自家吃得很少，大多拿去销售，毕竟这是一笔不菲的收入，是居家过日子的一项重要经济来源。

如今已有专门培育香椿头的塑料大棚，一年四季都有销售，一些种植户也因此得以发财致富。但据我食后的感觉，香椿头还是春分前后树上长出的好吃，尤其是野生香椿头，沐自然风雨、聚天地灵气、采日月精华，无论口感还是营养价值都要高出大棚一筹。

红杨山区，香椿头在春分时节长势最好。虽然天气暖和的时候，有些香椿树从雨水节气后就开始透芽，但真正可以大量采摘还是在春分前后。

几场春雨一过，香椿树开始一点一点往外生出枝头顶红的椿芽，新鲜中透着娇嫩，轻轻一碰便断，性急的人们恨不能马上采下来，但此时的椿芽香气还不太浓，数量也不多，所以还要忍一忍。

待到春分时节，带叶子的香椿头终于挂满枝头：油光光的紫茎顶着红边绿叶，轻盈舒展，远远望去，如玛瑙、似翡翠。春风一吹，阵阵清香四处弥漫，我们知道，到了发椿芽的时候了。够得着的用手指轻轻一折，够不着的用带锯齿镰刀的长杆轻轻一钩，一朵接一朵地从树上飘落下来，很快满地都是，每次一打就是好几篮子，手指间乃至全身都是椿香。

香椿头是好东西，既可口又能卖钱，自家不打，要不了几天就会被别人打光。所以每到春分时节，旭日刚升，有些农户就已经带着孩子来到香椿树下，或手执挠钩抬头踮脚，或架梯攀树双手探花，钩的钩，掰的掰，香椿头纷纷落下，小孩子兴奋地提着竹篮奔来跑去忙着捡拾。善于爬树的男孩也会乘机露一手，嗖嗖几下窜上树枝，或两腿盘附，或站立树杈。很快，衣服、头发都被露珠弄得湿漉漉的，眨巴着眼睛时不时对着手哈一口热气，神态和猴子没什么两样，下面的大人则担心地笑骂着。城里的吃货们往往也在这个当口带着孩子赶到亲戚家体验生活，一饱眼福二饱口福，好奇中露出开心的微笑。晨雾还未散尽，几棵香椿树就只剩下光秃秃的树枝了，不过香椿头越打长得越旺，用不了几天椿芽又会重新长满树头，整个村子依然沉浸在浓浓的椿香里。曾有人作诗一首形容农户打香椿头的场景："日上三竿打嫩芽，木梯竹棍铁钩叉……新篮紫叶刚遮底，嫂嫂催姑速返家……"

打下来的香椿头，留下一部分做菜，其余用草绳捆成一小把一小把的拿去销售。当天中晚餐的饭桌上，多了一道时鲜的菜肴——香喷喷的香椿头摊鸡蛋。嫩黄略焦的蛋皮里透出青绿色的香椿头，看起来清新亮眼，闻起来浓香诱人，吃起来鲜香爽口。这在过去可算是少见的好菜，物资匮乏的年代里，不是打香椿头的当天，只有家里来了尊贵的客人才有机会吃得到。

　　卖香椿头需赶早，捆扎得整整齐齐放进大竹篮里赶到集镇菜市场，带上个小水壶不断保湿，卖相始终水灵诱人。也有菜贩子在这个时节赶到农村收购，但价格压得比较低，产量少的人家为图个方便也就顺手给卖了。

　　"雨前椿芽嫩无丝，雨后椿芽生木质。"一棵成年的香椿树在清明前后可以长出几茬香椿头。"一茬椿芽一茬香。"一般打过三茬后，等到谷雨节气到来时，香椿头就变老了，叶子由红泛绿，茎秆开始木质化，不能再食用。

　　香椿头的吃法有很多种，炒鸡蛋、拌豆腐、炒腊肉，都是色香味俱佳，还可以烫熟后凉拌，简单易行。我最喜欢吃的就是母亲腌制的香椿头。家里每次打下香椿头后，母亲都会选择一部分洗得干干净净，沥水、撒盐，反复搓揉，最后放进密封的罐子里。一个星期左右后取出来，切成碎丝，放点香油和麻油搅拌几下，青簇簇、翠团团，食之又香又脆，口舌生津。

　　我的老家至今还好有几棵粗大的香椿树，每年都会长出很多香椿头。上市期间，父母总要带几把给我尝尝。不过如今的孩子们对这一传统绿色佳肴似乎并不感兴趣，我的孩子也是如此，每逢餐桌上有这道菜时，在我们的劝说下才肯懒洋洋地伸出筷子，不屑一顾地夹几根。他们喜欢的是肯德基、麦当劳、必胜客这些快餐，让人不由得对西方餐饮文化的成功入侵生出些担忧，也许这种担忧是多余的。

　　春分正是万物竞相生长之际，"沾衣欲湿杏花雨，吹面不寒杨柳风"，使得香椿头一茬一茬地不断萌生，这是大自然馈赠给人类的美食，是造物主的特别恩赐。

春分又是个能引发人们无限遐想的时节，更能催动美好的回味。每届此时，我就会想起老家的人们忙着打香椿头的场景。一朵朵纷然而落的香椿头进入竹篮、进入菜市场、进入餐桌，以其独特的醇香将春天的气息送到人们的舌尖。老家那几棵香椿树不仅带给我唇齿间的享受，更是剪不断的乡愁，诚如旅美作家苏炜先生所言："几乎没有什么东西，比香椿更带乡土气息而更显得弥足珍贵的了……"

| 五月艾草气如熏

康熙征服蒙古时，清军在追击噶尔丹途中深入荒漠。千军万马若断了水，必败无疑。幸有艾草成为寻水法宝，军士们将其点燃后，艾热钻地下行，带同地下水升腾起雾，军队就此挖开水源。

在老家红杨镇，记忆中，年景再怎么不好，艾草始终葳蕤，从不辜负人类。顽强的生命力是其本性，惊人的穿透力是其药性。

若是追溯起源，艾草的应用几乎与火同步。平时无人问津，一旦与火结合，就是神奇的中医艾灸。在穴位处灼烧艾草，艾热进入人体随气血循环，遇到寒湿，便慢慢将其逼出体外。

杏为医家之花，艾乃药堂之草。孟子曰："七年之病，求三年之艾。"我虽非医护人员，但儿时多次体验过祖母使用艾草的疗效，对"偏方气死名医"这句话还是深信不疑。

伤风感冒了，喝几碗用艾叶熬的茶，很快就会痊愈。"艾蒿泡澡神仙汤，不生疖子不生疮"，加艾叶洗浴几次，身上小红疙瘩就消失得干干净净。每天在热水盆里放点艾草泡脚，冬天绝不会生冻疮。要是吃了不干净的食物，用纱布包上揉碎的干艾叶和老姜贴在肚脐眼上，再往纱布上放一个热水袋，焐上几分钟肚子就不会疼了。玩耍时弄破了，把干艾枝烧成灰搽在流血的地方，不仅止血快，还不会发炎感染。夏天来临时，恼人的蚊子让人心烦意乱，蚊香气味也有点冲人。点燃艾枝把屋子熏一遍，晚上开着窗户都可以睡个安稳觉。可恨的还有苍蝇，总是围着饭菜转，还在碗里留下密密麻麻的蝇粪点，恶心之极。可以把干艾草搓成绳子，搭几根在菜罩上，挂几根在厨房里，讨厌的家伙就不敢靠近。妙的是，那么浓烈熏人的香味，竟可以解乏助睡，用艾草做枕头，可让人安眠无梦……

当然，艾草的功效远非祖母所掌握的那么简单，《神农本草经》《本草纲目》《千金方》等医学名著早有详载，我们只需记得五月艾草香气最浓、药用价值最好就行。

艾，因能灸治百病，赢来一个百草之王的美誉，也因此和端午结下不解之缘。

翻开文献，能将花草发展成文化的也只有中国，而能装饰民俗者，或如牡丹靠颜色夺魁，或如玫瑰借花语含情，或如梅花凭时令取胜，但以药性走进传统节日的，莫过于艾草和菖蒲。

端午是入夏后第一个节日，也是自古相传的"卫生节"。气温上升，正是疾病多发时期。家家户户在这一天扫庭院，饮雄黄，激浊扬清。"手执艾旗招百福，门悬蒲剑斩千邪"，特殊的香味熏得蛇虫纷纷逃避。

艾草既上得案头，也入得香囊，挂在脖子上，不但处处留香，还可以祛散口鼻周围的病菌。粽子、五黄就蕴藏在这悠悠艾香里。

五月艾草，熏人的不仅是浓浓的药香，更有那美妙的篇章。艾，还是一种相思草，被栽种在几千年前的诗经里，繁茂至今。"彼采葛兮，一日不见，如三月兮；彼采萧兮，一日不见，如三秋兮；彼采艾兮，一日不见，如三岁兮！"悠悠情愫，芳香诗句，让人灵魂轻叩出醉人的联想。一位身着素白衣裙的妙龄女子俏立绿洲，左顾右盼，浅笑嫣然。采葛、采萧、采艾，举手投足之间随意插一束艾草在发髻。青青子衿，悠悠我心，直把那多情公子相思得度日如年。

走在乡村的田埂地头，闻着浓浓的艾草香，忽然想起，到底是谁先发现这种可以治百病的草木精灵，让我度过一个无病无灾的孩提时代？是神农还是华佗，是仓颉还是孙思邈？我想，不论是谁，此人必有菩萨度人之心肠，敢尝螃蟹之勇气，否则怎会找到这种人间仙草。想着想着，不禁又回忆起祖母用艾草护理我们的一幕幕。

"清明插柳，端午插艾。端午节渐渐来临，菜场有人卖新鲜的艾草了，买一把回家便像是捎回童年的记忆。熬一盆浓浓的汤水，伸进双脚，任艾香弥漫在烟雾中包围全身，那么浓郁，那么绵长，闭上眼，我似乎看见了祖母的身影，闻到了家乡的味道……

微风柔波瓦块多

红杨圩区水系发达，微风柔波的江、河、沟、渠均盛产鱼虾蟹鳖，也盛产各种俗称水菜的河蚌，大部分还能自然长出珍珠。

河蚌虽然名中有"河"，但深水河道却并不常见，更多的是在鱼塘里。河蚌最喜欢待在鱼塘肥厚的淤泥中，外壳颜色如同黝黑的瓦片，因此红杨人又把河蚌叫作"瓦块"。

瓦块作为一种食用的淡水贝类，随便摸几十个就是一盘下酒的好菜，但水深面广的地方不太容易摸得到，大人们一般都是到了枯水期才会动手。小孩子天性爱玩，总要打着摸瓦块的旗号去戏水，尤其是暑假期间，三三两两带个大澡盆去摸瓦块，游泳、消暑、收获三不误。

说是摸，实为探，光着脚丫边踩边寻，再往深处去，把澡盆放于水面，用脚掌在水底四处拨拉，若感觉一个圆滚滚的硬物，基本就是瓦块了。瓦块也很滑溜，觉察出有危险存在，立刻往深泥里滑行，这时就需要深吸一口气，捏住鼻子，扎猛子潜下去抓出来。身材高大的成年人往往不用这么费事，分开脚趾就可以把小个的瓦块轻松夹出水面。若是瓦块大如饭碗，也需要潜水，一旦摸出来，必把那通体黝黑的大家伙高举过头，炫耀一番。

常见的瓦块有圆形和长腰形两种，为了便于区分，人们把圆形的就叫"瓦壳子"，长腰型的叫"尖刀蛄"。尖刀蛄可没有白叫，两边尖尖的壳头锋利如刀，不小心就会扎破脚掌，必须潜下去用手捧出来。瓦壳子边缘有一层薄薄的裙边，越大裙越厚，也越不容易伤脚，但大瓦壳子在受到侵犯时会张开蚌壳，夹住你的脚掌死不松口，说不定还会给你夹出一道血印来，所以，摸瓦块也不是件轻松的事。

瓦块肉味鲜美，很有韧劲，难得的美味，在生活拮据的年代，这也是人们改善伙食的一条重要渠道，尤其瓦块肉还有清热降火、消炎生津的功效。可以说，七八十年代出生的红杨人，几乎是吃着瓦块肉长大的，对其加工过程也就难以忘怀了。吃之前先用净水养个一两天，倒点生香油，让瓦块把泥沙吐干净，否则会很瘆牙。养干净之后，用菜刀沿着瓦块紧合着的缝隙中切下去，一剖两半，揭下附在贝壳上的肉，切片洗净，或炖汤、或红烧，或加辣椒、咸菜烹炒，清香鲜美的味道便扑鼻而来。记得母亲最爱用瓦块烧汤，过程不复杂，先将瓦块肉和八角、葱、姜、食盐搅拌均匀，再放入油锅里翻炒至大半熟，最后加水、加猪油煮到汤汁浓得像牛奶一般，那叫一个鲜香！每次都能让我们吃得鼓腹而出。

剖瓦块更是一件快事，往往不经意间就可以发现几粒细小的珍珠。我们那时还不太知道野生珍珠的价值，大多被同村的女孩子家要走了，她们穿个小孔戴在耳朵上美滋滋的。要是发现一颗大珍珠，就另当别论了，大人们都说是宝贝，是要拿去卖钱的，可惜这种机会少之又少，因为并不是所有的瓦块都能产珍珠，能产珍珠的瓦块叫"珠蚌"，还需要一定的客观条件。

过去的红杨镇，春节期间曾有几个村玩过瓦块灯，演员为渔夫、渔娘、瓦壳精、鹬鸟、小丑等，道具主要是渔船、渔网，色彩斑斓，充分展示了渔民的生活画卷。而我们小时候每每摸河蚌的时候，总会想到那些漂亮的瓦壳精，既有一份期盼，也有一些害怕。而摸到一大盆瓦块，收获的满足感却又很快驱逐了这些担心。最开心的还是碰巧摸到甲鱼、鳜鱼。摸到甲鱼是既开心又担心。甲鱼俗称团鱼、王八、老鳖，很是凶猛，瓦块、螺蛳都是它的美食，人要是被它咬着指头，把那王八脑袋剪下来它都不肯松口。后来，大人告诉我们一个经验，甲鱼怕打雷，咬了人听到雷声就会松口，所以，我们摸瓦块的时候都会和嗓门大的人在一起，要是被甲鱼咬住了，就大嗓门对着甲鱼吼一声"轰！"甲鱼果然松了口。而这一声轰也就赢来羡慕的目光，有人摸到甲鱼了。

有几年，红杨镇圩区很多人家都养殖珍珠蚌，但水质也随之不断下降，特别是一些外来养殖户大面积承包水面养珍珠后，刺鼻的气味老远就能闻到，后来被环保部门叫停了。实际上，养殖珍珠之所以污染水源，原因在于投喂瓦块那些腐烂的食物，若不是人类刻意寻求财富，瓦块是天生的水源清洁师。瓦块的食物主要是藻类、原生动物和有机碎屑等，但它们没有腿，不能主动追逐食物，只得依靠蚌壳的开闭，利用内侧纤毛和鳃纤毛的摆动造成水流，食物便随水进入壳内，瓦块两壳猛闭后再将水排出体外，过滤出杂质作为食物。有专家研究发现，一只成年瓦块每天可以吞吐一吨以上的水。

如此看来，红杨镇水秀山清也还有瓦块的一份奇功。

｜ 痛痛快快采菱角

"我吃米子你剥壳，小心壳刺把你戳。"

"一根草，塘里绕，水上开鲜花，水下生元宝。"

"小小木船两头尖，长在水里不露脸。"

这是红杨乡下的孩子们采菱角时所哼的儿歌，哼着哼着，一不小心，手指被菱角刺扎破，眉头紧皱，眼含泪水，脸上却依然露出笑容。每年立秋前后，在红杨镇圩区常见这种"痛并快乐着"的场景。

这样的场景在山区也能见到。菱角是生命力极为顽强的水生植物，只要有水，就可以生长。当然，丘陵地带一般的山塘是不长菱角的，除非有人刻意种植。但红杨镇被青弋江一分为二，一半多水，一半多山，两山之间形成一个洼地，就是一个小小的圩，圩内池塘、沟渠里也长有野生菱角。菱角味美，生吃甜，熟吃香，既可充饥，又能解馋，这些沟塘也就成了农家孩子经常光顾的地方。

菱有家野之分，开出的花很小，颜色也有白、黄、淡红三种，一般是五六月份开花，夜开昼合。所以，单从花色是不太好区分菱角品种的，需要结合果实形状、大小来区分。野菱果实很小，生的青翠色，外壳很坚硬，大多有四个刺角，最易扎人，不好剥，但煮熟了特别香，孩子们都喜欢嚼，嚼得"痛并快乐着"。家菱果实呈元宝形，多为红色，一般长有像牛头的两只角，只是犄角的弯长反了，所以又叫"牛头菱""红菱"，这种家菱淀粉含量高，生吃熟食都很容易咬开。

难以辨别的还有菱叶，像浮萍一样浮在水面，往往和真正的藻萍混杂一处，让你分不清哪是菱角，哪是浮萍。我们小时候为此吃尽了苦头，为了捞浮萍喂猪，常被野菱刺得遍体鳞伤。

夏秋之交，是开始采菱角的季节，很多人家都会带上大澡盆去采菱。父亲曾是个兼职的杀猪匠，家里有个用作烫猪毛的腰子盆，放进去一张小凳子，坐在盆里，伸出两手便可以划行向前，忽东忽西，一根根牵起菱藤，拽出菱角摘下来。无论澡盆、腰盆，都只能承载体态轻盈者，所以采菱角基本是女人的活。随着木盆徐徐划入池塘深处，惊起蛙声阵阵，白鹭翩翩。

孩子们早已馋得急不可耐，尽管大人一再告诫不要下水，但还是会挽起裤管顺着浅水处直接采摘，懂点水性的干脆光着屁股往深处采，大人一呵斥，便扎个猛子躲起猫猫来。胆小的会站在岸上用绑了钩子的竹竿往岸边拉，够不着了，在麻绳一头拴个砖块，使劲往塘中心一抛，也能拽上来几棵菱藤，摘下菱角再把藤子扔进水里，因为大人说过，这样菱藤还能继续开花结果，菱角的生命力就是这么强。

"采菱女儿新样妆，瓜皮船小水中央。郎心只如菱刺短，妾情还比藕丝长。"这首佚名诗叫《采菱女怨》，但我并没有听过哪个采菱姑娘有怨言，尽管菱角刺很戳人。相反，那是一个欢快的场面。若是一位尚未出闺的姑娘家边唱边采菱，小伙子们便忍不住穿件裤头下水，讨好的帮着拉藤，很快，欢声笑语响彻菱塘。届至夕阳下，菱歌婉转，在碧波秋水之间，木盆摇曳在满眼泛绿之中，这种场景，肯定会成为文人笔下醉人的景致。不过菱角尖刺锋利，稍不留神，就会刺入皮肤，疼痛难忍，小伙子们也体会了"痛并快乐着"。爱情的魔力如斯。

"樱桃好吃口难开"，相对于樱桃，野菱角更难开口。小小的野菱角味道极好，但浑身带刺，即使用刀劈成两半，扎破嘴唇也在所难免，特别是有些长得奇形怪状的"丑物"，刺头乱伸，更是难以下手。物极必反，诚如贾平凹在《丑石》中所说，丑到极处，便是美到极处。野菱角美到极处便是它的美味。所以，不论大人小孩，都喜欢吃野生菱角。

若想既快乐又无痛苦，那就要采食牛头状的家菱角，虽然味道不及野菱角鲜嫩，但个大好剥，也具诱惑。

菱角可以生吃，口感如同嫩藕，脆生生，甜爽爽。熟吃菱角再简单不过，只需放锅中加水煮透即可，掰开就是热腾腾香喷喷的菱角米。嫩的软滑，老的粉足，都是美味的果腹尤物。一家人边剥菱角边话家常，其乐融融。老菱角由于皮厚壳硬，小孩子手劲不大，需要用牙齿咬开，嘴上总会粘上一层黑黑的菱角皮，再一张一合地唱着歌谣，嘴里的菱角米也跟着喷出来，溅得满身都是，滑稽的模样逗得大人捧腹不止。

菱角成熟的时间很长，从八月至十月，连夏贯秋，一茬接着一茬。采到二茬时，板栗也上市了，正逢中秋来临。红杨人过中秋节有两道传统大菜是必备的，"红烧鸡""红烧肉"，这鸡、肉里面就有菱角米或板栗，两样均放也未尝不可，食之都有美不胜收之感。菱角具有清暑解热、益气健胃等诸多功效，很多人家便用来炖汤。白嫩的菱角米细细咀嚼，只觉甘甜清爽，鲜美的汤汁缓缓下肚，又感回味无穷，这个中秋节过得也就格外有滋味了。

可以说，菱角伴着我们长大，有着特别深厚的感情，所以，每到菱角成熟的时候，那痛并快乐着的往事便会浮现眼前，记忆遥远而又亲切。

秋风一阵人猴欢

半山半圩的红杨镇，有一样东西享誉四方，那东西猕猴爱吃，人类尝得滋味后便比猕猴更加迷恋了，不用再说，那就是维C之王——猕猴桃。

说来也巧，在猕猴桃家族中有个红心的优良品种，剖开后中央有一颗通红的心，沿着红心还有紫红色线条呈放射状分布，极似光芒四射的太阳，色彩鲜艳，故名为"红阳猕猴桃"。"红阳猕猴桃""红杨猕猴桃"，仅一字之差且同音，似乎告诉人们红杨天生就是个盛产猕猴桃的地方。

事实的确如此，红杨镇无论山区圩区，都是植被茂盛，四季葱茏，而不论山区弱酸性的土壤还是圩区沙性的土质，又都适合猕猴桃生长。

有资料显示，新西兰人于一九〇四年从中国引进了猕猴桃，老外很聪明，把猕猴桃改了个名字，叫奇异果，大量出口，当然也出口到了中国，赚了我们不少钱，也给人们造成一种错觉，似乎猕猴桃原产地在新西兰。实际上，猕猴桃的原产地在中国的湖北省宜昌市夷陵区雾渡河镇。2008年11月6日，在新西兰举行的国际猕猴桃大会上，19个国家200多位专家一致认定：中国是猕猴桃的原生中心。所以，中国人当然是研究猕猴桃、培育猕猴桃新品种的老祖宗。如今，红杨镇就有一位猕猴桃专家，他叫刘春秋，他的猕猴桃园在红杨镇三义村。同镇的万村也有一个猕猴桃园，比刘春秋的桃园还要大，但刘春秋研究猕猴桃已有二十载，相对而言，刘氏"奇异果家庭农场"声名更响。

三义村位于芜湖县红杨镇西北部，圩区，紧靠青弋江畔，水陆交通十分便捷，全村有10个自然村，18个村民组，耕地面积为2297亩，农户666户，常住人口为2310人。村子虽不大，却因为刘春秋的猕猴桃赢来不小的名气。"绿水青山就是金山银山"，在这里得到了最好的诠释。

刘春秋年轻时就有一个梦想，让孩子们可以吃到放心的瓜果。如今虽已过不惑之年，但也依然沉迷于白天种瓜果，傍晚听蛙声的生活。为了这个梦，从 1998 年开始，刘春秋二十年如一日，始终坚持不懈地研究猕猴桃种植，匠心独运终于实现了猕猴桃扎根红杨、年年丰产的美好愿望，打造了一个诱人味蕾的生态猕猴桃园。

刘春秋的猕猴桃园就在三义村村部附近，目前有五十多亩。种植面积虽不大，但每一棵猕猴桃树都不上化肥，不用农药，不洒膨大剂，都是用农家发酵的有机肥浇灌出来的，纯绿色、无污染，有效保证了猕猴桃的细腻口感和营养价值。这里的猕猴桃除了上述"红阳"外，另有"金艳""翠玉"等品种，"猴心"分别呈红、黄、绿三色。

黄心猕猴桃就是金艳，又称"黄金果"，肉肥汁多，酸甜宜人，且耐贮藏；别名翠玉的绿心猕猴桃，是猕猴桃家族最古老的品种，丰产稳产，更适储运。翠玉还有一个更突出的优点，就是果实无需完全软熟便可食用，浓甜无涩味。红阳就更不用说了，色、味均属一流。

如果你谈过恋爱，吃刘春秋的猕猴桃，可能会有一种初恋的感觉。剥开那层薄薄的皮即露出馋人的果肉，黑黑的籽儿，密密实实的向内聚集，呈现清晰的纹路又抱成了团，那团里便是各色的心，猕猴桃的秘密就藏在那一个个透亮的心里。轻咬一口，微酸甜润的味道，沁入心脾，再咬一口，是酸？是甜？还是酸甜兼备？久久回味，心醉体酥，是不是久违的初恋之感？无巧不成书，据说，有一位美丽的女孩与心上人一见钟情，就在一次猕猴桃产地探源之旅中。后来，女孩称男孩为"猕猴"，男孩称她为"猕猴桃"。为此，男孩就不舍得吃猕猴桃了，因为那是心上人的代号。

优美的环境也和这片桃园相得益彰，在刘春秋的猕猴桃园里提篮挎兜，可以一边采摘，一边欣赏这里的乡村风景。果园、菜地，都有一种浓郁的乡村风情，都是一种自由自在的、无拘无束的、多姿多彩的生活。猕猴桃成熟之时正逢金秋，田野里金灿灿的一片，在阳光的照耀下，闪烁着丰收的喜悦。一路野花香袭体，两旁碧水绿依依。在这样的环境中尽享秋天的甜蜜，如何不惬意？

由于猕猴桃属于藤本植物，树干不高，果子最矮处离地面不足三十厘米，小孩子也能随手抓来，那喜笑颜开的脸蛋就比猕猴桃还要可爱了。

在红杨，在刘春秋的猕猴桃园，既有春风十里桃花香，也有秋风一阵人猴欢！

白脸蒿草作青团

民以食为天。人们最难以忘却的永远都是舌尖上的记忆，尤其是那镌刻着淡淡乡愁的食物。

蒿子粑粑可能称不上一流的美食，但出生农村的人们，从味蕾第一次和它碰触起，便注定要建立一生的契约，我的感受就是如此。无论身在哪里，每到清明时节，都会想起儿时习以为常的食物——蒿子粑粑，更忆起做了多年粑粑、离世已久的祖母。

红杨仲春，桃红柳绿，春意盎然。尽管有"清明时节雨纷纷"的欲罢不能，尽管有"路上行人欲断魂"的离愁别恨，但春天还是很慷慨的，起码，我们多了一份美食。忙完了上坟祭祖之后，接下来既是习俗也是果腹的大事——吃蒿子粑粑。

蒿子粑粑在有些地方被称为"清明馃""清明团子"。团子的称谓可以接受，米粉做成扁圆形食品，有馅的无馅的都可以叫粑粑或团子，唯"清明馃"一词不太理解。"馃"本指油炸的面食，蒿子粑粑既无面粉，又不是油炸而出，与"馃"何干？

蒿子粑粑在红杨俗称"白脸公粑粑"，名字源于做粑粑的原料——"白脸公"，其学名鼠鞠草，又称清明草，实际是一种可食可药的野菜。全株有白色棉毛，叶片和菊花叶相似但比较小，开絮状小黄花。别看这小小的野菜，名头却是很繁杂，分别有念子花、佛耳草、清明菜、寒食菜、绵菜、香芹娘等等。而用其做出的粑粑也是大有来头，如今老家已将白脸公粑粑制作工艺申请了非遗保护。

"白脸公"实为口误。鼠鞠草一开始被称作"白脸蕨"。"白"是因其叶面上有一层细细的白色茸毛，"蕨"则是其茎叶与一种叫"雪里蕨"的蔬菜相似。"蕨"与"公"谐音，人们干脆叫它"白脸公"。而叫出"白头翁"便是动植物不分的原则性错误了，要知道那是一种常见的小鸟。

经过一冬的孕育，白脸公蓬勃而生。小小的野草很温柔，静静地躺在田埂坝头、乡野小路旁、山林草丛间，静静地等待三三两两的村姑村妇背着竹篮将其采回家，静静地倾听人们欢声笑语，静静地分享人们亲近自然的快乐。祖母也在其中，上了年纪的她自然不能和年轻人相比，每挖几颗都要直起身来捶捶老腰，待所有人都满载而归后，才拎着篮子步履蹒跚地慢慢往回赶。

白脸公粑粑做的过程并不复杂：清洗干净先用开水焯一遍去掉苦味，再挤掉一部分汁液以免粑粑太黑，加盐揉烂后掺入米粉擀揉均匀，捏成扁扁的粑粑，用蒸笼蒸熟即可。米粉的掺兑比例有点讲究，糯米和籼米二八开正好，多了太黏，少了发硬。如果做成有馅的，最好放点瘦腊肉，事先下锅炒一遍再做馅，味道就更妙了。蒸笼里也要垫一块抹了菜油的麻布，避免粘底。

另一种做法是只取汁水不取叶。先将白脸公捣烂后挤压出汁，再倒入晾干的水磨米粉里拌匀揉和，捏成团子或粑粑蒸熟，吃的时候用毛刷在表面涂一层熟菜油，油绿如玉，清香扑鼻。

说起来容易做起来难。祖母在世的时候，我们都在上学，后来又参加了工作，父母也都有干不完的农活。除了帮忙拉磨外，从采挖到清洗、挤汁，捏米粉、做馅、上蒸笼几乎是她一个人操持。

炊烟是过去乡村薄暮时分的符号，氤氲在上空一抹抹的青黛是农家屋顶上的图腾。有人说炊烟是自由奔放的精灵，也有人说炊烟是屋顶上的舞蹈天使，而我更相信"炊烟是家人轻轻的呼唤，是挥不去的乡愁"。

那时清明节还不是法定节假日，放学归来看见升腾的炊烟，就会加快回家的步伐，心里想象着热腾腾、诱人的白脸公粑粑。回到家中，推开灶屋，祖母已在淡淡的烟雾中搬下蒸笼，我们抓起粑粑便狼吞虎咽起来。

祖母做的白脸公粑粑吃起来软嫩柔滑、甜而不腻、肥而不腴，特别是刚出笼后结起的那层绿油油的表皮，见之则食欲大增。一次蒸得太多，吃不完也没关系，更有味道的在后面。糯米食容易干裂，可以随时看看，如果有裂缝了就像泡年糕那样用清水浸泡起来，过几天换一次水就可以了。再吃的时候，用热油煎成两面金黄，一口咬下去外焦里嫩，口齿留香，依然使人欲罢不能，饱嗝不断。

中国人善于在饮食上推陈出新，后来有的人家将其做成了包子状，加入荤素搭配的馅后便成了"白脸公包子"，也成了祭祀的供品。

每个民间风俗的背后都有一段故事。至于为什么要在清明节吃白脸公粑粑，各地各乡风，传闻各不同。最初也是最广泛的是"粑魂"一说。小时候听祖母说，农历三月初三清明节这天，阳间和阴曹地府界限不分，鬼魂可以到阳间来溜达，活人的魂魄也可以到阴间游玩。当晚人鬼开始互相串门子，鬼到了天亮鸡叫的时候会自觉回到阴间，而活人的魂魄往往因为地府的街市过于热闹玩过了头，忘记回到躯体就丢掉了小命。白脸公是观世音菩萨为解救人类魂魄特意相赠的仙草，用之做成粑粑吃后可以将魂魄"粑"住。凡是三月三吃了白脸公粑粑的都平安无事地过了"鬼门关"。于是每年三月三前夕，大家就成群结队采摘白脸公做粑粑。

另一说有点可靠性。清朝时期，有一年清明节，太平天国李秀成得力大将陈太平被清兵追捕，附近耕田的一位农民上前帮忙，将陈太平化装成农民模样，与自己一起耕地。没有抓到陈太平，清兵并未就此善罢甘休，于是在村里添兵设岗，每一个出村人都要接受检查，防止他们给陈太平带吃的东西。回家后，那位农民在思索带什么东西给陈太平吃时，一脚踩在一丛鼠鞠草上，滑了一跤，爬起来时只见手上、膝盖上都染上了绿莹莹的颜色，顿时计上心头，连忙采了些鼠鞠草回家洗净煮烂挤汁，揉进糯米粉内，做成一只只米团子。然后把青溜溜的团子放在青草里，骗过了村口的哨兵。陈太平吃了青团，觉得又香又糯且不粘牙。天黑后，他绕过清兵哨卡安全返回大本营。后来，李秀成下令太平军都要学会做青团用以御敌自保，吃青团的习俗就此流传开来。

习俗流传至今，吃白脸公粑粑的原因已无人再去关注，也不重要，重要的是好吃就行。小时侯，每年清明节，父亲带着我上坟后便去撒稻种育秧苗，我则急忙跑进灶屋，眼巴巴地望着咕噜咕噜冒着热气的蒸笼，恨不得立刻出笼让我猛咬几口，祖母在一旁笑呵呵地说："别着急，先出去玩一会，熟透了我喊你，保证让你吃个饱……"

"三月茵陈四月蒿，五月砍了当柴烧。"谚语中的茵陈指的是和白脸公差不多的野菜，在三月份是一种药材，味苦但是药用价值很高。等到四月就成了白蒿，苦味淡去，只剩清香味，食用最好，此时正值清明节前后。到了五月份，白蒿猛长，就没什么价值了，只能砍了当柴烧。白脸公的生长周期与此类似，所以白脸公粑粑好吃的季节就在这一两个月，错过就要等到下一年春天了，这也是人们在这期间纷纷赶做白脸公粑粑的原因。

参加工作时，祖母已去世多年。母亲继承了她的手艺，也总会在晴明前后带几个让我尝尝，但不知为什么，总觉得没有祖母做的好吃。有一次，我拿起一个只咬了一口就放下了，父亲笑了笑说："你小时候不是很喜欢吃这东西的吗？现在好日子过多了，是不是嘴巴吃刁了？"我没有回答，只是想，日子虽然过好了，但只要不忘本，嘴巴还是吃得越刁越好。实际上母亲做出的口感可能更好，只是心里有了思念祖母的酸楚，自然吃不出味道来。

蒿子粑粑，无法忘却的美食，永远记得住的乡愁。

白露未见霜 多闻栗子香

白露是农历二十四节气中的第十五个节气。"蒹葭苍苍，白露为霜。"《诗经》所说地区在北方中原地带，江南地区还是见不到霜的。在农人们拿起镰刀、甩开鞭子拉开秋收秋种帷幕之际，时令干果板栗开始与人们相约舌尖。

板栗的美味古人早有记载，在桃李杏枣栗"五果"中有"干果之王"的美誉。此外，板栗还有诸多食疗功效，所含的维生素C比西红柿还要丰富，被老外称作"东方珍珠"。《本草纲目》称栗子"通肾益气，厚肠胃也"。

板栗的食法举不胜举，可以用当前流行的经济模式"互联网+……"来套用。熟透的板栗其褐色的外壳会自动爆裂，撕掉一层毛茸茸的外衣，黄白相间的果肉就露出来了，生吃鲜甜而脆香，熟吃香糯可口。糖炒栗子是家喻户晓的美味零食。板栗红烧肉、烧黄鳝更是饭店里常见的佳肴。板栗烧公鸡还是皖南人家中秋节的必备菜。

食物不仅连接着口舌和肠胃，有时还可以直通心扉。恋爱中的青年男女往往就为一包栗子成就好事。现在很多城镇里都有糖炒板栗的货摊，将板栗放进装有粗沙和糖稀的大铁锅里翻炒，香气四处飘散。这时心思敏捷的男孩要是买一包送给女友并帮她剥壳，细小的温暖胜过海誓山盟的甜言蜜语，女孩的心往往会被打动。

很多人都享受过板栗的美味，但知道其生长过程的却并不多。板栗属阔叶乔木，树干高大，叶子青绿，边缘似锯齿，果实如同一只只活生生的小刺猬，让人敬而远之，刺团里躺的才是我们舌尖上的尤物——一颗颗栗子。

每到白露前后，老家那片栗子园就会浮现眼前，飞扬的思绪也将我带回过去的记忆中。

当时家里有八亩水田，二十余亩旱地。大部分旱地用来种山芋、烟叶和棉花，但父亲对瓜果特别钟情，每年总要留几块地种植西瓜和果树。大概是读初一的那年，家里种了几十棵当地的板栗，几年以后发现产量不高，还常生虫。后来请人全部嫁接成罗田板栗，结出的栗子又大又圆，卖相和口感均提高了不少。

春回大地之时，板栗树上长满一片片青叶，葱葱茏茏，一身绿装。端午前后，开出一簇簇淡黄色的绒花。阳光下，连成片的栗子花金灿灿、毛茸茸，清香扑鼻，引来无数的蜜蜂嗡嗡飞舞。谢落的栗子花可以用来驱蚊，将栗花穗晒干后点燃会发出一股特殊的香气，蚊虫不敢靠近。

夏末秋初之际，栗树开始挂出一个个绿色的小刺球。起初的球刺很柔软，捏上去不扎手。待到白露前后，刺球通体深黄，球刺如同钢针一般，令人生畏。但"小刺猬"的外壳里是诱人的美味。熟透的刺球开裂，里面的栗子也裂开了嘴，一颗一颗紧挨着围成一圈。每个刺球里必然有一颗又扁又瘪的栗子，没什么果肉，被称作脐栗子。也有少数一个刺球里面只有一个栗子，俗称"独卵子"，格外地饱满瓷实。

农谚有云，"旱枣水栗"，说的是干旱年份枣子甜，雨水多的年头栗子香。白露时节的几场露水浇熟了板栗，一阵秋风吹过，有些早已炸开的"小刺猬"开始往下掉栗子了。此时板栗园里最常见的小动物就是松鼠，摆动着大尾巴忙得不亦乐乎，偷偷将成熟的栗子储藏起来过冬。看到有人来，嗖的一下便没了踪影，留下一堆栗子壳。

采栗子是个既幸福又辛苦的活。需要戴上草帽和手套，一个大刺球砸中脑袋可不是闹着玩的。要是不留神被落下的刺球打中手或脸，密密麻麻的刺扎入皮肤，又痛又痒。脚下也要注意，不小心一屁股滑坐在刺球上，除非裤子特别厚，否则屁股上不知道要扎进去多少根刺。所以，采收板栗需格外小心。

记得家里收板栗时，都要带上一张木梯，我和哥哥爬到树上用竹竿敲打，喊一声"下面小心了！"一竿子敲去，一个个黄色的、青色的、青黄相间的刺球噼噼啪啪落到地上，父母在树下用火钳一个个捡拾到箩筐里挑回家。

剥栗子更费事，手是碰不了的。穿上厚底的解放鞋，放在两脚之间边踩边搓，亮出光泽的深红色板栗便破球而出。未熟透的青刺球就难剥多了，得先用剪刀剪开外壳，再用手指抠出栗子，很容易扎手。

栗子上市后一天一个价，需要抓紧剥出来卖掉。自从被嫁接成罗田栗子后，每次一收就是上千斤刺球。为了赶第二天的早市，常常到深夜才将一大堆栗子剥完，手指被扎得生疼，肿得老粗，但这只是第一次辛苦。如果将板栗的肉米从坚硬的外壳里剥出来，价格要比带壳的高出好几倍，又来一桩苦差了。嫩一点的还好，也容易去掉那层毛茸茸的外皮。成熟的老板栗壳子非常难剥，要先用开水烫一下弄软，又不能烫得太久，要是把板栗米烫熟了就不好卖了。烫过的板栗壳指甲可以抠进去，但时间长了指甲缝里会又疼又胀，只好用牙齿咬，而咬长了不光牙齿难受，绒毛外皮也非常涩嘴，嘴唇也就肿胀起来。好在如今发明了板栗脱壳机，有栗子园的人家再也不会遭受这份苦了。

大部分栗子售出后，留下一些自家享用。很多人爱吃糖炒的栗子，我却不喜欢那种黏手的感觉。每次家里收完栗子，我都选出一些搁在饭锅里蒸熟，又香又糯。当然，一次不能吃得太多，否则肠胃会气泡鼓胀的很难受。

生板栗不易保存，怕干、怕水、怕热、怕冻，贮藏过程中稍有不慎，就会生虫甚至霉烂变质。过去家里贮藏的方法是一层粗糠一层栗装进容器里，效果虽然不错，但总有一些会坏掉。

冬天，火中取栗是我们乐此不疲的游戏。将栗子投入火钵子里烤，对此大人比较反对，因为烤栗子很危险，弄不好就会炸伤眼睛。雪花纷飞的日子里，尚在人世的祖母会约几个老姊妹来家中抹小牌，各自带一个小火钵烘脚。祖母火钵里的燃料就是晒干的板栗刺球，用栗子的刺球烤栗子倒是有点煮豆燃豆萁的味道。我们趁她们不注意的时候抓一把板栗丢到几个火钵里，不一会就发出哔哔剥剥的声响，香气四溢，奶奶们也会笑骂着放下手中的纸牌帮我们取出。有时会发出较大的爆裂声，火钵里的烟灰随之乱窜，呛得奶奶们直揉眼睛，一阵手忙脚乱。

　　白露在有的地方既是个节气，也是个节日。江浙、福建一带有过白露节的习俗，人们在这天采集"十样白"（十种带"白"字的草药），用来炖白毛鸡鸭，说是食后可滋补身体，去风湿。其中，福州还有"白露必吃龙眼"的传统。若将白露定为皖南地区的节日，必吃的恐怕还是板栗。

　　白露时节，皖南山区是一处清凉之所，是一幅收获与播种的画面，更是一块舌尖诱惑之地。乡村、城镇里四处飘香的都是板栗的味道。对于一个老家拥有一片板栗园的我来说，白露时节是幸福和幸运的。

　　参加工作多年后，家乡的面貌发生了巨大变化。虽然栗园还在，但板栗早已不是稀罕物，市场价格也不高，年迈的父母没有再去用心照料了。父母老了，板栗树也老了，栗子成熟后自动掉到地上才去捡一些回来，有的还生了虫。

　　时光荏苒，一切都不再是旧模样。已经故去的余光中先生在《乡愁》中写道："……乡愁是一湾浅浅的海峡，我在这头，大陆在那头。"其实栗子飘香的白露时节，我对老家的情感何尝不是一头接着城市，一头连接着乡村的浓浓乡愁呢？

｜ 香菜压坛又一冬

　　在红杨，每年小雪节气前后，家家户户都要忙着腌香菜。

　　提到香菜，有人会想到芫荽，特别是螃蟹上市后，享受美味后的人们常打上一盆放了芫荽菜的热水用来净手去腥。对于生活在皖南地区的人们来说，香菜却是腌制的一坛坛小菜。

　　天气一旦晴好，乡村的房前屋后，城镇楼台的阳台上，小区空地里，随处可见晾晒的大白菜，有平码在地面上的，有挂在晾衣竿上的，绿白相间的"菜浪"成为初冬一道独特的风景。

记得每年母亲腌制香菜时，全家老少都要上阵帮忙。首先是到菜园里割取经过霜打的大白菜。割菜在皖南的乡下称为"杀熟菜"。之所以在霜后杀菜，系因白菜在对抗冰霜的过程中会多生糖分，口感更甜美。

一家人带上锯镰刀，沿着白菜的根部切割下来，一颗颗捧到箩筐里，父亲再挑到池塘前。母亲早已穿上长长的胶靴，套上护袖，双膝跪在铺了草垫的跳板上，一片一片掰下来清洗。记忆中，母亲每年都会生冻疮，这和她常年洗衣洗菜有关。

白菜经过清洗、沥水后，接下来就是切丝了。这是一种比较讲究的细活。腌制香菜的原料主要是菜梗，先将大段的菜叶切下，叫做"杀边叶子"，再把菜梗切成两寸长、一厘米宽的菜丝。菜丝一定要切得均匀，否则会影响香菜的品质，需要刀工好的人来完成。小孩子若是插手此事，不仅切得不像样子，搞不好还会切破手指。当时本家有个"四爹爹"（老家乡下称爷爷辈的为爹爹）是村里出名的刀工手，村里很多人家腌菜、做糖时都上门请他帮忙。也不知四爹爹的刀工绝活是怎么练成的，几大框白菜梗不到十分钟就能切完，我们在一旁理菜递菜还没有他切菜来得快。记得有一次我拿起几根切好的菜丝比较了一下，竟然大小长宽几乎没有什么差别，真的是高手在民间！

白菜中最好吃的是那半黄半白的菜心，腌制后就是香菜的极品了。每次切菜后，母亲都会把为数不多的菜心收集起来单独腌制，只有家里来了尊贵的客人才肯端出来。

切丝后就是晒菜。将菜丝均匀地洒在竹匾里晾晒。香菜的口感不仅关乎佐料的配置，还在于日光的照射。晒足太阳而脱水的白菜，腌制后色泽好看，入口脆而鲜，保存时间也很长。如今市场上出售的香菜大部分是用脱水机脱水后即开始腌制，吃进嘴里软不拉几的，没有嚼劲，味道更不咋地，摆放不了几天还会腐烂。

晒菜时，需得有人看守，防止家禽家畜前来糟蹋，更要防止从天而降的鸟雀。只要不上学，看守自然成了小孩子的任务。躺在靠椅上被暖暖的太阳一晒，不知不觉就睡着了，醒来发现一群鸟雀正在啄食菜丝，气急败坏地一番驱赶，还得手忙脚乱地把弄脏了的菜丝洗干净，防止大人知道后责骂，场景有趣也有些滑稽。

菜丝晒干后，就开始腌制了。先要揉菜。这是个力气活，如同汗脚踩腌菜一样，手劲大、手汗重的成年男子是主角。先用清水漂去灰渍，再挤干水分放进大木盆里加盐搓揉。记得那时家里腌制的香菜比较多，父亲常常揉得满头大汗，嘴里不断呼出热气。菜丝揉好后需要放一夜，让盐分全部渗透进去。第二天一早，母亲将辣椒粉、老姜米、老蒜米、八角粉、味精、白糖、炒熟的黑芝麻、香油一股脑儿地搅拌在一起，然后一把把抓起往菜丝里撒，边撒边搅拌，最后将用几个小坛子装起来加盖密封。三四个星期以后，就可以开坛享用了。

腌制好的白菜丝，白中带黄，色泽鲜亮，放点麻油，清脆可口，香气扑鼻，既是喝早茶的珍品，也是不可多得的下饭小菜。要是用来佐以山芋稀饭，那就更绝了，每次都能让人吃得鼓腹而出。菜丝闻着香，吃起来更香，"香菜"可谓名副其实。

红杨乡下还有一种令人叫绝的香菜，用特选的圆形白皮小萝卜腌制而成，不仅香，嚼起来还会发出"咯嘣、咯嘣"的声响，由此便有了让人一个回味无穷的名字——"萝卜响"。用普通白萝卜也可腌制，但口感却不如萝卜响，为了有所区分，人们便分别名之为萝卜响、萝卜干。脆不脆、响不响，关键是晾晒期间有没有吸收充足的阳光，腌制前后都要经过太阳照射和自然风干，方能收水起脆。相对于萝卜干，萝卜响的原料比较讲究，须得在那乒乓球般的小萝卜堆里找出光溜整齐、没有虫眼、没有黑斑的，还要切得均匀一致。腌制后的萝卜响、萝卜干晒几个太阳就可以吃了，不仅鸟雀会光顾，馋嘴的小孩也很会乘人不备抓几丁放进嘴里。

如今，惹眼下饭的香菜依然是皖南百姓喜爱的菜肴之一，小雪前后腌制香菜已经成为一种生活习惯，食之也不再是苦难岁月的味道，而是蕴含鲜明地方特色的饮食文化韵味。

生活在城里已有多年，虽然超市里有众多各色的腌菜出售，味道也不错，但我总感没有母亲腌制的香菜爽口，应该是缺少了一道叫做"乡愁"的作料。

北风吹畦霜花碧，香菜压坛又一冬呵！

脚踩千里香

老饕与美食家都是文绉绉的称谓，红杨人的"好吃佬"一说更接地气。在我所认识的吃货当中，没有一个不知臭菜蒸豆腐的妙处。当一碗热气腾腾的放有猪油、蒜蓉、水辣椒的臭菜蒸豆腐端上桌时，那闻之臭、食之香的味道足以让人多扒一碗饭。

"无风臭遍半条街，有风飘出十里地"。如今很多饭店都有这道下饭菜，吃惯了饕餮大餐的人们享用后无不称之为菜中极品，于是，皖南人为这道家乡菜起了一个不错的诨号——千里飘香。

舌尖带来的记忆总是久远。老家属于山区农村，因此，每在食用千里飘香前，我必深呼吸一番，闻够那熟悉的味道方才动箸。伴随着味蕾的快感，打开的便是脚踩腌菜的记忆之窗。

臭菜在红杨乡下叫"烂咸菜"，是地道的农家菜，一般为每年霜降节气过后至大雪之前腌制。老家的村里，不论穷富，每家都有几口大小不一的水缸和粗瓷大瓮，灰色的釉面、褐色的沿口，这些器皿大多用来腌菜。

这腌菜也是有讲究的，须得挑选那些经过霜打的菜。因为蔬菜都有适应环境变化的功能，在对抗冰霜的过程中生出糖分，口感自然就变得甜美多了；同时，又因烂咸菜吃的主要是菜梗，菜叶大多在腌制过程中发酵腐烂化成了汁水，所以还要选出菜梗宽大的菜。

上午将挑选出来的青菜、雪里蕻、"萝卜缨子"（白萝卜的叶子）割下来，洗净沥水后铺在干净的塑料布上晒一晒，晚上大人小孩齐上阵就开始忙着腌菜了：一层层地码放在缸瓮里，每码一层菜，撒一层盐，踩紧踏实后用几块鹅卵石压住，再用塑料薄膜扎紧沿口抬到厨房的角落，一两个月后，就可以享用了。密封必须严实，腌菜在发酵过程中如果漏了气，就会冒出白沫，到了夏天还会生出大量的蛆虫。

"臭脚男人踩出来的腌菜更有味"，这话听起来有点恶心，其实是有一定道理的。男人力气普遍大于女人，脚臭系因脚汗出得重，在鞋袜包裹下焐出来的怪味。脚汗重的男人，大都是干体力活的青壮年，脚底劲道十足，可以把菜踏得更扁，踩得更入味。所以村子里身体结实、"臭名远扬"的小伙子在腌菜期间都很吃香，家里缺少劳力的人早早带上香烟去邀请，踩完菜后还能混到一晚面条加三个荷包蛋的夜宵。要是家里有个未出闺的漂亮女儿，那就不用上门请了，自会屁颠屁颠地主动上门帮忙。

用水缸腌菜，沿口较大，踩菜基本是成年男子的活。要是用瓮来腌制，沿口太小，大人站不进去，这时就需要"屁股上有三把火"的小男孩帮忙了。成天动个不停的男孩十有八九都是臭脚，只是体重和脚劲都没有成年男子的大。又所谓"穷人家的孩子早当家"，在过去的农村，大人对孩子没有现在这么心疼，凡是能干的农活都要参加。小孩子踩腌菜时，一般都要在身上背个包袱增加压力。

踩菜是一桩很辛苦的活。事先打肥皂洗净双脚，站在撒了盐的菜上使劲往下踩压，为使盐分快速钻进菜中，每一层都要踩得冒出水并发出"咕咕"声响。体重轻的往往在两旁各竖一条长凳，手按凳头，悬起身子往下蹦，因此踩菜也有叫"踔菜"的。一层踩结束，接着放入第二层，撒盐，再次踩踏，如此循环往复，直至腌菜码至沿口。入冬后的夜晚，菜水冰凉刺骨，双脚很快冻得失去知觉，再加上盐水的长时间浸泡，脚掌脚背的表皮也起了白白的褶皱，又冷又难受。有时实在坚持不下来了，就打一盆热水烫烫脚再次开工。所以踩菜也是孩子们怕干的事，有时不惜借口作业多而逃离这份苦差。

要是用透明的器皿腌菜，两三天后就会发现，随着盐分不断浸入，咸菜开始脱水慢慢往下沉，盐水渐渐上升。菜，从此在盐水里浸泡着，静静地发酵直至烂化。

由于盐分大，即使在"三九四九冻破石头"的天气里，缸瓮也不会结冰，更不会冻破。不过吃的时候比较麻烦，要卷起衣袖透过冰冷刺骨的盐水层，胳膊会钻心得刺痛。

按照所腌蔬菜的大小不同而分，有整腌和碎腌两种。顾名思义，前者就是将整颗菜腌制，后者就是掰开后再腌，但不论何方式，时间长了都会发酵，都会不同程度腐烂，所以都叫烂咸菜。

咸菜腌到来年开春，就变得烂糜糜的了，发出浓浓的臭味，但吃起来却是越来越爽口。

儿时日子清苦，家里每年都要腌好几缸烂咸菜，吃到第二年夏天都还没有吃完。读初中时，学校离家较远，有时带上一小瓶佐以中饭，一餐就对付过去了。所以路遥先生在《平凡的世界》中写到学生带咸菜吃饭的场景，我是深有体会并坚信不疑的。

"好妻费汉，好菜费粮"，烂咸菜蒸豆腐的确很下饭。遇到菜肴青黄不接的那餐，我们就把缸底的烂"宝贝"掏出来，加几块豆腐，放点猪油和水磨辣椒炖一炖，必定吃得胃口大开、欲罢不能，几大碗米饭很轻松地滚滚落肚。此时，母亲会笑着打趣道："看来以后要少腌点菜了，不然家里粮食不够你们吃的。"

自打烂咸菜蒸豆腐有了一个千里飘香的美名后，这道难登大雅之堂的农家土菜，开始凭着其独特的风味深受人们欢迎，如今已被列入徽菜谱。在电商业发达的当下，千里飘香还是网购的热销菜。我曾亲眼见过一个快递员捏着鼻子将这个特别的快件送到一户门前，女主人也是捂着鼻子接过手，双方的面部表情都很怪异滑稽。原来，这臭气熏天的黑白混合物已悄悄走进了千家万户。不过，在利益的驱使下，市场上有些烂咸菜添加了防腐剂，腌制时用的也是工业盐；为了缩短上市时间，有的还在烂咸菜里倒入醋精，卖相好看，口感也很鲜，但对身体就很有害了。所以我每次想吃正宗的"千里飘香"时，必回老家一趟，找亲戚和长辈们要点回来自己做，邻居们也都闻着味赶过来尝几口，此时，千里飘香又成了凝聚人气的香饽饽。

有句话叫什么来着，"千里之行，始于足下"，对于烂咸菜蒸豆腐，我们也可以说，"千里飘香，出自脚下"。

翔龙山庄寻美味

十月，枫林尽染，桂子飘香。去枕山带水的西河古镇寻觅皖风徽韵，已有"秋光赛春日，新赋胜美文"之感，再去那花海来一场玫瑰之约，人生惬意不过如此。

还有没有更尽兴的地方？有！

"雪梅相映醒东君，桃李芬芳迎早春。最是痴迷非景色，美人唤我启红唇。"这首"雪桃最美"的藏头诗道出了一个口舌生津之地——翔龙山庄，就在珩琅山玫瑰谷附近。

翔龙山庄不大，三百亩左右，坐落在珩琅山余脉起起伏伏的山岗之上、丘陵之间，隶属红杨镇周桥村，东面就是宣城的寒亭地界。

"羊肠小路农家院，一望无垠是稻田"，此为传统农村景象。翔龙山庄除了可以提供果腹的五谷杂粮外，还有几片桃园、杨梅园、树莓园。树莓虽然种植不久，却承载着庄主的梦想，巧的是，树莓的俗称便是"梦果子"。因为是梦想的天堂，所以，春来蜂舞蝶飞，秋至十里闻香，又见鹅鸭凫水而戏，山下稻粱肥，豚栅半掩扉，把农家之乐诠释在山林美食之中。

在翔龙山庄，味蕾的享受可以从五月底直到年末。六月，杨梅熟了，一串串诱人的红，芬芳的紫，极富诗情画意的旅途风光，点缀着青山，给人带来美的视觉享受。鲜美的果肉又细又嫩，轻轻地咬一口，红红的汁水立刻喷涌而出，注满口腔。

七月，玉米老了，墨绿色的秸秆和叶子托起横生的、包着绿皮的棒

水秀山清

297

子，剥开一看，金黄的、银白的玉米粒就像列队的士兵一样整齐地排列着，等待你牙齿的"检阅"。

此时，成熟的还有西瓜。一个个圆滚翠绿的躺在山野之间，顺手采下一个切开，马上露出一大片红瓤，如同初升的朝阳，沙甜的味道也会带来一份感受：看起来是绿的，吃起来是红的，吐出来是黑的……

十月秋实，等到丰硕的雪桃压弯枝头，口福替代了眼福。关于雪桃，明朝农学家王象晋在《广群芳谱》一书中有载："十月桃，形圆，色青，肉黏核，味甘酸……"在北方，此桃收获时已值下雪季节，故名雪桃。雪桃的脆甜好吃，确实是其他水果所无法比拟的，肉质细密、硬、脆，在桃果之中甜度遥遥领先。轻轻咬开，那新鲜脆嫩的果肉就露出来了，舌头上同时沾满了甜甜的汁水。

"陌上人如玉，秋菊世无双。"十一月，贡菊上市，片片花瓣片片雪，透露出无限洁净，在芳草之间喷艳吐香。与此同时，山庄的甘蔗、红薯也上市了，一个甜，一个香，不用说，都可以让人吃得欲罢不能。

让人欲罢不能的还有正宗的土鸡土鸭土鹅。"故人具鸡黍，邀我至田家。"秋天的翔龙山庄，家禽的鸣叫声打破了山林的寂静，很快就会人头攒动，老乡们闻着肉香赶来了。山区水质干净，空气质量好，丰富的粮食资源非常适合禽类生长。境内一条条沟渠，也为家禽提供了戏水的环境。生长在果林中的鸡鸭，成日里飞高窜低地食虫，果树几乎不用农药。饮的是山泉，吃的是农家谷物，那就是绿色鸡、绿色鸭、绿色鹅了。食材既好，烧出来的味道自不用说。

那就走进翔龙山庄，去赏、去读、去品吧！

┃ 凉山明珠

500亩的山林，22000棵香榧，2000棵碧根果，想想也是满山的琥珀。再加一馆金龟、一塘锦鲤、一池甲鱼，畅游在桂花、香椿、樱花、素心蜡梅、红梅、欧洲月季、名竹丛中，又是怎样的一个世界？等到达产时，届至秋风乍起，5万千克香榧、5千千克碧根果挟着浓浓的泥土气息扑鼻而来，这又将是何等壮观的一种场面？

一座掩映在红杨镇凉山林区的徽派山庄，幽静、典雅，宛如世外桃源。这里的主人叫郑明珠，这个山庄叫芜湖凉山生态农业有限公司。

没有文化的东西是缺少灵魂的，因为文化，凉山香榧彰显厚重。《尔雅》中有这样描述香榧的诗句："结实大小如枣，其核长于橄榄，核有尖者不尖者，无棱而壳薄，其仁黄白色可生啖。"南宋何坦诗赞香榧云："味甘宣邵蜂雏蜜，韵胜雍城骆乳酥。一点生春两齿颊，十年飞梦绕江湖。"《乾隆诸暨县志》上记载："榧树每三年始可采，叠三节，每年采一节，俗称'三代果'"。王羲之喜与文朋诗友相聚，只要有香榧，便置其他山珍海味于不顾，留下了"无榧不醉酒"的佳话。

三代果既是俗称，也有一定的民俗价值，产区农民在办婚嫁喜事时往往用香榧作"喜果"，以讨个好彩头。香榧果上那两颗眼睛状的凸起，就是天下第一美人西施发现的，因此又被称作"西施眼""妃子树"。

香榧者，香妃也！这个香妃浑身是宝。香榧，别名中国榧，为红豆杉目、红豆杉科，属常绿乔木，原产于我泱泱中华，高可达25米。2000多年前，先民从野生榧树中人工选择和嫁接培育成了香榧这一优良品种。

香榧的果实为坚果，营养价值极高，具有润泽肌肤、延缓衰老的功效，因维生素A丰富，对眼睛干涩、夜盲症、便秘等症状有预防和缓解的功效，自古以来就是皇室贡品的宠儿。此外，香榧富含醇、酮、醛、烯等20多种芳香成分，因此又是提取高级芳香油和浸膏的天然优质原料。香榧树材质优良，质轻柔，纹理通直，硬度适中，有弹性，不反翘，不开裂，不变形，是建筑、造船和工艺雕刻的良材。在东亚国家，榧木是制作棋盘的高级木料。

郑明珠，这个常年创业在外的芜湖县女强人，最终把这奇珍异果种

水秀山清

299

植在故土，承天地之灵气，集日月之精华，秉草气之芳泽蕴藉而生。

古韵香事难以尽言，还是去看看龟类爱好者长久以来的终极梦想吧。郑明珠的名龟馆养殖了国家及省级保护名龟，分别为：金头闭壳龟（省一级）、金钱龟（国家二级）、鹰嘴龟（国家二级）、黄喉拟水龟、黄缘盒龟等名龟，办有龟类养殖和经营许可证；锦鲤养殖场养了日本名贵锦鲤一千多条。

毫不夸张地说，金头闭壳龟是无数龟鳖养殖业界、广大龟友公认的龟国之王。金头，形态小巧优美，色彩富贵吉祥，寿命长，容易饲养。作为我国特有的珍稀龟种，自从在安徽省南陵县被发现后，金头以其种群极度稀少和惊人的魅力，赢得爱好者的广泛赞誉和推崇。拥有金头，就是在爱龟者圈子里具备实力和地位的象征。"金闭龟"，谐音"金币归"，有给人们带来财富的美好寓意。

日本锦鲤是一种名贵的大型观赏鱼，寿命通常为60～70年，体长可达1～1.5米。在郑明珠的锦鲤塘，每至喂食时，只要一敲那铁制食盆，立刻呈现一幅美妙的水彩画，一条条色彩斑斓的锦鲤拖着飘逸的尾巴，欢快地游动不止，仿佛是一个个舞动长裙的少女。很快，"吧唧吧唧"的声响不绝于耳，人鱼同乐的场景，唱出一首生态文明的颂歌。

郑明珠的山庄建筑面积2000平方米，已经装修完毕，16间客房，3个豪华餐厅，可以接待旅游者，所供菜肴是清一色原汁原味的农家土特产，目前正在打造特色民宿。

"空山新雨后，天气晚来秋"，拉开了收获的大幕，山庄已有成熟的香榧与碧根果供售，将美好的自然风光与舌尖尤物结合在了一起，成为一颗藏在深山里的生态明珠。那么，久居城市，厌倦了钢筋水泥的都市的你，还等待什么呢？

小山野趣亲子家

汉语词汇的丰富，与中国地大物博、包罗万象有关。一词多义，可能严肃性不足，但生活性很强。"小野农场"，乍一看还以为投资者是日本客商，而那块"芜湖红杨山田园教育咨询有限公司"的匾牌告诉我们，这是一家专门服务于儿童和青少年，以"会生活、懂感恩"为宗旨，以体验当下最火的户外活动——上山捡柴、下地摘菜、抓蟹捕鱼、野炊做饭为主要内容的团队亲子原生态乐园。小野者，小山野趣也。

"绿色、生态、休闲"是小野农场的核心经营理念。农场目前共流转土地100余亩，首期投资200余万元，主要发展果林、水产、家禽、蔬菜、垂钓等多个项目，致力打造成丰富多彩的童真趣味式家庭农场。现拥有天然竹林松林活动场地60余亩，农耕种植采摘场地20余亩，渔家乐活动水域面积10余亩，草坪活动场地3000余平方米，丛林游乐园1000余平方米，益智手工室内场地800平方米。

随着社会的城市化，少儿运动环境"日新月异"。崭新、规整的大型玩具，安全、平坦的塑胶操场，琳琅满目、质量考究的体育器械……但是，孩子们在享受安全、丰富的成品运动资源的同时，却与大自然的接触越来越少。六七十年代的人们都感慨地说：现在的孩子玩具多了，却没有我们那一代人快乐，虽然我们只有泥巴、稻草、老牛……回归自然，正是孩子们所缺少和向往的。由此可见，"走进自然，开展少儿野趣运动"在很大程度上可以拓展孩子们的活动环境，完善幼教方式。

唐继红，这个来自芜湖市清水街道的中年女人，人如其名，继续发出红红的光彩，照亮着孩子们的心。正是本着"把童年还给孩子，把教育还给生活，把自然还给生命"的发展理念，正是看中了红杨依山傍水的优越地理环境，唐继红才决定斥巨资让孩子们走向生活，回归自然，让孩子们开展富有挑战性和趣味性、符合自己意愿、力所能及的健身运动，培养意志品质，从而营造了一个自由选择、富有挑战的平台。用唐继红的话来说，小山野趣，就是让我们的孩子大胆地、自由地去感受、去探寻、去挖掘，促进每一个孩子全面、健康地成长，把原本属于孩子的自由发展空间还给孩子。

来到小野农场，不仅有机会采摘晚春桑葚、初夏蓝莓、仲秋玉米、晚秋山芋、四季蔬菜、食用百合等可口果蔬，还能感受垂钓之乐，更有机会在农场两侧的小山里寻找俗称"梦果子"的野生红树莓、野鸡蛋、野蘑菇等山珍，可谓妙趣横生。

当然，面向孩子，面向教育，是唐继红的初衷，但处在红杨这个风景秀丽的地方，小野农场又不失为大人休闲的理想之所。小野农场位于芜湖县红杨山汽车越野赛场南侧的羊滩河畔，距离红杨镇政府不到2千米，属该镇万村境内。这里民风淳朴，生态优良，交通便利，既有青山绿水、月照荷塘的风景，又因为红杨镇没有工厂污染、没有过度开发而充满山村野趣。春日山花馨，蝶舞蜂争鸣，风情刹那，美丽刹那。夏天也是纳凉避暑的胜地，随时可见群山环抱，可闻小溪叮咚，环境十分幽雅。可以说，这里是一个集娱乐、度假、人居三位一体的原生态休闲度假园区，让人们在真山、真水、真自然中尽情享受生活。此外，小野农场与周边景区珩琅山、和平生态公园、玫瑰谷、西河古镇等车程都在30分钟之内，沿途可看、可赏、可吃、可学、可玩、可乐，人与自然交流对话的绝佳场所尽在其中。农场开业不久，芜湖尚城国际幼儿园便将其定为课外教学基地，目前已经举办过红杨镇第一幼儿园"重阳节感恩之旅"，陶行知幼儿园、好孩子幼儿园"田园体验"，大润发"员工生日聚会"等十几场大型户外活动，每场参与者均在200人以上。

向社会推介一个旅游项目，仅仅凭一篇宣传文章是远远不够的，小野农场靠的也不是宣传，靠的是自然风景，靠的是特色经营，靠的是独特魅力，唯有亲身经历，方能体会到这里的小山野趣带来的快乐和惬意……

怡龙风情关不住

钢筋、混凝土，鸽子笼式的住宅，关久了，很憋闷。无拘无束地在田野里撒欢，感受清风拂面、泥土芬芳，谁都渴望。的确，富有田园生活的风情，足以放松身心，有益健康。于是，人们开始追寻一种新的生活方式——亲近大自然。于是，返璞归真的生态园悄然而生，成了时尚人的时尚追求。位于红杨镇万村境内的怡龙生态园便是其中的佼佼者。

这个占地66公顷的生态园，依舒缓起伏的江南丘陵和广阔的山塘湖面而建。水面300多亩的怡龙湖处于山道尽头，生态园的最低处。车行可直达湖边的停车场，但占地500亩的经济林区——"百花园"就在山道两旁的高地，还是先徒步赏尽满园春色，再探寻那幽而不深的"谷底"为佳。

烟花三月，百花园内玉兰、樱花、海棠、茶花、春梅、桃花以及路边星星点点的虞美人，还有叫得出名字和叫不出名字的各种野花竞相开放，漫漫升腾出一朵朵红白相间的彤云，铺展出一块块色彩鲜艳的地毯，争奇斗艳之间，蔓延的都是诗情画意。点缀其中的碧翠是一棵棵高大挺拔的香樟。这般蜂鸣蝶舞的春色，藏得再深也是关不住的，所以，游人如织，络绎不绝。

漫步山道，地势越来越低，一块润泽透明的碧玉映入眼帘，怡龙湖到了。若是来一场绵绵春雨，湖畔就是依稀的水木清华，镶嵌在山水之间。再看看掩映在绿丛中的那座叫"护国"的小村庄，若隐若现，实在是至善至美的宁静。自然勾勒出的画面，总有恰当的诗句与之相配，而最匹配的莫过于"采菊东篱下，悠然见南山"了，尽管陶潜不在此处。

护国村又叫乌龟墩，因村庄坐落在一座形似乌龟的山坡上而得名。据说朱元璋当年曾在此逢凶化吉。如今怡龙生态园声名鹊起，"乌龟"转化为"龙"，也算是和朱元璋一样得道升天了。散布树丛的白墙黛瓦，平时只静静地矗立出一种"山乡村野"的氛围，但其地貌依山带水，总能在怡龙湖里倒映出"斜桥曲水小轩窗"的画面。

"我有一所房子，面朝大海，春暖花开。"海子的这首诗已经被无数次引用，但面对怡龙湖畔一栋栋精致的小木屋，人们不禁还是发出这样的感慨。走进一间木屋，推窗望去，四围耸翠，湖天一碧，分外清幽的生态环境，一切都透露出宁静、和美、优雅，一切都进入了慢节奏。此刻，垂钓的人们静静地蹲在湖边，十分怡然，十分安详。因为，他们钓的不是鱼，而是一份心情，一种意境。慢悠悠的流水泛着细浪微波，天上的白云似乎也在陪着游客闲庭漫步，你走几步，它们便跟着慢慢飘动几尺。湖面上，一只只水鸟在嬉戏，一行行白鹭在滑翔，一群群锦鲤在畅游。原来，生活可以这样，没有闹市里人头攒动，没有车流滚滚，尘世的喧嚣和浮躁，可以顿时烟消云散……

在爬满藤蔓，长满各种昊蔬的采摘园里驻足，满目翠绿，枝繁叶茂，一派田园风光，忽然就明白了，原来，我们的内心深处还有一个根深蒂固的农家情结。勾起农家情节的还有"湖底捞"餐厅。纯木质结构的建筑，沁人心脾的原木芳香让人一呼一吸之间都能嗅到淡幽幽的味道。就餐包厢宽敞明亮，环顾四周，碧波荡漾，端上来的都是农家特色菜。生态园有自己的养殖场，家禽平时以散养啄食虫子和嫩草为主，偶尔喂养，用的也都是谷物。果蔬也是人工除虫，农家肥培育，即食即采，丝毫不用担心影响健康。一个地方，能让你吃得放心、住得安心，风景又很怡人，玩得如何不开心？所以，艺术家们若来此小住，一定会激发起创作激情，一定会留下绝妙的篇章。

在怡龙生态园，在这个国家 AAA 级旅游景区，走一走迂回曲折的廊道，看一看小桥流水，把这美景风情尽收眼底，再体验体验愉悦身心的田园采摘，尝尝纯农家风味，人就变得平心静气了许多。因为我们原本是自然之子，却被功名利禄的绳索羁绊，还是陶潜一语中的："羁鸟念旧林，池鱼思故渊，久在樊笼里，复得返自然。"

红色 红杨

第四辑

智取芳山／英雄丰碑

JIANGPAN GUSHU BIEYANGHONG

英雄红杨树

为什么战旗美如画
英雄的鲜血染红了她
为什么大地春常在
英雄的生命开鲜花
…………

红杨树之"红",同样彰显着革命先烈的风采。在这片古朴的土地上,英雄儿女们用青春和热血谱写了一曲曲惊天地泣鬼神的英雄赞歌……

完胜红杨树

民国年间,红杨集市贸易空前繁荣。红杨树成为方圆数十里的交易中心,也成为兵家必争之地。

红杨老街69岁的杨小红(男)老人亲口叙述了其父杨有志生前的故

事。当年，虽然川军刘湘部队和国民革命军第三十二集团军联手，但是未能阻止一路南进的日军。杨有志，时任川军某师骑兵营营长，配合国民革命军144师某团去夺取被日军占领的红杨前山阵地（今红杨中学及附近文村村民组所在地）。当时，守卫的敌人只有一座碉堡，由驻湾沚大队派来的二十几名"黄头鬼子"（日军）和一个连的"黑头鬼子"（日伪军）把守。战斗打响后，由于川军武器落后，士兵所用枪支多为"老套筒"或"汉阳造"，而敌人使用的是清一色"三八大盖"，另有数挺歪把子机枪和几门迫击炮，数轮交战后，川军不仅没有拿下阵地，而且反遭敌人反冲锋而被围。幸而杨有志骑术精湛，危急关头镫里藏身，伏在马肚子下面才冲出重围，后逃至泾县，与小其二十岁的红杨姑娘焦纪苹成婚，生下杨小红等兄妹四人。杨小红说其父在世的时候，每每谈及红杨抗战，最佩服的就是共产党领导的"草鞋兵"（新四军第三支队，战士多穿草鞋）。

南京失陷后，日军为牢牢控制长江航运线，不断沿青弋江南下入侵，并进行疯狂的"大扫荡"。当时驻守在此地的国民革命军第三十二集团军节节失利，新四军第三支队五团奉命接替国民革命军144师在红杨、峨桥、青弋江一带的防线。

1938年8月，谭震林率部赶到时，红杨已沦入敌手。他立刻命令五团二营长陈仁洪率部夺回一线阵地。二营是由红军闽浙赣第四纵队改编而成的英雄部队，能征善战。他们派出十几名经验丰富的侦察兵，趁着黑夜摸到文村附近的林子里，放爆竹，扔手榴弹，大部队在外面配合，闹了大半夜，敌人摸不清情况，担心会被"包饺子"，更不敢出击。这一疑兵之计果然奏效，第二天一早鬼子便撤到湾沚据点。二营顺利地收复了红杨，同时挫败了国民党妄图借日寇之手消灭二营的阴谋。

最让杨有志痛心的是，其时川军唐式遵觊觎总司令宝座，在蒋介石的授意下，不仅逼宫刘湘，且坚决执行其"攘外必先安内"的错误政策，充当了反共的先锋。杨有志也因此心灰意冷，加上负伤在身，遂提前退伍，直至老死红杨。

杨有志崇拜"草鞋兵"有充分的理由。当时在红杨一带的新四军使用的还是红军时的武器，弹药也不足，穿的还是红军时的衣服和草鞋，根本无法和装备精良的日军打阵地战。为了能守住阵地，谭震林召开分析会，总结国民党军队防御失败的经验教训，制定了在水网地区防御阵地战的新战法：在河流、稻田、圩埂的拐弯处构筑阵地，在挖断的圩埂两侧巧妙地设置隐蔽部，做射击暗孔；在掘开的地段挖好陷阱，埋上芦柴。

　　10月的一天，驻湾沚的日伪军三四百人，在大队长川月的带领下，反扑红杨。鬼子拉着钢炮、扛着重机枪，大摇大摆地沿着青弋江圩埂向前山开来。等他们进入了射击圈，战士们突然开火，敌人倒下了一大片。新四军部队横向布防，正面迎敌，又躲在暗处，因此能最大限度地杀伤敌人。日伪军虽然人数多，但在狭窄的圩埂上无法展开，只能一个个地上前送死；敌人的弹药虽充足，但新四军阵地没有纵深，打出去的炮弹多落在新四军身后的空地上。川月眼看占不到便宜，只得气急败坏地撤回了湾沚据点。

　　不久，不甘心失败的川月又纠集日伪军沿青弋江河道和圩埂水陆并进，妄图从水路抄到新四军的身后袭击。对此，新四军早就有了准备，他们动员当地百姓将河边大片树林砍倒，用藤蔓缠绕，等敌人进攻时将树和杂物推入河中，堵塞了河流，敌人的汽艇无法前进，岸上的新四军战士又给敌人以迎头痛击……

　　两次战斗都打得敌人死伤惨重，狼狈而逃，川月这才知道他们的对手已经换成了骁勇善战的"草鞋兵"。谭震林又命令部队派出十几个人组成的小分队，携带手榴弹、炸药、煤油、棉花等，于第二天夜里潜入湾沚的敌人据点，将炸弹、手榴弹和燃烧的火把投入敌营，弄得敌人盲目射击，折腾了一夜，而新四军战士早就撤回了防区。

　　红杨战斗是新四军进入皖南地区的第一战，极大地鼓舞了战区的群众。战斗结束后，红杨树周边的百姓敲锣打鼓地给五团送菜、送肉，主动地帮助部队修筑工事。

英
雄
红
杨
树

309

三支队只在红杨驻防不到半年，却让湾沚日伪军闻风丧胆。1939年初，这支部队又奉命转入繁昌、铜陵等地作战200多次，尤其以5次繁昌保卫战最为激烈。

许多年后，人们在谈起红杨保卫战时，很多老战士都认为，战斗的胜利除了新四军战士的英勇杀敌、战法灵活外，更离不开当地老百姓的支持。圩埂是预防洪水，百姓生命、财产的保障，但为了打击敌人，他们主动帮助新四军挖断圩埂，设置战壕、暗堡，砍伐树木，阻塞河道。他们还主动帮助我军搜集情报，站岗放哨，把子女送进部队。革命火种在红杨内形成燎原之势，他们组成的游击队、武工队掩护陈毅同志深夜通过了湾沚封锁线，配合粟裕奇袭了芜湖官陡门据点，无数次剪断敌人的电话线，伏击鬼子的巡逻队，还端掉了红杨与湾沚之间的芳山鬼子据点，让日伪军陷入了人民战争的汪洋大海之中，惶惶不可终日。

｜智取芳山

在抗日战争和解放战争时期，芳山老街因为独特的水运优势，而成为敌我双方争夺的重地。抗战全面爆发后，根据第三战区总体防御部署，新四军第三支队奉命进驻红杨和西河地区后，在做好军事防御的同时，向日寇发起主动进攻，开辟游击区，不断消灭其有生力量，钳制其兵力，支援和配合了正面战场的攻防。其中，拔除芳山日伪据点一战至今让人津津乐道。

当年，占领湾沚的日军川月大队，常沿青弋江而上，水陆两路不断向南进犯，并在芳山修建了碉堡、壕沟、吊桥等工事，有七八十个日伪军驻守，不仅随时为侵略军提供支援，还经常有汉奸、特务从这里出发前往红杨一带刺探新四军第三支队军情。另外，他们还封锁渡口，下乡扰民，无恶不作，当地百姓对之恨之入骨。

1938年8月，三支队五团决定拔掉这颗钉子，他们接到情报，芳山据点的日军强迫周边百姓每天下午给他们送菜送粮，遂安排二营侦察排的战士们化装成运送给养的群众，挑着担子顺利进入了据点，日伪军将人放进后以天色已晚为由不让出去。入夜，战士们从菜筐和粮袋中拿出枪，打死守吊桥的日伪军，潜伏在外的四连战士们迅速攻入据点。碉堡里的日军听见密集的枪声后，悄悄溜出并连夜逃往湾沚。这场战斗不到半小时便告结束，绝大部分日伪军被歼灭，新四军战士随即炸毁了碉堡，烧掉了据点，当地老百姓无不拍手称快。

芳山大捷

1949 年 4 月 20 日，人民解放军百万雄师横渡长江后，中国人民解放军 25 军 74 师和 75 师奉命迂回到芳山至湾沚一线，正面阻击南逃之敌。4 月 24 日拂晓，守候在芳山的中国人民解放军 74 师 220 团、222 团官兵发现仓皇逃窜的国民党 20 军 133 师、134 师及 99 军的部分顽敌，开始正面阻击。经过 10 多个小时的激战，在中国人民解放军 25 军、30 军协同配合下，一举歼灭了国民党 20 军、134 师全部，133 师、保安四旅、99 军各一部，共 1.3 万余人。国民党第 20 军军长杨干才在中国人民解放军 223 团袭击其指挥所时兵败自杀。在这场战役中，我军牺牲 21 人，其中一位是连长。战斗结束后，芳山百姓将烈士遗体集中安葬于村后的小山，后移葬于县城革命烈士陵园。

饮水思源，为纪念在这片土地上洒下热血的先烈们，红杨镇政府如今在西河老街建起了一座新四军纪念馆，记载了三支队的战斗经过，还原了那段光荣的历史，警示着红杨人民：牢记历史，勿忘使命。

英雄丰碑

英雄的土地出英雄。在解放战争以及后来的抗美援朝战争中，红杨

英
雄
红
杨
树

本地也是英雄辈出，仅《芜湖县志》记载的就有二十余人，这些英雄人物是红杨、也是全国人民心中的巍峨丰碑。

杨先正，宣芜游击队队长，1940年在宣城雁翅章与敌作战时牺牲；汤聘臣，中国共产党地下党党员，1941年因皖南事变在繁昌县牺牲；吴维文，新四军第三支队侦察员，1941年1月被地方反动武装杀害；王春意，新四军7师战士，1945年9月牺牲；袁陶周，新四军游击队战士，1946年在当涂与敌作战时牺牲；孙德海，南芜游击队战士，1948年在十连圩战斗中牺牲；崔大春，解放军炊事员，1949年在解放天津战役中牺牲；桂五保，解放军战士，1950年在当涂医院牺牲；喻全久，中国人民志愿军战士，1951年在朝鲜上甘岭战役中牺牲；章新玉，志愿军战士，1951年5月在朝鲜牺牲；章能旺，志愿军战士，1952年在朝鲜牺牲；章守桐，志愿军战士，1952年在朝鲜牺牲；章晋松，志愿军战士，1952年在朝鲜牺牲；汤先宽，解放军战士，1952年在朝鲜牺牲；徐景海，志愿军战士，1953年在朝鲜牺牲；林木春，志愿军战士，1953年2月在朝鲜牺牲；陈先高，志愿军战士，1953年7月在朝鲜牺牲；陈其银，志愿军战士，1953年8月在朝鲜牺牲；王国强，志愿军战士，1953年8月在朝鲜牺牲；胡玉刚，志愿军战士，1953年11月在朝鲜牺牲；雷光海，志愿军战士，1953年在朝鲜牺牲；颜竹春，中国人民解放军战士，1953年11月在济岩山战斗中牺牲……

"当年鏖战急，弹洞前村壁。装点此关山，今朝更好看。"七十余年弹指一挥间，曾经繁华一时的红杨老街、芳山老街已走进了历史的画卷，取而代之的是道路宽广的红杨新镇。如今的红杨早已小楼林立，国家振兴乡村的建设举措使得古镇旧貌换新颜：红杨山越野车王争霸赛，西河、珩琅山等风景区的开发，让红杨声名远播。优美的生态环境，深厚的文化底蕴，光荣的革命历史，让红杨以当代风貌续写时代篇章！

后记

不论你是不是江南人，也不论你是否了解江南，只要通读了《江畔古树别样红》这本文集，就一定会品味到红杨山水的秀美、底蕴的深厚、文化的多彩，就一定会感受到这个江南古镇无限的生机和诱人的魅力！

作为一个文学爱好者，每当看到书写并宣传外地的精美图书时，都会生出为家乡创作的冲动。说来也巧，红杨镇为打造全镇4A级景区，正需要这样一本介绍当地文化和风光的书籍。承蒙红杨镇政府的看重，找到了我这个土生土长的红杨人。原本即有此意，不谋而合，自当倾力为之。

激励我写这本书的最大动因，还是源于对家乡的爱。红杨地处吴头楚尾，是江南典型的枕山带水之地，水陆交通得天独厚，通江达海。红杨还是江南风土人情的缩影，无愧于江南符号。同时，她又以九华佛觉之地、罗汉灯起源之地、龙脉风水之地、兵家必争之地，引得古人为之折腰，今人为之赞叹。

这本文集可以说是我对红杨山水和江南农耕文化的一个基本总结。我庆幸土生土长于这块热土。她深厚的文化，旖旎的风光，处处有风景，景景有特色。红杨人，崇文重教、淳朴勤劳、坚毅顽强、开放包容，成就了"月上西河""百家宴""激情红杨山"等诸多名片……

得知我着手写这本书后，很多领导、朋友、同事、文友通过各种方式鼓励我，并给予我许多帮助。著名畅销书作家谈正衡先生为本书精心作了序言，红杨镇党委书记汪晓娟女士、镇长吴刚先生、副镇长潘雪梅女士以及镇文旅办的同志为我的走访、调研、挖掘工作提供了诸多关心和支持，为保证本书如期出版付出了艰辛的劳动……在此一并表示诚挚的谢意！

其次要感谢的是这个充满激情与追求"慢生活"的时代，给我提供了一种人生的契机，使我如愿为家乡写点文字，将自己的心灵和父老乡亲以及广大读者的心灵沟通。一个人能在有生之年将自己的一些收获献给家乡，还有什么不满足的呢？

同时要感谢的还有董晖、鲁旭春、朱幸福、张国宏、董金胜、万汝滨、许孝平、黄莉、李明仙、王加义、李丹、董昌培、戴永山、吴阿敏等一些默默无闻从事地方文化工作的同志，书中有部分史料便是通过他们得来，或电话咨询，或在原稿件的基础上做进一步采访、挖掘。

当然，由于本书从撰稿到出版时间很短，加之本人水平有限，难免存在"遗珠"之憾和不完善之处，恳请广大读者惠予批评指正。更希望此书有抛砖引玉之功效，期待更多的人喜欢江南，喜欢我的家乡——红杨。

江畔古树别样红